MoDAT
Market of Data

# データ市場

## データを活かすイノベーションゲーム

大澤幸生 編著　早矢仕晃章・秋元正博・久代紀之・中村 潤・寺本正彦 著

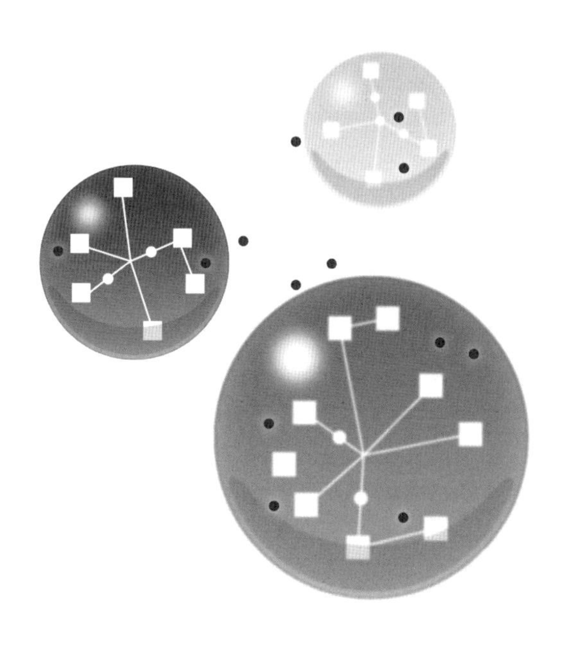

近代科学社

◆ 読者の皆さまへ ◆

平素より，小社の出版物をご愛読くださいまして，まことに有り難うございます.
㈱近代科学社は1959年の創立以来，微力ながら出版の立場から科学・工学の発展に寄与すべく尽力してきております. それも，ひとえに皆さまの温かいご支援があってのものと存じ，ここに衷心より御礼申し上げます.
なお，小社では，全出版物に対してHCD（人間中心設計）のコンセプトに基づき，そのユーザビリティを追求しております. 本書を通じまして何かお気づきの事柄がございましたら，ぜひ以下の「お問合せ先」までご一報くださいますよう，お願いいたします.

お問合せ先：reader@kindaikagaku.co.jp

なお，本書の制作には，以下が各プロセスに関与いたしました：

・企画：小山 透
・編集：大塚浩昭
・組版：DTP（InDesign） ／tplot inc.
・印刷：三美印刷
・製本：三美印刷
・資材管理：三美印刷
・カバー・表紙デザイン：tplot inc. 中沢岳志
・広報宣伝・営業：冨髙琢磨，山口幸治，西村知也

●商標・登録商標について
本書に登場する製品名またはサービス名などは、一般に各社の登録商標または商標です。
本文中では、™または®などのマークの記載は省略しております。

# 序　文

近年のビッグデータや人工知能の流行が，データの収集，蓄積，分析やデータへのアクセスといった諸技術の進歩と普及を促進したことは事実である．しかし，そもそもいずれのデータを誰がどう使い，いかなる目的を達しようとするのかという問題が正面から捉えられないままでは，データも価値を発揮できない．その結果，日本では既に流行の一部は鎮静期に入っている（第1章）．

一方，世界的にはデータ市場が既に稼働している．そこでは，データ利活用方法や価格を含めて取引条件を交渉する場に誰でも参加でき，そこで取引されるデータは有料でも「オープンデータ」とされ流通してゆく(第2章)．「オープン」と「無料」を混同しがちな日本国内の動向との差は歴然としている．なぜなら，「材」の提供者と利用者が相互作用により材の価値を評価し，価格等を設定して取引する市場においては，提供者が材に高い価値を付与するためにサービスや商品を刷新するイノベーションが発生するからである．

ここでいう「材」とは，何らかの事業においてリソース（利用可能な資源）となりうる事物の全てを指す．材の利用価値を評価し，結果として金銭によって評価できる交換価値が認められる場合にその材は「財」という貝偏を持つ漢字を当てるべきものとなる．市場とはこのプロセス全体をなす場であり，金銭的価値のみが市場価値だと考えるのは誤りである．本書でいうデータ市場は単にデータを取引する場ではなく，データという材の利用価値を表出化し，その価値のあり方に応じて必要とする人にデータを提供してゆく社会環境である．

実際の市場の歴史においては，「財」と呼ばれることには違和感を残したまま土地や物や株や人材の価格が定められてきたが，それでも市場は動き続けている．しかし，データという材の利用価値は目的と状況によって異なるので，あらゆる人にとって同じ価格で取引されるという前提は保持できない．さらに，データ市場ではデータの他に，データから有益な情報を得て価値をもたらすための分析ツールや専門的知識もまた取引の対象となる．

本書では，このような視点に基づいて，データ市場を構成する技術とプロセスの全体像を示してゆく．特に焦点を当てるのは，参加者がコミュニケーションを進め，データとデータ，あるいはデータとデータ分析ツールの組合せによる新しいデータ利活用手法やビジネスモデルを提案し互いに評価し合うようなデータ市場の構成方法である．方法の一つであるInnovators Marketplace on

Data Jackets (IMDJ) は，誰でも参加できるデータ市場の実験的な原型として筆者らが開発した市場型ワークショップ技法であり，人々が多様なデータを知り利活用の方法を創造し実現するための社会システムへと発展し続けている．

本書では，まず第1章で現代社会におけるデータ利活用への期待について述べ，これに応える視点からデータ市場の基本的構成を第2章で示す．次に，このデータ市場の基本的構成を満たす具体的な方法として第3章からIMDJを説明してゆく．第4章では，IMDJの基盤的要素となるデータジャケット (DJ) における表現形式やその性質について詳細に述べる．第5章では，データ利活用アイデアを具体化しデータ利用者や分析者の行動計画にしてゆくアクションプランニング (Action Planning) について述べる．DJの表現から市場型のワークショップを経てアクションプランニングに至るまでのサイクルを回し続けるプロセス全体がIMDJである．この全プロセスを行いながら，DJが表しているデータの利用可能性を掘り起こしたり，新しいデータを市場に呼び込んだりすることが可能となる．第6章では，IMDJの実施事例について示す．データ市場の実業的成果の全てを公開することはできないが，データ市場の構築や参加における落としどころが把握できよう．IMDJとは別に開発された技法として，論理的思考として産業界に普及しているツールミン (S. Toulmin) モデル (第7，8章) や，商品の開発・企画技術としても用いられているQFD法 (第9章) も取り込んでゆくアプローチについても産学連携の視点から盛り込んだ．

データ市場を構成しようとする事業者や実践指向の市場研究者は，第1～2章に示すデータ市場を第3～5章の原理に沿って構成し，第7～9章の技法等を適宜導入して目的に合うデータ市場を構成することができよう．そして多様なデータ市場が生まれ共存し，人々がその間を行き交うような環境が未来のデータ市場となってゆく．その中で，データ市場の参加者は多様性に惑わされずに本書に基づいてデータ市場の意味を理解し，市場の恩恵を享受していただきたい．

## 謝 辞

本書の出版に至るまで，データ市場に対する社会的要請やその実装に至る共同研究や助言をくださった (株) 構造計画研究所の皆様に厚くお礼申し上げます。また実験的データ市場研究の全体に渡る基礎的な理論と技術の構築，科学技術振興機構（JST）CRESTの支援をいただき，完成度を日夜高めることができましたことを記して感謝します。

年月は遡りますが，2013年にIMDJを着想した後，きわめて早い段階でデータリテラシーの教育ツールとしての導入を検討しましたところ，東京大学における工学系研究科システム創成学専攻，技術経営学専攻，社会構想マネジメントを先導するグローバルリーダー養成プログラム（GSDM），事業構想大学院大学，筑波大学ビジネス科学研究科においては先生方ならびに学生諸氏から情熱を持って歓迎いただきましたことがその後の展開に繋がりました。さらに，千葉大学，中国の清華大学，台湾の国立台湾大学，インドのAmity大学の皆様には，IMDJのデータ教育への導入にご尽力くださり感謝いたします。

また，萌芽期のIMDJについて原子力規制庁における高経年化技術評価高度化事業へ導入してくださった（株）三菱総合研究所の皆様と，その後のIMDJにデータ利活用における現場としての諸問題や求められる社会システムについて数々の貴重な助言をくださった原子力工学の専門家の皆様に厚く御礼申し上げます。IMDJによるワークショップを一般向けに開催してくださった日本経済新聞社様にも感謝します。また，2014年から2015年にかけて経済産業省におけるデータ駆動イノベーション創出戦略協議会等の事業を実施された商務情報政策局情報経済課の関係各位，国土交通省における国土交通分野におけるビッグデータの利活用に関する調査研究の推進を行われた国土交通政策研究所の関係各位に感謝申し上げます。これらの活動に参加された企業の皆様は膨大な数に上り，参加者の皆様はおろか企業・組織名もここに網羅することは不可能であることをお詫びしつつ深く感謝申し上げます。

その後も，国政に関わるところでのデータ市場の導入について貴重なご指導をくださった内閣のデータ流通環境整備検討会，政策シンクネットの関係の皆様に厚くお礼申し上げます。

最後に．データ市場をデータ駆動イノベーションの場として再構成してゆくことを着想したのは，あるオープンデータコンペティションに関する報道から，分析者向けに一度公開されたデータが，まもなく提供者側のやむを得ぬ事情により回収されたことを知ったおかげでした．間接的ではありますが，このきっかけに感謝したいと思います。

2017年1月　編著者 大澤 幸生

# 目 次

# 第3章　データ市場型ワークショップIMDJ



# 第4章　データジャケット

# 第5章 アクション・プランニング



# 第6章 IMDJプロセスによるデータ市場の社会実装

## 第7章 データ市場と論理フレームワーク



## 第8章 論理的思考フレームワークを用いたシステムデザイン事例

## 第9章 定量的品質機能展開(Q-QFD)の導入

# 第1章 ビッグデータとオープンデータ

大規模で多様性を孕み，かつ急速な増加と変化を遂げてゆく“ビッグデータ”なるもののいま一つの特徴は，人々からの理解や有用性の感じ方そのものが多様で変化を遂げていることである．データの取得から利活用までの過程全体において，関係する人々（ステークホルダー）のコミュニケーションを通じてデータをエクスチェンジしてゆく考え方が，現代社会においては一層重要となっているといえよう．

本章では，データの大きさではなく，有用性や利用コストを反映した総合的な評価指標としてスマートさを導入し，問題解決に取り組む人々の制約を明らかにしながらデータ利活用方法についての提案と議論を経てデータのスマートさを評価してゆく場として，データ市場という概念と意義を示す．

## 1.1 ビッグデータ

### 1.1.1 ビッグデータの背景

ビッグデータという言葉が世間を賑わせてから，既に相当な年月が経過した．しかし，更に以前からの歴史を振り返ると，例えばVery Large Data Bases（VLDB: http://www.vldb.org/conference.html）のような国際会議はビッグデータの流行よりもはるかに長年に渡って継続実施されており2016年度で既に第42回を数える開催となった．大規模なデータは，人類の長い研究テーマであったといえる．

それゆえ，ビッグデータについてはさまざまな疑問が提示されてきた．まず，①大規模データの研究にこれだけの歴史がありながら，なぜ今頃になってビッグデータという概念が流行しているのか？ ②これまで研究されてきた大規模データとビッグデータの本質的な違いは何か？ ③ビッグデータを他のデータと区別して扱うことに本当に意味があるのか？という三点である．当然，ビッグデータを扱うための技術として何が推奨されるのかという質問もあるが，既に大規模データのマネジメントや分析について膨大で古い研究の歴史があるから，この質問は③の疑問の部分問題として検討するのがふさわしい．

まず①の疑問については，このような歴史を考えれば，単純に扱えるデータの規模が増したことだけで応えることはできない．一部の計算機や大規模容量ストレージのベンダーが自分たちの商品価値を上げるために作り出した流行であるという答えを示す人も多い．しかし，この意見は社会的背景の一部を正しく捉えているかもしれないが全貌というにはふさわしくない．

現在のデータマイニングの国際会議で話題となるコンセプトを見ると，一つにはストリームデータの拡大が挙げられる．「ストリームデータ」とは，時々刻々相当な速さ（velocity）で生み出されてゆくデータであり，例えば防犯ビデオや車の往来を時々刻々蓄えてできた動画や大量の歩行者や自動車の位置データなどである．ただ大きいだけではなく，変化に富むデータをリアルタイムで従来にない正確さで捉え，蓄積するとともに古いデータは消去してゆく技術も普及した．この結果，時間とともに徐々に収束してゆく普遍的なパターンを学習するだけではなく，一瞬で起きて消えるが周辺に甚大な影響を与えるような根本的な変化に気づくための素材としてデータは用いられるようになった．データマイニングの研究領域においても，このような背景を反映して，構造的変化を伴う変化点の発見についての研究が盛んに行われるようになった．また，ディープラーニングを含むニューラルネットワーク学習においても，時間的変化を扱うリカレントニューラルネットワークの学習手法の研究が近年一層盛んである．このように考えると，これまでに研究されてきた大規模データと近年意識されるビッグデータの本質的な違い，すなわち上記②を検討することが①の疑問に応える早道であろう．

さらに，②に（間接的に①にも）応える上で説明しやすいのは多様性（variety）という概念である．事業についてのデータを，今後の事業のために蓄積しようとする業界が増える場合にも減る場合にも，データそのものは消去されない限り累積的に多様化してゆく．これは，必ずしも昨今急に起きた出来事ではなく，連続的に累積してきた傾向であるともいえる．町工場一軒の業務日誌などのようなわずかな量の情報も電子化され，材料加工，部品加工，ネジ生産，印刷，食品の調理と加工など，さまざまな業界で年々増えてゆくと，併せると大規模なデータとなり全体としての多様性も豊かとなる．この意味では，小規模なデータの膨大な集合としての大規模データが発生してきたことが近年の特徴である．本書が主として扱うのは，この問題である．ただし，多様なデータの中には単一で大規模なストリームデータも含まれるから，本書では大規模，小規模を網羅する多様性を持つデータ社会全体を対象とする視点を持ってデータ利活用手法を生み出す方法を示してゆく．

### 1.1.2 データ利活用のステークホルダー

ビッグデータという語は多くの人にとって漠然としたイメージを持ったままであるが，個人では収集できない規模のデータが人々の生活や事業に影響を与え，一部では組織の考え方を変えてきたのは事実である．1990年代からマーケティングのためにデータマイニングの適用をする企業が増えてきたが，これにブログやfacebook，twitterなどのSNS（ソーシャル・ネットワーキングサービス）の隆盛が重なったことによって，生の声で情報を発信する個人の人数と頻度が爆発的に増加してきた．さらにハードウェアの視点からも，スマートフォンなどのパーソナルな情報端末や，個人の移動をデータ化することのできる高性能のビデオカメラ，センサーやビーコンの普及により，個人の購買行動履歴が容易に取得可能となった．今後は，これらのハードウェアの性能上昇と価格下落が同期すると，一層多くのデータが蓄積されるようになるし，ストリームデータが発生することとなろう．かつて，データマイニングが流行した時代には，それ以前のマスマーケティングから個人に特化したワン・トゥ・ワンマーケティングが脚光を浴びたが，その後は人そのものではなく顧客の状況に着目して焦点を絞るシチュエーション・マーケティング[1]などが着目されるようになった．顧客IDだけで区別される個人ではなく，気候や社会動向に関わるさまざまな情報のデータを分析して初めて捉えることのできるシチュエーション（状況）を扱う上でも，大規模で状況に応じた多様性に富むデータを漠然と意味する“ビッグデータ”と呼ばれる存在への期待が高まる宿命にあったといえる．製造業における現場でも今まで取得されてきた膨大なデータに加え，センサーや計器の高度化によって，高粒度で精密なデータが取得できるようになった．シチュエーショナル・コントロール（状況に応じた制御）やシチュエーショナル・デザイン（状況に応じた商品設計）により，無駄のない業務が指向されるようになったといえよう．

しかしながら，状況に応じた商品の設計，提供，工程制御は必ずしも効率的ではない．一度始めた事業をそのままいかなる状況でも継続するほうが，機材の交換，スタッフの交替やそれに伴う知識の継承などの必要性が減り，かえって効率が高いことも多い．さらに，大規模なデータを扱うための人材や計算資源を導入するコストまで考えると，必ずしも事業に導入するメリットは明らかではない．実際，データマイニングという領域の創始者の一人であったファヤド（Fayyad, U）は分析だけではなくデータの管理・利活用のプロセス全般について支援する企業（DigiMine Inc.: 後のAudience Science社）を2000年に立ち上げたが，このことからもデータビジネスは単に分析だけで成立するものではなく，分析前後のプロセスに相当な人手とコストがかかることが分かる．

このような背景から，データ利活用といえば分析の全自動化を期待してしまう日本社会では，ビッグデータの意義は正しく理解されず，流行は本質的な産業貢献に至る前に減衰しつつある．図1.1は，2009年1月から2015年12月までの日本におけるビッグデータの関連単語（“ビッグデータ”，“機械学習”，“データサイエンティスト”という3単語）の検索回数のトレンドの時系列推移のグラフである．

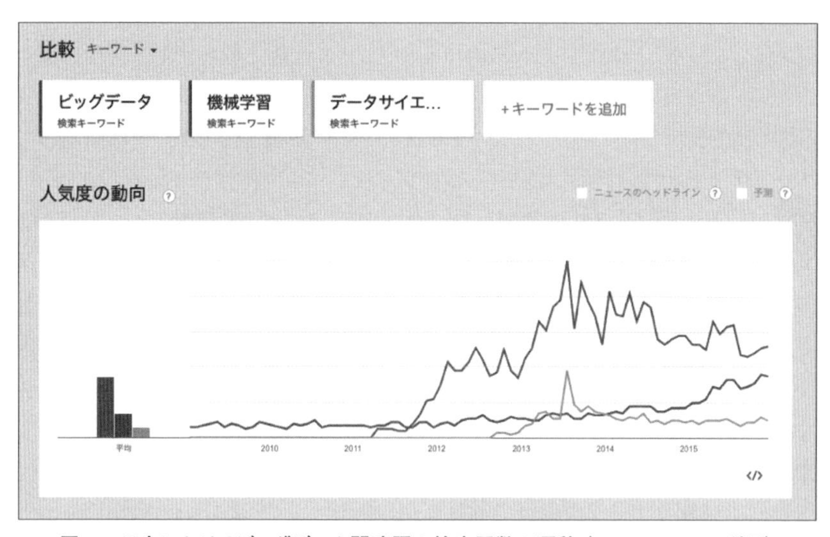


図1.1　日本におけるビッグデータ関連語の検索回数の遷移（Google Trend 利用）

両グラフは，グーグルトレンドを用いて作成している．横軸は時系列，縦軸はグラフに出てくる最大値を100とした時の頻度を表している．このグラフから，確かに2010年前後から“ビッグデータ”という単語の検索回数が飛躍的に上昇しているが，その現在の検索回数がピーク時よりもやや落ち着いてきていることが見て取れる．データに基づくビジネスの改善への期待が一度盛り上がって下がるという現象は，1990年代後半から2000年頃にも見られた期待はずれ感に似た傾向であり，流行とともに事業成果を上下動させてしまう企業は，歴史から学ばず失敗を繰り返している可能性がある．

“ビッグデータ”という言葉が一般の人々に認知され始めつつあった2011年に発表されたMcKinsey Global Instituteのビッグデータの今後に関するレポート[2]では，データは，あらゆる産業の機能に入り込み，労働や資本と同ように生産のための重要な要素の一つとされた．その中で，ビッグデータの価値を見出せるのは以下の五つの方向であるとしている（[3]などの要約も推奨したい）．

1）データの透明性を高めアクセスを改善することで，早く高頻度にデータの利用価値を見定めることができる
2）多くの情報がデータとなってリアルタイムで手に入るので，成果につなげるための実験や計画が立てられる
3）ビジネスにおいては顧客のより細かいセグメンテーションが可能となり，より一人ひとりの顧客に合わせた製品やサービスが実現可能になる
4）高度な分析によって人の意思決定の質を向上できる

以上の視点を意識してビッグデータを活用すれば，新しい製品やサービスの発展に寄与し，企業にとって，競争や成長，消費者の利益向上の基礎となるものとしている．その一方で，ビッグデータが与える影響は業種によっても異なることを指摘し，データ活用において必要な人材が不足してゆくことを示している．一方，プライバシー，セキュリティ，知財，信頼性などデータを扱う規則の問題や，技術的な問題，組織構造の問題も指摘している．

このような一般に流布されてきたビッグデータへの評論には，楽観的な期待と悲観的な警戒感が混ざり合ってきたが，これらの観点を結びつける社会というシステムのデザインを検討した方法論は少ない．このために本書では，まずデータの利活用について以下の**ステークホルダー**（利害関係者としての組織あるいは個人）が存在することを抑えておきたい（第2章で詳細に述べる）．すなわ

ちデータ市場とは，これらの人々が要素となってデータ利活用の方法についての発想，提案と評価を行いながらデータの取引を行うシステムである．

A（保有者）：データの所有者（このうち一部が提供者となる）
B（識者）：　上記Aのデータや，データ分析手法について知識・技能を有する人
C（考案者）：Bの話を参照しながらAの持つデータを組合せたり，分析手法を考えたりする人．Bと協力して実際に分析を行うこともある．
D（要求者）：データ分析の結果を使う意図をもって，要求を主張する人．
E（生活者）：生活や仕事をしている一般の人々．

A～Eの人々がなぜデータ市場に必要であるかという詳細は第2章で論じるが，Eの生活者は個人として，自分のデータがどのように用いられるかという不安を持つため，Aのデータ保有者はEについてのデータの中身を公開できないという制約の下でデータを用いたがっている要求者Dをビジネスパートナーとして探索しなければならない．また，Eは自分のデータを用いたサービスをAから受けることを希望するであろう．この場合は，AではなくDがEの代弁者となってA，B，Cに相談を行い，必要なデータを有効に活用してEの要求を満たすための検討に入る．C，D，Eはデータの利用者（user）に当たるが，CはDとEに，DはEに対してサービスを提供するプロバイダーとなることもある．

このように，データを利活用するプロセスには多様な人々とその間のコミュニケーションが不可欠であって，それゆえに先述のように「必要な人材が不足する」という事態が導かれる．この筋道を理解しなければ，データ分析のできる統計学や人工知能の専門家だけが不足するものと思い込み，これらの専門家を大量に雇用することは未来の大量解雇の原因を作るリスクも孕むこととなるであろう．データ利活用のステークホルダーを検討することは重要である．

### 1.1.3 ステークホルダーの意図と制約

既存の事物を結合して実用に耐える何かを構成するためには，それぞれの事物について使用上の制約条件を満たす必要がある．例えば，蓋のない空のペットボトルと，拾ってきた蓋を併せ用いるためには，蓋にとっては（自分の）内径に（相手である）ペットボトルの外径がほぼ正確に一致しなければならない．逆に，ペットボトルにとっては自分の外径に蓋の内径がほぼ正確に一致しなければならない．それぞれの製品が有する属性が互いに制約を満たし合うことによって生まれる新しい物の性能が，ユーザの意図（ボトル中の液体が移動中にこぼれないようにする等）を満たす可能性が生じる[4]．

データから何かの成果物を得ようとする場合も同様である．データ利活用におけるステークホルダーの意図は一種の制約となる．例えば，移動中に液体がこぼれないボトルを作ろうとする意図を満たすためには，蓋の締まり具合や容器の硬さ，容器材料の耐圧性と耐振動性，持ち運ぶ人への注意事項などさまざまな条件設定が必要であるし，注意事項を書くためには持ち運ぶ人の身体的・物理的制約も検討する必要がある（非力な人は重いボトルを持てないかもしれない）．蓋とボトルができた段階でも，設計者の意図や，設計にあたって考えた重量や大きさなどの制約があったであろう．これらの制約は，「移動中に液体がこぼれないボトルを作るための制約」という言葉でどこかに記載されているものではなく，ボトルの耐久実験データや，ボトルを持ち運ぶ作業場での業務日誌といったデータの中に埋め込まれてものである．

このように，単純に見える既存商品を組合せるということだけでも，その場にいる人や物と，存在しないかもしれない関係者たちの意図等に由来する制約を満たす問題を解くことが必要となるが，満たすべきさまざまな制約は明示されているのではなくデータの中やその背景に潜在しているため，良設定の制約充足問題に帰着することは一般に困難である．ここで**良設定問題**（well-posed problem）とは，パラメタを与えると一意の解が存在し，かつパラメタを連続的に変化したとき解も連続的に変化するような問題である．潜在する制約が多い場合には具体的なパラメタまで指定して記述できる制約は一部であるから，記述される制約だけ満たす解を得ても真の制約を満たす解が存在するとはいえない．さらに，パラメタを少し変更することによってわずかに制約を変更するだけでも，それまで黙っていたステークホルダーが急に不満に陥り新しい制約を追加するので，解は不連続に変化することになる．したがって良設定問題にはならないため，得られる解，すなわち物のデザインではユーザが安心して利用することができないことになる．したがって，データを作成したり，データを組合せて得られる発想を元に（液体の溢れないボトルの開発のような）新しい事業を始動したりする場合は，潜在的な制約まで表出化を行うためのコミュニケーションが必要となる．

例えば，ものづくりの場合は，旧来から消費者である製品ユーザの意見を収集したアンケートやさまざまな実験データを元にして設計が行われてきたが，設計者から見ればユーザが発した意見の背景にいかなる真の要求が潜んでいるかが分かりにくい状況が続く．そして，ユーザから見れば設計上の制約については多くの知識が未知のままである．ユーザの意見がきっかけとなって商品のイノベーションが起こり進行してゆく場合にも，この状況が革新的に改善されるわけではない．この問題は，ユーザと設計者の間にある**情報粘着性**[5]（ある事業に関わるステークホルダーの持つ情報を互いの間で伝達あるいは共有する際のコスト，information stickiness：後に少し詳しく述べる）としてヒッペル（E. von Hippel）らにより分析されてきたように，イノベーションを阻害する要因となる．

特に，データを起点としたイノベーション（DDI：Data Driven Innovation）を行おうとする場合には，ただデータの持ち主や分析者，利用者が会話するコミュニケーションだけでは情報粘着性は軽減されない．なぜなら，あるデータがどのような分析によってどのような有用性を発揮するか，またどのステークホルダーのどのような制約を反映しているかは，そのデータの中身を見て適切に加工・分析・可視化などを行うまで不明だからである．例えば，仕事をする人ならば誰もが業務のパフォーマンスを上げたいと望み，そのためにはどのような因子が影響しているか知りたいと願っているであろう．また，ある人が健康診断を受けたとすると，その人はその時間は医療サービスのユーザであるからといって，自分の日常的な業務のパフォーマンスに影響する因子を知りたいという関心を失うわけではない．すなわち，この関心は潜在的要求として常に潜んでいるにも関わらず，本人が普段は忘れていたり直接触れることのできないブラックボックスの中の挙動となっていたりしている．そのような中で，過去1年の血液検査データと仕事の成果のデータから「赤血球数と仕事のパフォーマンスの間に相関がある」などという意外なパターンが得られたのを契機として赤血球数なる因子の重要性に気づくかもしれないのである．一方，赤血球数のデータを集める病院や検査業者は，このような本人の関心を前提として集めているわけではない．

このようなわけで，データから知識を発見して活用を行うようなプロセスに関わるあらゆるステークホルダーの意図や制約を付き合わせて互に関連性があることを見出してゆくことは，有用な気づきを得る上で欠かせない過程となる．しかし同時に，その作業では潜在的な事柄同士を潜在的な関連性を介して付き合わせることになるので，相当に難しい問題となり，必要な人が必要なメソッドによってコミュニケーションを進めてゆくことはきわめて重要な技術となる．すなわち，データ駆動イノベーション（DDI）の背景には，

(1) ステークホルダー達の持つ制約と，制約間の関連性を表出化させる
(2) 上記 (1) の多様な制約を満たすまでのプロセスの実施方法を確立する
(3) 上記 (2) のプロセスの中で，必要なデータを選択して取得し活用してゆく

ということが必要となる．言い換えれば，データについての要求獲得からデータ収集，加工，利活用（分析や可視化を含む），再利用というプロセスの中で，多様な利害関係者（ステークホルダー）が持つ制約を表出化させてゆくことが重要となる．

例えば，地震データを扱う統計学者がいて，今やりたいことが海外技術者の訪問であれば，「相手の知識を借りて地震の危険地域を高精度で推定したい」という要求があるかもしれない．すなわち，

$e_2$: 地震危険地域の位置を把握 ← $e_1$: 海外の地震学者を訪問

というように，右辺の実現を目的に挙げていても，実はその先の左辺の実現が意図として隠れているかもしれない．この $e_2$ のように元々言及されていなかった潜在的な要求が隠れたまま放置して $e_1$ だけ行おうとすると，漫然と海外大学の研究者と会談を進めた結果，真の目的と関係の不明な漠然とした案が議事録に残るばかりとなる．したがって，共同研究者が互いの意図すなわち真の目的について早々に話し合わなければ，議論のやり直し，すなわち手戻り（バックトラック）のコストが高くなる．それならば，同じ大学内で同分野の専門技術者を探すほうが，低コストで知識が得られよう．このように，推論中に得た案を改訂しなければならなくなることを**非単調性**と呼ぶ．多様な意図や制約が同居する中で行動シナリオを選択しようとする推論には，多くの場合に非単調性が生じる．

非単調な推論を複数者間の議論の問題として論理体系を構築する議論学（Argumentation theory）[6, 7, 8]においては，ステークホルダーの会話を，多

様な制約の充足問題を解くプロセスとして捉える．この考え方は，製品に対する要求獲得にも継承されている[9]．このプロセスの途上で，ローカルな解候補の周辺で解の探索を進めた結果として制約充足に失敗すると，遠く離れた解候補から再探索を行うことになる．ここに非単調が生じる．この再探索は，解候補の一部を否定することに当たる．潜在的な制約を表出化するためには，ある言説を否定することが有益である．議論学の研究でも，ある言説（議論学では論証argumentと呼ぶ）を攻撃し批判することを，広範なステークホルダーに許容される解を得る方法として肯定的に捉えることがある．

批判は同意（許容）可能な発想を摘むのではなく，むしろ促進するものとするという考えは注意に値する．例えば，製品設計等において制約を与える可能性のあるステークホルダー$P_1, P_2, ...., P_n$のうち$P_i$の行動$a_i$を束縛する制約を簡単に$\mathrm{pre}_i$と表し，時点$t$における状況$s_t$から行動$a_i$により生成される新しい状況$s_{t+1}$とすると，これらの間の関係は以下のホーン節で表される．ホーン節"A←B"は，「BならばA」という意味を表す論理式である．式（1-1）の□は導出結果が存在しない，すなわち前件部の不整合（矛盾）を表す空節と呼ばれる記号である．

$$\square \leftarrow a_i, \neg \mathrm{pre}_i, \quad (1\text{-}1)$$

$$s_t + 1 \leftarrow a_i, s_t. \quad (1\text{-}2)$$

式（1-1）は，$a_i$という行動を採るためには$\mathrm{pre}_i$が満たされなければ（真でなければ）ならないことを意味している．この制約下では$\mathrm{pre}_i$が成り立たない限り$a_i$は真とならず式（1-2）は実行上の意味を持たない．

今，時点$t$で設計者が後に状況$s_{t+1}$を実現しようとしながら現在の状況$s_t$を十分考慮するのを怠っているとする．彼が信じているのは

$$s_{t+1} \leftarrow a_i \quad (1\text{-}3)$$

という誤った知識である（ここでは正しい知識と信念が直接衝突することを扱うため，様相論理のように命題を信念として$\mathrm{believe}(s_{t+1})$というような記述する方法を用いない）．今，ある状況$s_x$において設計者のミスが発覚し，信じていた知識である式（1-3）を疑わざるを得なくなったとすると，式（1-3）で状況$s_{t+1}$が生じる条件についてと式（1-4）式（1-5）が両立するという記述に改めることになる．

$$\neg s_{t+1} \leftarrow a_i, s_x \tag{1-4}$$
$$s_{t+1} \leftarrow a_i, s_p \tag{1-5}$$

すなわち，この設計者はまず，行動$a_i$により$s_{t+1}$という結果を生み出せない状況に突き当たる．この状況を$s_x$と書いたのが式（1-4）である．しかし，式（1-3）と式（1-4）だけが同時に成り立つと$a_i, s_x$は，空節□を導くので矛盾してしまう．そこで，式(1-3)については式(1-5)のように前件の制約を強める．ここで式(1-5)の状況$s_p$は，行動$a_i$により$s_{t+1}$という結果を生み出してしまう様な状況を意味する．もしも，さらに別の状況で式（1-5）までもが否定された（状況$s_p$で行動$a_i$をとったが状況が$s_{t+1}$とならない）場合は，$s_p$に加えて一層詳細に状況を組み込んだ知識へと更新してゆく．正しい式（1-2）の理解に到達するまでには，次の①②の作業を繰り返す過程が必要である．

①要求者からの否定的評価を繰り返し受け付ける

②状況と結果の関係を分析する

なお，$a_i$の結果に対する期待（状況$s_{t+1}$）が否定される場合の他に，$a_i$という行動をとること自体が拒否される場合に，その理由を追求することは式（1-1）における正しい制約条件$\mathrm{pre}_i$を探索することになる．

以上のように，言説に対する否定は，潜在的な制約の表出化に貢献する．ただし，行動$a_i$によって得られる状態$s_{t+1}$を否定されたからといって，①と②の対応で常に解決するとは限らない．なぜなら，状況が潜在的である場合は$s_x$を直ちに求めることはできないし，次のように潜在的な意図が存在する場合は上記の式を解くようなアプローチでは意図の実現に達しないからである．

**意図の表出化と価値**　例えば，金物商$P_\beta$に「ダイヤモンド製の先端がついたドリルが欲しい（$s_1$）」という要求を顧客$P_\alpha$が明示したとする．この要求をそのまま満たすためには,「ダイヤを購入してドリルを作る」という提案が可能であろう．これを図に描いてみると図1.2のように，要求を実現するための前提となる行動$a_{\alpha 0}$と，その行動が意味を持つために前提となる状況（$s_0$）が必要となる．ところが，$a_{\alpha 0}$が予算上の制約$\mathrm{pre}_{\alpha\beta}$によって縛られなければならないという情報が新たに入ると，$P_\alpha$と$P_\beta$はドリルを欲しがる$P_\alpha$が本当にやりたいこと，すなわち潜在的な真の意図について話し合い，硬い鋼板を特定の形状に加工したいという$P_\alpha$の要求に気づき合うことになる．すなわち，図1.2における$s_1$によって可能となる$a_{\alpha 1}$という行動によって起きることが期待される状況$s_2$を実現するという，新しい目標へのパスが表出化することになる．この結果，加工道具であるドリルではなく，加工作業そのものを注文する（$a'_{\alpha}$）という代替案を表出化することができる．

このように，行動計画の前提と要求の先にある意図を表現してゆくと，見落としていた前提条件の存在と，これと不整合を起こしながら存在する動かせない前提（この例では $\mathrm{pre}_{\alpha\beta}$）を表出化するような効果をもたらすことが可能となる．その結果，代替案が表出化され選択される．このように，明示された要求 $s_{t+1}$ の先に言及されていない意図がある場合，あるいは $s_{t+1}$ がもたらしうる副作用が懸念される場合については，言説の否定によって前件を更新する以外の方法で意図を表出化することも検討すべきである．非単調性はせっかく導いた論証を否定しなければならない非効率性を意味する負の概念と解釈されがちであるが，この非単調性を逆にバネとした創造的提案プロセスは強力な創造性を発揮するということができる．

この他にも，議論学からは各言説の価値（value）を導入し，潜在的な期待やリスクを捉えた議論の論理的枠組みも提案されて来た[7, 8]．また，フィンケ（Finke, R.A.）らによる創造的認知の研究においては，新しいアイデアを生み出すために組合せる要素の数を限定するような制約や，創造される成果物の性質を適度に限定する制約によって，アイデアが高い評価が得られることが実験的に示されてきた（第2章）．このフィンケらの実験と先述の前提制約や意図が

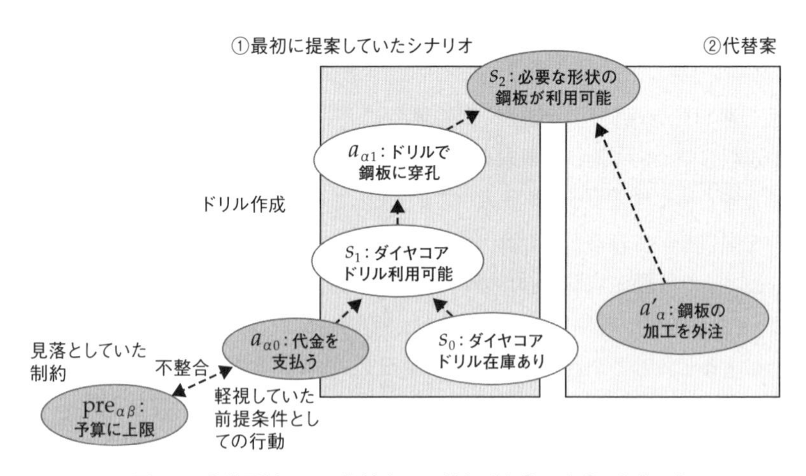


図1.2　非単調性による代替案への移行（案①⇒案②：出典[4]）

同じものであることは検証されていないが，問題解決に取り組む人に制約が追加されることによって新しい提案が生まれ，その成果物への他者評価が高まるという本章の趣旨は，制約のマネジメントによって創造性が高められるという，フィンケ理論の示唆に一致している．

**都合のネットワーク**　ここまでは，制約を表出化してゆくと新たな解が得られ，その表出化の方法として例えば論点の否定を歓迎する議論を示した．次にステークホルダー間の制約が絡み合うような場合の考え方を示す．市場という現実の場では，このような複雑な制約のネットワークが働く．

ステークホルダーによって同じ制約条件についての認知も異なり，変化し続けている可能性がある．ある製品の機能についての直接的な「(ドリルが) 硬い板に穴を空けることができる」のような制約を機能要求とよび，直接機能に関係しない「(ドリルの) 取っ手が持ちやすい形状である」というような制約を非機能要求と呼ぶことがあるが，非機能要求には潜在的意図や社会的背景が占める部分が少なくない上に，目的との因果関係の構造が見渡しにくい面がある．

さまざまな制約と行動，状況の間の関係性について直感的に構造を把握するためには，議論における言説間の多様な相互作用を可視化することの効果がある[11]．例えば図1.3は，ステークホルダー $P_\alpha$ と $P_\beta$ が用いている知識の中で，行動の前提となる一部の状況同士が制約 $\mathrm{pre}_{\alpha\beta}$ のために互いに不整合となっているために，二人が思うままの行動をとることができない様子を表している．その一方で，$P_\beta$ の知識から生み出せる行動によって $P_\alpha$ にとって必要な状況を提供することも可能である．この例の $P_\alpha$ のように，他者から攻撃だけではなく支援を受けることもできるような場合，部分的に相手を受け入れ部分的に自分の行動計画を改訂しつつ，どのような関係を持ちかけるか決定することは一般に困難であるが，可視化によって全体の構造を直感的に把握できれば，全体への影響を考えながら焦点を絞った部分的検討が可能となる．図1.3では，行動の前提として必要な状況や満たさねばならない制約が互いに繋がってネットワークの中で，二人の協力体制が生まれる様子 (灰色影部分) を示している．

大澤らは行動 $a_\alpha$ の意図と制約が繋がった構造体を**都合**と呼び，さらに制約を，行動の前の状況が満たすべき**前提制約**と，行動の結果として発生する状況 (期待される $s_1$ や全く別の副作用として商品が高額となり買い手が赤字となる状態など) によって自分あるいは他者に対して課される**派生制約**に分けている

[4]．このようにすれば，図1.2の場合も図1.3のような都合のネットワークとして表現し，設計を含む意思決定における問題の構造を精緻に把握することができる．意図，**前提制約**，派生制約はいずれも行動主体にとって制約の一種ともいえるが，意図と前提制約は先述のように表出化させる方法が異なり，**派生制約**は意図を聞き出すことによっても把握が難しいため，分離して扱っている．

状況間の不整合が複数の制約を介して起きた結果であることが分かれば，制約を緩和する手段を検討することによって，採用できなかった行動も採択できる可能性が生まれる．例えば，図1.4では $P_\alpha$ が最上段の状況を実現するために満たすべき状況の一つが $P_\beta$ の行動から発生する派生制約によって抑制され，しかもその状況は $P_\beta$ の行動から発生する状況を制約しようとしている他，状況と行動の間に本質的な阻害要因として前提制約の介入を明示している．すると，$P_\beta$ の側の中央にある行動を取りやめることによって，$P_\alpha$ と $P_\beta$ が共に意図を充足する方法を新たに検討する道が開ける．

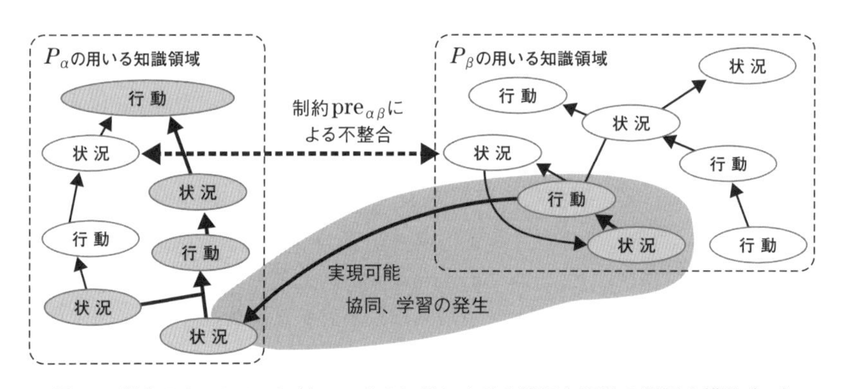


図1.3 都合のネットワーク（I）：二者の知識における状況と行動の関係の構造（[4]）

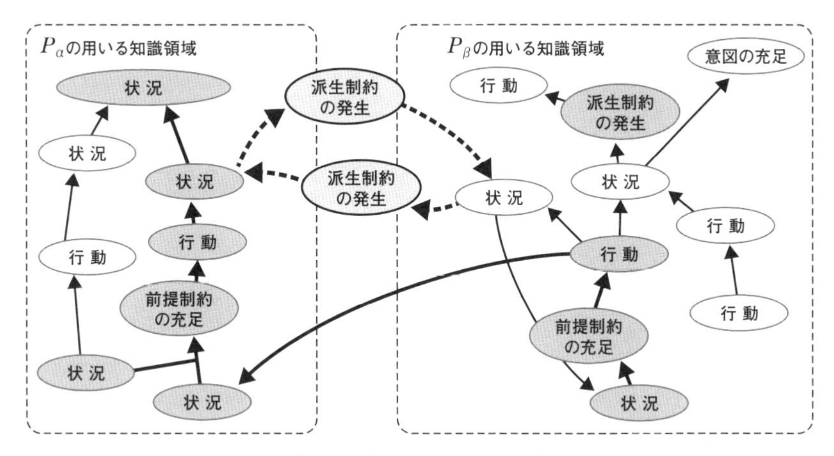


図1.4　都合のネットワーク(II)：制約の種別化により，二者間の制約のダイナミクスを表現している([4])

**情報の粘着性と都合**　情報の粘着性とは，ある事業に関わるステークホルダーの持つ情報を互いの間で伝達あるいは共有する際のコストとして定義される．すなわち，粘着性の高い情報は，ステークホルダー間で伝達されにくい．市場にとって価値の高い新しい商品やサービスの生産を行っても，その価値を説明する情報の粘着性が高ければ伝播させられず，イノベーションが阻害されてしまう．その逆に，適切に市場におけるコミュニケーションをシステム化すれば情報の粘着性が下がり，製品に対して順調に市場価値を持たせられる．また，製品開発チームが内部における情報の粘着性を弱めれば，製品デザイン，市場投入，普及がしやすくなる．ひいてはイノベーションに繋がってゆく．

例えば，飛行機のボディに炭素繊維を用いるメリットを材料の専門用語で旅客に伝えようとしても説明は難しいが，運賃の低下や安全性という話題で説明すると伝わりやすい．これは，高度な専門技術の情報が専門家に「粘着」しており，機材のユーザに届けるのが困難となるからである．逆に，エンドユーザが製品を日常的に用いるうちに体得した経験知の中には，開発者側に伝わりにくいものが含まれる．すなわち，消費者の持つ情報だけは消費者に「粘着」しており，専門家に伝えるのが困難となる．一方，飛行機の生産という場面を考えると，生産チームを機体の前半分と後半分に分けてしまうとチーム内で専門の違うメンバーが逐一連絡をとるため膨大な手間が発生するが，エンジン担当とボディ担当という専門家に分ければ情報の連絡がスムーズになり，工程が効率化される．

一般的な傾向として，ステークホルダー$P_i$が日常的に用いる知識は$P_i$に対する粘着性が高い．例えば，機体ボディの技術者を$P_\alpha$，旅客を$P_\beta$とすると，$P_\alpha$について式（1-6）と（1-7），$P_\beta$について式（1-8）（1-9）が成り立つ．

$$s_2: \text{飛行コスト削減} \leftarrow a_{\alpha 1}: \text{炭素繊維導入}, s_1: \text{旧型はアルミ} \tag{1-6}$$

$$\text{pre}_\alpha: \text{材料情報を収集} \leftarrow a_{\alpha 1}: \text{炭素繊維を導入} \tag{1-7}$$

$$s_4: \text{共同研究が進む} \leftarrow a_\beta: \text{毎月飛行}, s_3: \text{研究が仕事} \tag{1-8}$$

$$\text{pre}_\beta: \text{フライトコストが安い} \leftarrow a_\beta: \text{毎月飛行}. \tag{1-9}$$

$P_\alpha$にとって日常的な状況と行動において用いている知識は$s_1, s_2, a_{\alpha 1}, \text{pre}_\alpha$という材料の性能とコストに関する式（1-6）と式（1-7）であり，$P_\beta$にとっての日常的な知識は式（1-8）と式（1-9）（毎月飛行機を利用するなら安くなければならない，あるいは割引運賃となる）というものである．一つひとつの式を見れば，日常的に利用している知識は行動とその前提となる制約および状況と切り離せないため粘着性を有し，それぞれ$P_\beta$と$P_\alpha$にとっては使いにくい．特に，上記に含まれていない$s_2 \leftarrow \text{pre}_\beta$のようにステークホルダー間を結びつける知識は，どの人にとっても一見当然の知識でありながら使いこなすことは意外に難しい．

このようにして，都合に関わる情報については粘着性に注意してコミュニケーションを行わなければ，イノベーションに達することは難しい．しかし，情報の粘着性の理論を前向きに利用するならば，制約や意図を言語化によって表出化させ，情報としての粘着性を低化させることによってイノベーションを円滑化することが可能となる．推論の過程で非単調性が入る場合にも，先述のように前向きに非単調性を利用すれば意図や制約およびこれらの関係が表出化し，ステークホルダー間の新しい協調関係が生まれることもある．

### 1.1.4 データのスマートさ

ビッグデータのブームがいつから始まったかという境界線を引くことは難しい．既に述べたように，VLDB等の学会を含めれば，起点は1970年代であったであろうし，そもそもdataという語はdatum（事実，資料などの意味）の複数形であるが元のdatumよりも圧倒的に高頻度で用いられてきたことを考えると，データという語を用いた段階で事実を大量に収集してデータを作ることが前提であろう．一方，データのスマートさ，すなわち効果的に利用できる可能性は，データの規模に比較すると意識されにくい．その理由として，誰がどのような理由で利用するかによってデータの利用価値は大いに変動しうることであり，さらにその利用者に誰がどのような分析をして提示するかによってデータの持つ情報の価値も変動すること，さらにいえばこれらの人々が実社会のどこに潜んでいるかはっきりと捉えることも困難であること等を挙げることができる．これらの人々，あるいはその属する組織がここまでに述べたステークホルダーである．すなわち，データのスマートさは，そのデータの利用に関わるステークホルダーとその状況に依存する形で定義されるべきものである．これまでのデータや知識の有用性や価値の定義（例えば[12, 13]）においては，この点が十分に配慮されていない．データの価格とこれに影響するデータ中の変数の関係を，アンケート結果からジョイント分析により得るなどの分析研究もされてきた[14]が，ユーザとそのおかれた状況を考えてデータの価値を考えるコミュニケーションのプロセスを実現する環境が，本書におけるデータ市場の役割である．本書では新たに，以下のとおりデータのスマートさを定義する．

データ $D$ のステークホルダー $X$ にとっての**スマートさ** smartness$(D, X)$ を式（1-10）のように定義する．ここで，utility$(D, s, s', X)$ は状況 $s$ を状況 $s'$ に遷移させる計画を得るためにデータ $D$ を利用することによってユーザ $X$ が得る期待利得すなわち有用性である．また，cost$(D, s, s', X)$ は状況 $s$ を状況 $s'$ に遷移させる計画を得る目的でデータ $D$ を利用するため $X$ が負担するコストである．cost$(D, s, s', X)$ は，（1-11）で表される．

$$\mathrm{smartness}\,(D, X) = \mathrm{utility}\,(D, s, s', X) \,/\, \mathrm{cost}\,(D, s, s', X) \qquad (1\text{-}10)$$

$$\mathrm{cost}\,(D, s, s', X) = \mathrm{pay}\,(D, X) + \mathrm{use}\,(D, s, s', X) \qquad (1\text{-}11)$$

すなわち，ここでいうデータのスマートさとはデータの有用性を，その有用性を発揮するために必要なコストで割ったものである．データユーザはデータ $D$ を入手するための初期支払 pay$(D, X)$，$s$ という状況から始めて $s'$ に達するまで利用するための利用料 use$(D, s, s', X)$ という支払いが必要となる．これらコストは金銭であるとは限らないが，あえて金額に換算した数値があることを想定し，cost に組み込むことを考える．

ただし，本書でこのように式によってスマートさを表現する理由は，データ市場について数学的な理論を構築するためではない．むしろ，データ市場の存在目的をスマートな情報をユーザが獲得することとして明示化し，その明示化において スマートさの構成要素を明示しておくためである．追ってデータ市場におけるデータのやりとりを論ずる際には，上式を少し変形することによって，**データエクスチェンジ**（後述）において参加者が負担しなければならないコスト，そのコストの指標の上でデータのスマートさの本質について検討することができる．

## 1.2 オープンデータ

### 1.2.1 オープンデータの現状

学術界と行政においてはオープンデータへの要求が盛り上がっている．学術界においてこの盛り上がりが起きているのは，当然の経緯である．すなわち，個々の研究者がデータを収集するためには数年以上の研究期間と場合によっては莫大な研究費を要するから，それがいかに有益なデータであり他の研究者が欲しがったとしても容易に再現することはできない．よって，是非とも他者のデータの提供を受けて研究を行いたいと考える．一方，そのように入手困難なデータを自力で得た研究者は他者に提供することに大きな抵抗を感じる．その理由には，そのデータによって学術における競争優位を保持しようとする考えもあるし，それ以前に，苦労して収集したデータを簡単に人に渡すことは，愛娘を見知らぬ人に嫁がせるような理不尽さを感じるとしても不思議ではない．

このような中，個人の都合よりも学術の発展を優先するため強く研究データの開示を奨励する動きが学術におけるオープンデータ化の推進である．研究者社会における制度として，データを開示しなければ論文を掲載しないジャーナルが医学・生物学，特に遺伝子に関わる分野や材料科学を中心に普及し，データそのものを論文同様に研究成果として発刊する権威あるジャーナルも出現した[15]．

しかしながら，あらゆる分野にこのような動きを適用することはむしろ危険であることも指摘されている．例えば，マーケティングや金融工学の研究においては，産学連携研究によって産業界におけるデータを研究者が入手することが不可欠である．ここにいう研究者は大学や研究所に勤務する企業外の研究者には限らず，産業側（企業）に属する人にも斬新な分析技術を開発した人が膨大に存在する．しかし，研究という行為は誰にでも開始できるものであり，かつその行為は永久に続くもので完結点は指定困難であるから，研究者であるか否かを特定することはできない．大学に所属することや研究者番号を所持することと，研究者であることは異なる概念である．よって，企業のデータを「研究者だけに」「研究目的で」公開することは事実上不可能である．

データ提供の条件として「営利目的に利用しない」という一節を付することもあるが，研究者と称する者が産学連携研究を通して知りえた情報を，いつしか転用して自らの起業に活かしてゆくことは起こりうることである．むしろ，盲目的にベンチャー起業を奨励する現在の日本の風潮からすれば，このようなデータ提供条件の境界線にある行為も併せて国を挙げて推進中であるというのが実態である．結果として，オープンデータという風潮に自ら乗り出す企業は，全企業に比すると少数であるし，これからも企業に協力を求めるのは平易な道ではない．

## 1.2.2 オープンガバナンスとオープンデータ

このような中，オープンガバメントの運動が盛り上がってきている[3]．オープンガバメントとは，行政のデータを一般的にアクセスできる状態にすることによって透明性を高め，市民の行政への理解と参加を促す運動である．その運動の一環として，二次利用を許可した形で行政のデータを公開し，再利用を促すオープンデータの仕組みの開発が進められてきた．2013年の6月にG8で合意されたG8オープンデータ憲章や，2014年5月の米国データ法案（Data Act: the Digital Accountability and Transparency Act of 2014）も，この動きを援護する世界的な動きである．特に，インターネットを活用し政府を国民に開かれたものにしていく取り組みをオープンガバメントということが多い．日本では，2010年5月に高度情報通信ネットワーク社会推進戦略本部（IT総合戦略本部）による「新たな情報通信技術戦略」の中で，この意味でのオープンガバメントを推進する方針が明記され，さまざまな取り組みがなされている．

オープンデータ化の取り組みは，学術界において制度設計の途上にあり，実業界などではリスクが強く認知されることから，政府が主催するオープンガバメントと深く関連して進みつつある．オープンガバメントの推進には，行政機関の透明性の向上に加えて，市民が参加できる機会や企業との連携が不可欠である．このような意味から，オープンガバメントには透明性，参加，連携という三本柱からなる．

米国のDATA.GOVや日本のDATA.GO.JP，また各自治体（福井県鯖江市など）でも，行政のデータがさまざまな形式で公開されている．さらに現在，データをWeb上に公開するだけでなく，意味やつながりを構造化し再利用性を向上させるため，オープンデータのRDF（Resource Description Framework）での提供（これはLinked Open Data＝LODと呼ばれる）が行われるようになった．RDFによるデータ公開とアプリケーションの提供を行ってきた先駆者は，「データシティ鯖江」としてオープンデータへの取り組みを始めた福井県鯖江市など，わが国の地方にも存在している．

一般の人が平等な条件でアクセスし利用することのできるデータをオープンデータと呼ぶのは，理にかなったことであろう．しかし，このデータ提供の条件をめぐって，オープンデータという概念については領域や国によって少しずつ解釈が異なっている．例えば，わが国においては学術界を中心に，オープンデータを，誰もが無料で入手することの可能なデータという意味でいうことが多い．確かに，この定義づけは，先に述べた「一般の人が平等な条件でアクセスし利用することのできるデータ」というオープンデータの条件を満たす一つのあり方である．しかし，前節に述べたようにこのように無条件な公開は多くの支障を招く．「平等な条件」というのが「無料」や「無条件」と同義に解釈されてしまう限りは，オープンデータはオープンガバメントの枠内に留まり続けることになろう．

実際には，オープンガバメントさえも必ずしも順調に機能しているわけではない．例えば，2014年10月に本格始動した行政のデータカタログサイトはリスクマネジメントの観点から，一度は公開されたものの，しばらくサイトが閉鎖されるということが起こった．オープンガバメント戦略から，行政のデータ公開が行われてきていたが，行政のデータさえも例外ではなく，公開においてさまざまな問題が発生してきたし，今後もゆれ続けるであろう．データを提供する条件については常に検討が続けられ，容易に決着を見るものではない．

### 1.2.3 データ公開のリスク

本節では，データを公開する側にとって，どのようなリスクが発生しうるかについて2種類の視点のみ示す．ただし，これらはたたき台に過ぎず，実際にはデータの利活用を行う段階で初めて明らかになるリスクも種々存在するので，読者には以下の内容以外のリスクが何であるかについて論じ合うワークショップを開くことを薦めたい．

**［リスク1：データに内在するプライバシー］**

個人情報を含んだデータは，プライバシーの観点から他組織と共有は難しい．米内国歳入庁（IRS）のサイトからは，申請記録取得機能Get Transcriptを通じ，約33万の納税者の情報が盗まれた．また，米国Network Worldによると，2015年は，最大1億1570万人（5社からの流出分の合計）の顧客データが米国の医療保険会社において盗まれた可能性が指摘されている．わが国でも，2013年のJR東日本のSuica乗降履歴情報売却問題が起きたほか，マイナンバー制の始動などが重なり，プライバシーデータの扱いに警鐘が盛んに鳴らされている．さらに，パーソナルデータの利活用における各国の法制度やその解釈は異なっており，統一的なルール作りや標準化には至っていないため，国を超えたデータ提供においては十分なコミュニケーションをとらない限り齟齬が発生しがちとなる．

プライバシー侵害については，一元的かつ表層的な視点で論じるのは非常に危険である．危険の一つは，データに顕在的に現れないが潜在的に含まれる個人情報のリスクである．データを開示し第三者が組合せたりして分析することを可能にすると想定外のプライバシー侵害の起きるリスクがある[16]．このようなことは，論文を紐解くまでもなく以下の様なケースを想定するだけで明白であろう．

例1）ある駅の近くにあるデパートAが，自分のところに来る顧客の購買履歴（POS）データをデパートBに提供し，デパートBからも同様のデータ提供を受けることによって互いの売上を高めることを考えるのは一面において建設的に見える．しかし，この仕組みをデパートBが逆手にとり，デパートAに虚偽のデータを提供するような裏切り行為をとる可能性は否定できない．そのような悪意がデパートBに無い場合も，Twitterなどの外部情報を通じてデパートBである物を購入した客と購買日時を知ることができた場合，デパートBにおける顧客行動ログのデータから，デパートAはその客個人の他の店内行動まで追跡することができてしまい，プライバシー侵害に繋がりかねない．

例2）病院において，きわめて稀な病気にかかった患者の症状に関する履歴データ：当該病名の患者がその病院で一人だけであれば，氏名や保険情報，住所等を完全に消去しても本人を直ちに同定することができる．患者が少数である限り，この同定に要する手順は単純になってくる．ある患者が自らの病名を告白したような場合，もしその患者のかかった病院のデータを入手できるならば，告白された病名から，同患者個人の症状経緯や入退院時における問診や言動の履歴を検索することができる．この患者を新規雇用するかもしれない雇用者であれば，このような紐付け行為を行う動機は十分にあると認められよう．このように，病院の患者データは，氏名や住所など表面的に明らかに個人に結びつく情報を削除したとしても院外に出すことは不適切である．

このように，データ提供におけるリスクは，プライバシーだけではなくデータ利活用のあり方，すなわち利活用のシナリオの全体像を検討しなければ評価が困難である．プライバシーについては，個人情報保護法についての拡大解釈や誤解による過度の恐れも指摘される．例えば，個人情報取扱事業者に当たらない病院で患者について家族からの問合せに応じないなどの事態は，これに当たる．しかし，上記は，個人情報は保護しているつもりでも想定外に暴露されてしまう原因が別にあるという指摘である．すなわち，リスク1は次のリスク2から派生するものであると本書では位置づけ，プライバシー問題そのものについては他書に詳細を譲る．

**［リスク2：データ利活用における用途の不透明性］**

データ利活用とデータに基づく意思決定への社会的期待の高まりと，データの公開・交換や利活用の在り方についての不安感は明確に分けられず，片方だけを評価することのできない形で現代社会に蔓延している．例えば病院においては，個人情報の漏れるリスクは常に配慮してデータを管理すべきである．しかし，本当に患者は全ての個人データを無条件に守秘してほしいと考えているであろうか．難病患者には，自身と同じ苦しみに子や孫が遭わぬように医療研究者に提供し，研究のために活用してほしいとコメントするケースもある．

確かに，個人が自身の医療情報やスケジュールを公開することは稀であるから，データ開示へのリスクに対する不安は広まっている．しかし逆にいえば，利用目的と管理体制について理解が得られれば，個人が自身の医療情報やスケジュールさえも必要な人に提供することは可能である．このように，パーソナルデータ利活用によるサービスのメリットを提示し，理解と同意を得ることは，プライバシーの問題を恐れるあまり「守秘」という管理体制にこだわることよりも有益となることがある．プライバシー保護とセキュリティの観点からデータ管理に多大なコストがかかることを考えても，このようなコミュニケーション体制を確立してゆくことは社会的要請である．

ところが，どのようにしてもコミュニケーションを確立できない場合もある．例えば政府のデータであっても安全保障に関わるデータを公開すれば，当日のうちにもわが国への攻撃意図を潜在的に持つ他国者やテロリストが入手するところとなる．しかし，そのような者と，潜在意図を表出化するようなコミュニケーションを持つことは不可能に近い．さらに，企業や病院のデータを全て開示することは，その顧客や患者のプライバシーを侵害する可能性があるし，さらに企業組織の利益も損なうことになりかねないが，悪意の利用者の意図を聞き出すことが困難であるのは明らかである．大学等に属する研究者に提供する場合さえ，この困難は容易に排除できない．

このようなわけで，利用者を確認することもなく，まして利用目的と無関係に無料でデータを外部者に提供することは多くの場合に得策ではない．分析者の学術的興味以前に，データが社会的影響を持つまでのプロセスを検討しつつ，十分に慎重に提供することが求められる．米国や日本の政府，あるいは福井県鯖江市などの自治体における無料公開データが重大な社会的弊害をもたらさないのは，このような検討を十分に行ったからではなく，むしろデータを分析し間接的に利用する人が増えた結果，データの公開とその影響の因果関係が不明となってしまった可能性もあり，追跡調査すべきところである．データを取得し利用する側から見ても，データを取得・蓄積したコストと，その利活用によるメリットが見合わないのであれば取得を見送るべきである．大企業であれば，一組織内でさえ部署間で必ずしもデータを共有できていないという現状もあるが，他部署からデータを取得するための手続きに必要となる時間や手間をコストと見れば，データを利活用しようとすること自体が非効率や無駄を生み出すこともある．このような多様な条件を十分に検討してデータの取得，利活用に進むことが肝要である．

### 1.2.4 公開戦略とエクスチェンジ戦略

例えば自動車や原子力発電所のように人命や社会の安全性に関わる製品については，製造工程の上流における部品などの性能評価実験データは，下流にある製造業者や事業者に提供されるべきであろう．さもなければ，起こりうる現象の可能性を十分に検討せずに危険な製品を市場に送り出すことになる．しかし，このような場合は，データの提供・共有という作業全体について，誰がコストを負担すべきかについても十分に慎重な議論を要する問題となる．データの利活用に向けた共有体制のあり方を決めてゆくためには，コミュニケーションが欠かせないという結論は，ここでも不動である．

このような実際の問題を反映してオープンデータの在りかたを定義されることもある．図1.5は，英国で保険業務などを行うデロイト社が描いた，オープンデータを流通させる社会の構成である．この社会を構成するステークホルダーがオープンデータの供給者（supplier），クラウドソーシングやストレージなど利用環境の提供者（enabler），データ分析やアプリ構築を行う中間共有者（intermediated），そして最終消費者（final consumer）からなると考えている．これらの人々を結ぶ重要な結節点としてPaymentすなわち，データあるいはサービスの利用者が保有者に支払う報酬が存在する．つまり，ここでいうオープンデータは無料のデータではなく，利用者の使途に応じた支払いを前提とするデータ提供の機構をさす．この点に違和感を感じる人が多い日本は，逆に世界から見れば違和感を呼ぶ存在に陥っている．

このPaymentは金銭に限らず，利用したデータの分析結果を保有者にフィードバックするような人的貢献を含めて捉えられる．どのように利用するかについてデータの利用者が保有者に告げることは，提供の可否および報酬の大きさを検討する上で有用である．逆にいえば，データの提供を可能とし，報酬を可能な金額などに調整する交渉を行うことによって，データの利活用方法を妥当な方針に設定することが可能となる．この段階で，データ分析者がデータ保有者に与えると期待されるメリットが，データ保有者から分析者に与えた分析や研究の機会よりも大きいのであれば，逆にデータ保有者から分析者に報酬が支払われることもありうる．

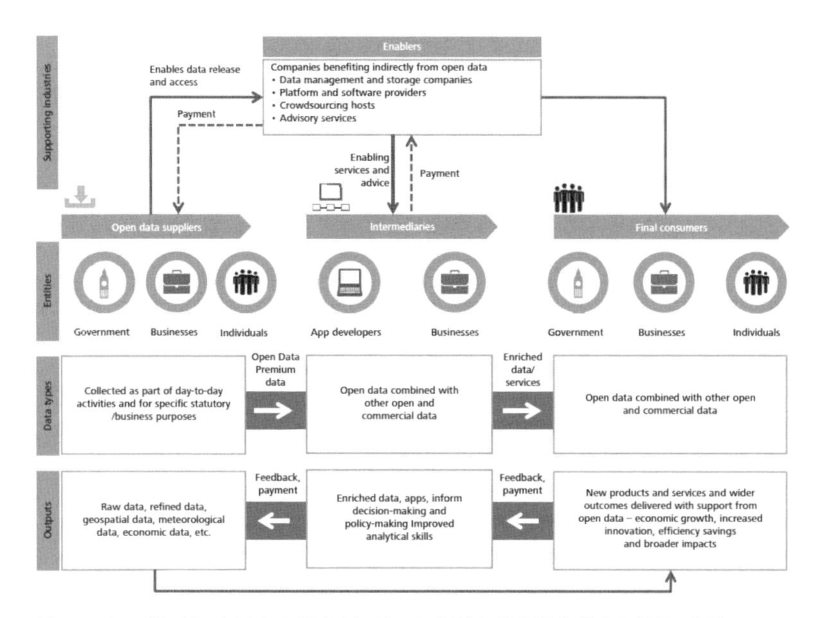


図1.5 オープンデータ社会の概念図：データ市場の基本的な考えを端的に示している
（出典：Open growth: Stimulating demand for open data in the UK, Deloitte LLP, 2012）

このように，交渉にもとづいてデータを提供する保有者へ（またはデータ保有者から）の報酬が支払われることを認め，その仕組みは「一般の人が平等な条件でアクセスし利用することのできるデータ」と矛盾しないと考えるのが世界の標準的な考え方である．その理由は，誰もが平等に交渉に参加することができるからである．すなわち，平等な条件とは，データの利用条件決める交渉に参加する条件を誰もが平等に持つことを意味するものであって，所有者とのコミュニケーションを省略してよいことを意味しているのではないことには十分に注意しなければならない．このコミュニケーションに精通していない点は，日本が世界的なオープンデータの活用に追随しにくくなっている大きな原因の一つとなっている．そして，このように交渉相手をある程度定め，コミュニケーションを通じて決定した範囲でデータを提供し提供を受けるという戦略を，データ公開と区別して**データエクスチェンジ**という（データエクスチェンジをデータ取引と訳すのはこのニュアンスと伝えていないので不適切である）．

オープンデータだけでなく，各機関や企業が保持するデータを交渉と通じて活用する方法に焦点を当てる取組みも，行政・民間問わず進められている．日本では現在，データの利用価値の認知が多方面で進んできたものの，業種・組織の壁を超えたデータの共有によって生まれる新たな企業連携，新産業の創出が限定的であるという問題意識がある．この現状を踏まえて，経済産業省は，各企業が壁を超えてデータを共有・活用し，新たな付加価値を生む取組みを促進するために，2014年に「データ駆動型（データドリブン）イノベーション創出戦略協議会」を発足させた．また，民間では，企業間のデータ交換による新事業創出のための場として，「データエクスチェンジ・コンソーシアム」などが設立されている．

こういった現状からいえることは，行政，民間，大学といった各方面で，データに基づく意思決定やデータ利活用，そのためのコミュニケーションの在り方への関心が高まっていることである．さらに踏み込むと，すでに保有しているデータを用いた既存事業の付加価値向上にとどまらず，異なる分野のデータを組合せることで新しいビジネスを生み出したいという機運が高まっている．データを利用した取り組みの成功例は各種メディアで取り上げられ，後に続こうという組織が多く存在している．

保有するデータおよび異なる組織や領域のデータから新しい知識を獲得し，新ビジネスの創出や価値の創造という潜在的な可能性への期待が高まっている一方で，その結果としてデータ管理コストやセキュリティ，プライバシーといった問題が複雑化することは既に述べた．このような中，データの公開・共有を強制するのではなく，自由市場の原理で利用者が必要なデータを選び，所有者と交渉の末に入手できるプラットフォームを求めるのが本書の立場である．

上記の議論を踏まえ，データ $D$ のユーザ $X$ にとってのスマートさ smartness を式 (1-12), (1-13) のように再定義する．式 (1-12) は式 (1-10) と同じであるが，読者の便利に配慮しここに再掲したものである．一方，式 (1-13) は式 (1-11) における pay がデータの取引を行う人とその状況に依存することを考慮したものであり，さらにデータを利活用する際に伴う間接的な経費を manage として組み入れた．

$$\mathrm{smartness}(D, X) = \sum_{s, s'} \mathrm{utility}(D, s, s', X)/\mathrm{cost}(D, s, s', X) \tag{1-12}$$

$$\begin{aligned}\mathrm{cost}(D, s, s', X) = {} & \mathrm{pay}(D, s, s', X, \mathrm{owner}(D)) + \mathrm{use}(D, s, s', X) \\ & + \mathrm{manage}(D, s, s', X)\end{aligned} \tag{1-13}$$

ここで，それぞれの関数の意味は以下の通りである．

・**データの有用性**：utility$(D, s, s', X)$は状況$s$を状況$s'$に遷移させる計画を得るためにデータ$D$を利用することによってユーザ$X$が得る期待利得である．この有用性は，利用する状況sと，目的として設定する到達点$s'$によって変わる．

・**データの値段**：式（1-13）のpay．コストは利用する状況$s$，目的として設定する到達点$s'$に加え，データの保有者owner$(D)$に依存する．この理由は，既に述べたように，データ等の保有者は利活用のあり方によって提供するかどうかを検討し，場合によっては秘匿を希望することもあれば，逆に無料で提供することもあるからである．

・**データの利用および管理運営におけるコスト**：式（1-13）のuseおよびmanage．これについては，状況$s$，目的として設定する到達点$s'$に依存することは明らかであろう．少なくとも，両状況によって到達までの所要時間が変わる．

すなわち，cost$(D, s, s', X)$が状況$s$を状況$s'$に遷移させる計画を得る目的でデータ$D$を取得し利活用するために$X$が負担するコストであることは，先述の式（1-10），（1-11）と同様である．

一方，ここではデータ利用者$X$と保有者$Y$すなわちowner$(D)$という両者の間で，$X$は支払い，$Y$はデータを提供するというエクスチェンジを営んでゆく関係を持つ．先に述べたように，データユーザからデータ保有者$Y$への支払いpayは金銭であるとは限らないが，あえて金額に換算した数値があることを想定し，costに組み込むことを考える．この時，payにもデータを利用することによって実現されるシナリオ（状況$s$から$s'$への移行）が考慮され，しかも利用者が利用するコストだけではなく関連するさまざまなステークホルダーの間の調整などを行う間接的な経費manage$(D, s, s', X)$も発生することになる．

本章で示したようにデータの取得，利活用という過程の全体においてコミュニケーションが重要となるが，$D$を個々のデータ（あるいはデータセット）とすれば，本書全体の中ではデータユーザら（$X_1, X_2, \cdots, X_m$）の間におけるコミュニケーション，多様なデータ保有者の間（$Y_1, Y_2, \cdots, Y_n$）の間におけるコミュニケーション，そしてユーザと保有者の間のコミュニケーションの支援技術を扱ってゆくことになる．

先述の $\mathrm{pay}(D, s, s', X, \mathrm{owner}(D))$ を定めてゆくために，$X$ すなわち $\{X_1, X_2, \cdots, X_m\}$ と $\mathrm{owner}(D)$ すなわち $\{Y_1, Y_2, \cdots, Y_n\}$ が話し合うようなコミュニケーションは，データ活用のシナリオの内容すなわち $s, s'$ という状況が何であるかを論じ合い，$s$ と $s'$ を結ぶような行動が存在するかどうかについて提案とその否定を繰り返す非単調性を持つ議論となる．むしろこれは，payを定めるという動機づけに従いながら，シナリオの内容を検討するためのコミュニケーションと捉えるべきものである．

一方，データユーザには複数の種類が存在することも重要なポイントとなる．一つ目の種類は，データや分析ツールを組合せて分析に用いるためのアイデアを提案してゆく考案者（先述のカテゴリCの人）である．例えば，POSデータとTwitterのログから流行商品を見出すような考えを示す人がこの種類に該当する．二種類目は，提案者の発するソリューション（アイデアとして得るデータ活用プラン）から得られる効果を利用する，データのエンドユーザである．例えば，データ分析によって見出した流行商品を実際に売買する人は最終的な情報の消費（利用）者となる．これは先述のカテゴリD（要求者）またはE（生活者）の人がこの種類に該当する．考案者と利用者の間の会話にもまた情報と報酬のエクスチェンジを持つことによって，利用者は自分の要求を主張し，考案者はアイデアを改良することが可能となる．このように，考案者の発するデータ利活用シナリオの提案（ソリューション）とその評価からなるコミュニケーションが発生する．

## 1.3 本章のまとめ

考案者とエンドユーザ，あるいはこの両方に加えてデータの保有者等も交じり合ったコミュニケーションの場を実現し，その上でデータの値段その他の利用コストなどを考慮しながらデータ利活用方法についての提案と否定を繰り返す交渉的なコミュニケーションを行ってゆくような社会環境が，本書でいうデータ市場である．

このコミュニケーションを通してデータの有用性を認め，総合評価としてデータのスマートさを理解してデータエクスチェンジを進めてゆく．このようなプロセスを可能とする社会環境を構築することは，大規模なデータを収集すること以上に大きな価値をもたらし続けるであろう．結果としてビッグデータではなく，小規模で扱いやすい上に潜在的な有用性を持つデータ，すなわちコンパクトデータが掘り起こされる可能性を孕むのがデータ市場である．

### 参考文献

[1] 関沢英彦，鷲田祐一，ミカエルビョルン，『シチュエーション・マーケティング：ケータイ時代の消費を捉える新発想』，かんき出版，2002

[2] Manyika, J., Chui, M., Groves, P., Farrell, D., Kuiken, S.V., and Doshi, E.A., *Open data: Unlocking innovation and performance with liquid information*, "McKinsey Global Institute, 2013

[3] 増井紀貞，「外部情報を用いたData Jacketの表層的類似性の抽出と可視化によるメタ認知支援」，東京大学工学部システム創成学科卒論，2016

[4] 大澤幸生，「都合」のつながり——イノベーションの潜在ダイナミクスとして，電子情報通信学会誌　Vol.97 No.5 pp.416-421，2014

[5] von Hippel, E. "Sticky Information" and the Locus of Problem Solving: Implications for Innovation. *Management Science* 40 (4), 429-439, 1994

[6] Dung, PM, On the acceptability of Arguments and its Fundamental Role in Nonmonotonic Reasoninig, Logic Programming, and n-person Games, *Artificial Intelligence* 77, pp.321-357, 1995

[7] Atkinson, K., Bench-capon, T., McBurney, P., Computational representation of practical argument,*Synthese* 152, 157–206, 2006

[8] Bench-Capon, TJM., Value-based Argumentation Framewors,*Prof. 9th INe'; WS on Non-Monotonic Reasoning*, 443-454, 2002

[9] Goldratt, EM,*Essays on the Theory of Constraints*, North River, 1987

[10] Kirschner, PA, Buckingham-Shum, SJ., and Carr, CS. (eds),*Visualizing Argumentation: Software Tools for Collaborative and Educational Sense-Making*, Springer, 2003

[11] Ohsawa, Y., Akimoto, H., Unstick Tsugoes for Innovative Interaction of Market Stakeholders,*International J. of Knowledge and Systems Science* 4 (1), 32-49, 2013

[12] Taylor, B.W.,*Introduction to Management Science*, 10th ed., Global Edition, Pearson Education, US, 2009

[13] 大澤幸生,『チャンス発見のデータ分析—モデル化+可視化+コミュニケーション→シナリオ創発』, 東京電機大学出版局, 2006

[14] Koguchi, T.,*Jitsuzumi,T.,Economic Value of Location-Based Big Data: Estimating the Size of Japan's B2B Market Communications & Strategies*, No.97, p. 59-74, 2015

[15] Scientific Data, *Nature*, http://www.nature.com/sdata/

[16] Acquisti, A., Gross, R., Predicting Social Security numbers from public data. Proc. National Academy of Science, 196 (27): 10975–10980, 2009

# 第2章 データ市場

データの市場とは，ステークホルダーのスマートさ（利益を追求する知性）が，商材として扱われるデータのスマートさと結合する場である．そして，データの方も結ばれ合って新しいスマートさを生み出してゆく．その結果としてデータ交換（エクスチェンジ）など，必要なデータや分析スキルが必要な人の間だけで取引され，データの利活用の新しい方法とそれによる新たなビジネスや政策といった計画と行動のプロセスが実現されてゆく．

本章では，このようなデータ市場のイノベーション創出環境としての側面に視点をあて，イノベーション効果を高めるデータ市場の構成条件を論ずる．

## 2.1 データエクスチェンジと市場

データの活用を考えるにあたり，併せてイノベーションについて検討することの意義については序文に概要を示したが，本書においては少なくとも三つの動機がある．まず一つ目は，多様性と変化に富むデータから新奇にして意思決定を左右する事象（チャンス）を発見し，これを起点として経済活動を創造する手法の開発を著者らが進めてきたからである．二つ目は，イノベーションにおいてはステークホルダーの視点を導入した集団のコミュニケーションが欠かせず，そのコミュニケーションにおいていかに創造と選択が行われているかを分析することは，イノベーション過程における潜在ダイナミクスを理解する上で有益と考えられるからである．最後に，多様なデータを組合せた利用方法を工夫することによって，データを用いたビジネスイノベーションを推進する効果が期待できるからである．本書はこの3点の全体を反映させて執筆しているが，そのうち本章の焦点は，第2の点である．

そもそもイノベーションという語は，経営リソースの結合により経済を飛躍させることを意味する概念として約1世紀前に登場した[1]．新現象の発見や新しい仕組みの創造が社会に受理されインパクトを与えるためには，現在存在しないリソースを無から創造するだけではなく，既存のリソースを含めて新しく組合せることも大切である．流行の過程を考えても，消費者が使い慣れた既存の商品を用いる生活を確保しつつ，そこに新しいアイテムを取り入れることの魅力を周囲に伝え，周囲がそれを受容してゆくというダイナミクスは自然なものに感じられる．流行伝播モデルの研究[2]等を経て，イノベーターが製品やサービスを生み出す産業界側だけでなく，その交渉相手となるかもしれない消費者側に存在し流行を担う主力になるという考えは確立し，先端的な消費者が製品のアイデアを発信するという考えも普及してきた．

第1章で定義したように，交渉相手をある程度定め，コミュニケーションを通じて決定した条件に基づいて，データの保有者と利用者が互いに合意した範囲でデータを提供し提供を受けるという戦略が，データにおけるエクスチェンジである．データの利用者Xにとって，データエクスチェンジという戦略をとることの目的はスマートさ smartness$(D, X)$が最大であるようなデータ$D$を得ることである．そのためには，式(1-12)，式(1-13)より，

① 状況$s$を状況$s'$に遷移させる計画を得るためにデータDを利用することによって利用者Xが得る期待利得 utility$(D, s, s', X)$を最大化すること

② 利用者Xから保有者owner$(D)$に支払う金額pay$(D, s, s', X,$ owner$(D))$を，$D$を利用する可能性のある各状況$(s, s')$において最小化すること：このpayは，利用する状況s，目的として設定すべき到達点$s'$を考慮しつつ，$X$とowner$(D)$がデータ利活用のあり方について検討した結果として定められる．単純にこの支払いがデータの定価であれば，pay$(D, s, s', X,$ owner$(D))$はprice$(D)$に置き換えることができる．この場合のprice$(D)$をデータ$D$の価格と呼ぶこともあるが，取引される材がデータである場合には目的とする状態と現状，および当事者たちの背景によって支払いは変わるのが普通であるので，price$(D)$はこの後本書でほとんど登場することはなく，payの意味を理解するための特殊な指標にすぎない．

③ 情報の利用コスト use$(D, s, s', X)$および管理運営コスト manage$(D, s, s', X)$を最小化すること

の3点が求められることになる．

逆に，保有者owner$(D)$にとってはpay$(D, s, s', X,$ owner$(D))$を高める

ことが望ましい．この pay()の引数が$D, s, s', X$, owner($D$)であることは，利用者は現状と理想の間を埋めることに価値を感じ，しかもデータの持ち主$D$, owner($D$)を信用する場合にのみ高額を支払うという意味を持っている．

より正確には，データの提供に要する金銭的・時間的コストの総計（図2.1の provide_cost($D$, owner($D$)))やデータ収集に要した人件費, 設備費など（図2.1の collect_cost($D$, owner($D$))）も差し引いたものを最大化すべきであるが，本書においてデータ市場の役割はデータ利活用シナリオを求める検討を行う場であって，そのシナリオは$s, s'$で記述されるため，$s, s'$を含まないコストの成分については本書の範囲では考慮しない．すなわち，データを受け渡す際のコストは利用者側が負担する定額であってコミュニケーションによって上下動することはないと考える．また，もし$D$が既に収集済みのデータであるならば，一度市場に出した後の段階ではデータを収集するコストも0とみなすことができるので，以降はpayそのものを最大化することを考える．ただし，$D$がこれから収集する予定のデータであるならばデータ収集コストを反映させた値を最大化することにも意味があるので，その意味では本書での議論は一部のコストを無視した近似であることをここに覚書としておく．

なお，payは定数ではなく，金額で評価できるとも限らないが，その中でも時間的コストや人的コストは利用者が負担することを前提とし，以下はpayを金額に換算して扱う市場を考える．

これらの値について，データを持つ者と今後において所有し利用する者の間でコミュニケーションを行うことによって，利用者側は上の①②③が最適となるようなデータDの探索や，入手を狙う特定のデータ$D$について①②③の最適化を行うようなコミュニケーションを行う．例えば①は利用者の立場でデータの使い道を検討するものであり，②は利用者がデータ保有者に交渉して“値切る”のであり，③はデータを実際に利活用する現場の事情を調査したりステークホルダーの都合（第1章）を聴取したりしながらデータの運用体制について工夫をするのである．

一方，データ保有者側は，payを最大化することを狙って利用者とコミュニケーションを行う．このように，利用者とデータ保有者は，payだけを取り出してみれば最小化するか最大化するかという逆の立場からの市場参加を行うため，容易には合意に達することができない．そこに，市場における持続的なコミュニケーションを可能とするシステムデザインが必要となり，また持続的なコミュニケーションの中から参加者が新たな視点を獲得することになる．この視点を得る手法として，データ活用シナリオの提案と否定という対立関係を用いた非単調性を孕む議論があることは第1章に述べたとおりである．

例えば，利用者の真の要求はpayを最小化することではなくsmartnessを最大化することであるから，もしデータ保有者がpay を下げない場合には，式(1-12) の分子である utility$(D, s, s', X)$すなわちデータの利用価値を高めるために，一層価値の高い目標状態 $s'$を構想したり，そこに行き着くための行動プランの利用価値を高めるようなデータ利用シナリオを策定するような思考・議論を行うことになる．このように，データの市場とは，データエクスチェンジにおいてデータの利用価値を高めてゆくようなコミュニケーションを推進するきっかけを与える場であるということができる．

# 2.2 データ利活用とデータ市場

## 2.2.1 市場と価値とコミュニケーション

19世紀中期には，ロイター (P.Reuter) がパリとロンドン間で株式情報を電報により売買していた記録が残っている．また，20世紀中期の段階では，トムソン・ロイター社やブルームバーグ社がデータアグリゲータ（データ提供の仲介事業者）を事業化した．1980年台にはロボットの行動データなどを販売するデータ市場について言及する技術誌の記事も発刊されている[3]．このような背景からすれば，ボアソ (M.Boisot) らがデータや情報が経済財として扱えるとしたのも当然であろう[4]．経済財とは，対価を支払うことで利用できる材を意味するもので，本書序文の意味で「財」の一文字に該当する．彼らは意思決定の主体が用いる知識や情報を導出する性質をデータの価値と考えたが，情報としての価値が見出されていないデータは価値化することが困難であると考えている．そして，それならばデータの情報としての価値を見出す活動をする場として機能するデータ市場をデザインしようというのが本書の考え方である．

本来，市場とは，多様性を持つそれぞれの商品について提供者（商品化しているので単なる保有者ではない）と利用者の間で取引（有償無償の提供）を行うための条件を設定し，その条件に基づいて商品の提供を行う場である．多くの市場においては，この条件設定を行うために提供者と利用者がインタラクションを進めるような仕掛けが存在している．例えば，八百屋で大根を買う場合に，一本200円という定価が付されている場合は，それが大根を取引するために八百屋側が示した条件であるから，客は価格が高すぎると思うならそのままでは買うことができない．しかし，客がこの大根を一本190円に値切ることを試み，八百屋がこれに応ずるならば条件は価格190円に緩和される．このように，コミュニケーションは取引の条件を再設定するプロセスと捉えることができる．

しかし，データを取引するような市場の場合は，このように潤滑なプロセスは実現していない．すでに，Microsoft Azure Marketplace, CKAN, KDnuggetsといった，データを売買・交換するサービスやプラットフォームが存在する．しかし，データやそのメタ情報（データの表層的な概要情報）を陳列するだけでは，データ保有者と利用者の間でのコミュニケーションが活性化し，取引条件を検討する場としての市場の機能が有効に働くことは期待できない．

これまでにも，提供者と利用者のコミュニケーションを省く市場も存在したように見える．例えば，株式市場においては株を売る人も買う人も一見すると，株価の上下動を受動的に見ているだけで互いの会話はほとんどない．株式総会においては企業と購入者側が直接対峙するが，少数対多数のコミュニケーションとなるので，大学における講義と同様に一方向の作用に見える．しかし，表2.1に示すように「板」と呼ばれるシステムによって，実は株の保有者と購入者は連携させられているのである．ある特定銘柄株の板においては，それぞれの支払い価格について，(A) 何名の購入者が支払い金額を受け入れて買うか，(B) 何名の保有者がその金額で売りに応じるかがリアルタイムでリストアップされる．売数量と共に買数量が正の値となると取引が成立し，全て売れるか買う側が全員完全に満足するかのいずれかが起きると片側の数量が0となる．この板において，売り側の人数が正の値となっている最小の売値が当該時点における取引価格すなわち株価となる．保有者と参加者が意識していない可能性はあるものの，希望取引価格の表明自体が，市場を構成する必須条件であるコミュニケーションとして機能していると考えることもできよう．

言い換えれば，商品の価格を設定するという行為は，取引条件設定のためのコミュニケーションのきっかけを作るものでもあり，また途中結果の一つでもある．実際，元の価格が200円の大根が値切り交渉によって190円と設定されることがあるし，交渉した客は価格を下げるのではなく少し大きな大根を手に入れることもあろう．さらに，翌日に値切る人がいなければ大根の価格は200円に戻るであろう．また，株の場合も価格を上げる介入は「買い」であるが，これに応じて売る人が殺到すれば価格はまた下がることになる．

表2.1 株式市場における「板」：
売る側の最低価格が買う側の最高価格に最も近い298円が株価となる．

| 売数量 | 価格（円） | 買数量 |
|---|---|---|
| 45000 | 300 | |
| 38000 | 299 | |
| 24000 | 298 | |
| | 297 | 5000 |
| | 296 | 10900 |

このメカニズムを，データの市場において実現することを考える場合，以下のようなモデルが可能である（図2.1も併せて参照のこと）．

① 利用者$X$は，$\mathrm{utility}(D, s, s', X)$が高く，$\mathrm{pay}(D, s, s', X, \mathrm{owner}(D)) + \mathrm{use}(D, s, s', X) + \mathrm{manage}(D, s, s', X)$の低いデータ$D$および$\mathrm{owner}(D)$を求める．

② 保有者$\mathrm{owner}(D)$はデータ$D$を，$\mathrm{pay}(D, s, s', X, \mathrm{owner}(D))$の高い$X$を求めて提供する．

③ 上記①と②のコミュニケーションにおいて，$X$と$\mathrm{owner}(D)$の論点で共通の部分は$\mathrm{pay}(D, s, s', X, \mathrm{owner}(D))$のみとなるので，板と同様の仕組みによって取引価格に一度収束する．しかし，利用者$X$はさらに式（1-12）のsmartnessを高めるために$\mathrm{utility}(D, s, s', X)$の高い$s, s'$を得るための検討を行う．この際，必要に応じて$X$は$\mathrm{owner}(D)$から，データを利用する効果について意見を取り入れる．こうして$\mathrm{utility}(D, s, s', X)$を得る．

④ $\mathrm{utility}(D, s, s', X)$が③において高められる場合，式（1-13）におけるcostすなわち$\mathrm{pay}(D, s, s', X, \mathrm{owner}(D)) + \mathrm{use}(D, s, s', X) + \mathrm{manage}(D, s, s', X)$をあげる余裕が生じる．よって，$\mathrm{owner}(D)$は$\mathrm{pay}(D, s, s', X, \mathrm{owner}(D))$をあげるか，より$\mathrm{pay}(D, s, s', X, \mathrm{owner}(D'))$の高いデータ$D'$を$X$に提供する話を持ちかける．こうして$\mathrm{pay}(D, s, s', X, \mathrm{owner}(D))$が調整され提供されるデータ$D$も併せて調整される．

データ市場はこのようにして，データ$D$の用途を提案したり，その有用性を評価あるいは批判したりするようなコミュニケーションを行う場である．有用性の評価をするために，そのデータの利用方法や利用理由を質問したりする他，データを保有するまでの経緯として収集の過程や理由などを質問することもできる．

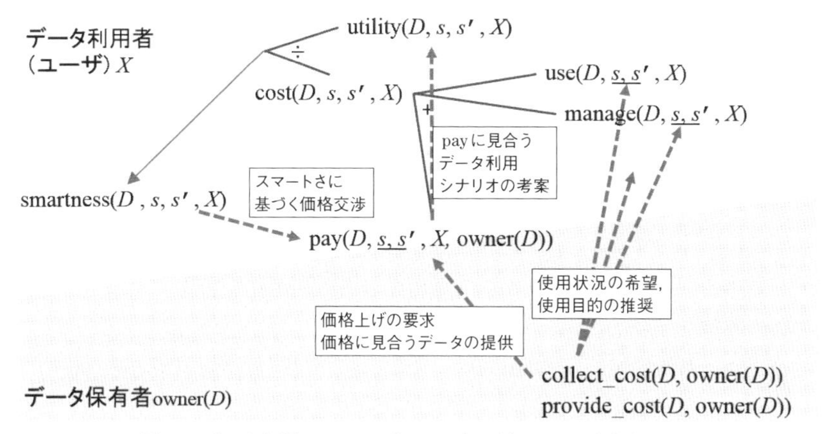


図2.1 データ市場においてデータの有用性utility，支払額pay，
データDが変化するコミュニケーションのメカニズム

データ市場が株式市場と異なる点としては，利用者（客に当たる）と利用者，利用者とデータ保有者，データ保有者同士という，人と人の間で活発に会話が展開することがある．この意味では，データ市場はむしろ八百屋（大根の市場）に近いかもしれない．すなわち「データ市場」を本書では，データ利活用の方法について提案と評価を行う会話を伴ってデータの取引を行うシステムとしての市場と定義する．データを商品と見なし，自由市場の原理からデータの価値について検討することで，データ保有者や利用者がデータについての理解を深めるコミュニケーションを活性化する．その結果，データの交換や売買が行われ，データを用いた多様なイノベーションを創出することが可能となる．

## 2.2.2 取引におけるコミュニケーションと価値共創

一般論として，市場は価値共創（Value Co-creation）の場となることが期待される．価値共創とは，複数の行動主体がいる場合，彼（彼女）らが共存してそれぞれの事業に取り組むことによって別々に取り組むよりも高い価値を生み出すことである（一般的な定義は[5]などを参照するとよいが，上の定義とは概ね整合する）．

例えば，先に述べた utility$(D, s, s', X)$はデータ$D$の利用価値であり，データ市場がこのutilityの値を向上させるという前小節の説明から，データ市場におけるコミュニケーションは一種の価値共創を実現することが分かる．さらに，utility$(D, s, s', X)$を高めるような$D$の使い方を見つけるためには，シナリオの始点$s$と終点$s'$を結ぶシナリオを挙げてゆくことが必要となる．

前小節において，データの有用性を評価をするためには，そのデータの由来や収集理由や利用方法を質問したりすることも起こりうると述べた．ここにおいてデータの利用方法とは，

・「どうやってこのデータを用いて実用性のある利用法を実現するのか」

すなわち

・「どのような状況sでこのデータ$D$を用いて，利用者が満足する目的状態$s'$を実現するのか」

ということであり，データの利用理由とは，

・「なぜ，当該目的を実現するためにこのデータを用いるのか」すなわち

・「状況sから目的状態s'を実現するまでのシナリオのうち，データ$D$から得られる知識はどの部分を構成するのか」

ということを意味する．したがって，利用方法は利用理由に影響し，逆に利用理由を問われる人は利用方法を検討することを余儀なくされることが分かる．前者の質問のように，さまざまにとりうる方法を上げて答えるような質問はGenerative Design Question（GDQ）と呼び，後者のように，ある事柄の理由を追求させるような質問をDeep Reasoning Question（DRQ）と呼ばれる．これらの質問がバランスよく発言されるようなコミュニケーションは，新規性と有用性の高い創造物を生み出しやすいことをエリス（Eris, O）らは実験的に示している[6]．さらに，エリスを含むスタンフォード大学のグループは，Amplex法という議論のプロセスを提案しており，そこではGDQ，DRQを一般化したフレーム制御（frame handling）という概念を導入している．フレーム制御とは，提案されたアイデアの適用状態を限定したり提案を否定したりする発言と，提案を防御する発言からなる議論のサブプロセスであり，GDQ，DRQはフレーム制御と強い相関があることが見出されている．この点は，第1章に示した非単調性を有する，すなわち質問や否定を受け入れることによってアイデアを更新してゆくようなコミュニケーションの効果を支持する理論的裏付け

となっている.

このように，データ市場は新規性と有用性の高い創造物を生み出すようなコミュニケーションを実施する場であるし, このコミュニケーションの中身をどのような成分で構成するかが価値共創を実現するための検討事項となる.

### 2.2.3 創造的認知のプロセス

価値共創と創造性が，コミュニケーションの内容を経由して関連づけられたので，次にその前提として，有益な創造性を高めるための認知プロセスのモデルについて述べる. すなわち，ここでいうコミュニケーションは，ジェスチュアや雑談ではなく, 市場における材として, データの利活用手法に関する知識やデータを求める理由および取引条件について話し合い，結果として価値を共創してゆく，論理的かつ創造的なコミュニケーションである. したがって，そこには複雑で高度な認知プロセスがあるはずである.

高度な創造的認知プロセスの説明としては，古くからモーツァルトやアインシュタインのような著名な作家や芸術家，作曲家，科学者の行った創造活動の特徴や[7]，研究者の発表した論文などの調査をもとに，文化的・環境的要因と創造性の関係が検討された[8]. また, 個人のパーソナリティやモチベーション（内発的動機づけや達成欲求など）の他，組織におけるコミュニケーションや指揮命令体制などの要因に基づいて創造過程を説明する研究成果もある[9, 10]. これらは，創造的な思考を観察し分析してその過程を説明するアプローチで研究されてきた. しかしながら, 過去に起きたことの分析的研究だけでは, 未来に新たな価値を生み出す実用的な技術を導くことはできない.

このような葛藤を解決するためには，分析的手法と実用的な創造過程の実現手法の構成をつなぐ方法である認知科学的アプローチが強力である. このアプローチは，人間の創造プロセスのうち情報処理過程として捉えられる成分に注目し，高次思考過程の研究に用いられるような実験的な認知心理実験や, 計算機シミュレーション等の手法を取り入れる. この意味で, 認知科学は心理学よりも工学的であるといえよう.[11, 12]を参考に，認知科学の視点からデータ市場において特に重要と考えられる概念を創造性研究を以下, (1)～(5) の五つ挙げる.

(1) 創造的可視化：基本的な平面図形, 記号などの合成・変形・組合せによって新しいパターンをデザインする課題を用いる[13, 14].

(2) 創造的発明：基本的な立体図形を頭の中で組合せて新しい発明品（家庭用品や玩具など）を生成する課題に取り組む（後述[15]）.

(3) 概念合成：複数の単語の持つ概念を組合せて新しい概念を生成する[16]. 明らかに関連性の高い単語の組合せ（「気象」「地震」など）だけではなく，関連性の分かりにくい組合せ（「株価」「地震」など）から新しい概念の生成を志向する.

(4) 固着・孵化：正しい解法に至るための手がかりが得られない「手詰まり」の状態から，しばらく問題から離れる「あたため」の段階を経て孵化のようなひらめきに至る[17].

(5) インパス（impasse）と洞察：問題解決の手詰まりの原因が，解に到達することのできない特定の問題空間内の探索に固着するインパスによるという説明[18]. この固着の状態を乗り越え，適切な解の存在する問題空間への探索を開始することが洞察である.

これらの実験的成果は，創造活動の認知モデルである**ジェネプロアモデル**[11]と整合性が良い. ジェネプロアモデルでは，人間の創造プロセスを心的なイメージを生成するフェーズ（generative phase）と，そのイメージを解釈する探索フェーズ（exploratory phase）の2フェーズが相互作用を行っていると考える. 生成フェーズでは構成要素の心的な合成・変形などの活動が行われ，発明先行構造と呼ばれる抽象的な心的イメージが生成される. この発明先行構造は上記(2)において発明に至る前に生み出される形状デザインにあたり，視覚的パターン，言語的結合などが含まれる. その後，探索フェーズにおいて，発明先行構造に該当する概念や機能が探索的に解釈され，アイデアが産出される. 2フェーズのインタラクションが繰り返すうちにアイデアが改善され修正されてゆく.

フィンケ（Finke, R.A.）のいう創造性には，新規だけではなく有用な産出物を得る意味が含まれる. 実験結果によると，産出物のカテゴリについて「家具」などの適切な制約を与えると，創造的な作品の生成される割合が高くなる. ただし，「椅子を作れ」など細かい制約を与えると創造性が下がるという. また，他者ではなく自分で形状をデザインし，その後でカテゴリを与える場合に作品の創造性は高くなることが報告されている. さらに，産出物の構成要素について，使用することのできる部品の個数が無限に許容されるよりも，適切な個数に限定されるほうが創造性を発揮しやすいという結果は，創造性が必ずしも奔放な自由によって高められるわけではないという興味深い知見を示している.

すなわち，生成と探索という二つのフェーズを通して，適切な制約が課されることによってアイデアの創造性が高められてゆく．この適切な制約自体を探すことが先の utility$(D, s, s', X)$ において条件設定 $s$ および目的 $s'$ を探すことに相当すると考えることに不自然さはないであろう．データ市場におけるコミュニケーションとは，ステークホルダー間で状況を述べ合い，適切な制約を生成することによって創造性を高める思考を実現する技法と位置づけることができる．

### 2.2.4 財としてのデータ

序文に述べたように，データ市場におけるデータは，単に売り買いするだけの商品ではない．欲しいデータを決められた価格で手に入れるだけでは，2.2.3 項に述べたようにデータ $D$ の取引価格 pay$(D, s, s', X, \text{owner}(D))$ を設定したり適正な utility$(D, s, s', X)$ を設定してゆく成果は得られない．

本来の市場とは，「材」（すぐ後の「財」ではない）の保有者と利用者が接し，その相互作用の中で材の価値を評価し，その評価に合う条件を設定して取引を行う場である．ここで，材とは，何らかの事業においてリソースとなりうる事物の全てを指す．序文に述べたように，金銭的価値が不明な段階を経て材の価値を評価し，結果として金銭によって評価すべきである場合のみ初めて材に「財」という貝偏を持つ漢字を当てるのが筋である．データの取引条件を決めるためのコミュニケーションの結果として，$D$ の価格が設定できるという場合には，$D$ は金銭と交換可能となるので「材」から「財」となる．金銭という同じ尺度で市場価値が評価可能となったデータは，購入する利用者の側から見れば他のデータと価値の比較をすることが可能となる．

しかしながら，本書では一旦，データを価値が一元的に（すなわち，あらゆる市場参加者にとって金額という同じ基準で）評価できるものと仮定する．その目的は，まず材の価値の不確定性をすぐ次の段落のように確認することである．そして，後に述べるように，市場の参加者が共通の評価尺度で材やその組合せによる利用シナリオを評価するという制約を共有することによって，論理的かつ創造的な議論を進めやすくするためである．ただし，ここでいう一元的とは，データの価値が状況によらず一意に決まることを意味するものではない．

まず材の価値の不確定性を確認しよう．従来から，ある変数値あるいはその組合せが意思決定にとってどれだけの価値を持つかを評価する方法は存在していた．例えば，ある変数 $v$ とその値だけからなる非常に単純なデータを考える．

変数 $v$ の真の値 $c$ を明らかにする情報 $I_{v=c}$ を得ることによって，$v$ の表す状況がもたらす結果の不確実性が減少することを利用すると，$I_{v=c}$ の価値を評価することができる．すなわち，さまざまに推察される $v$ の値がそれぞれ真の値 $c$ 事実と異なることによる損失lossの期待値は，$v$ が離散値あるいは連続値をとる場合にそれぞれ

$$\text{expected\_loss} = \sum_v p(v)\text{loss}(v-c) \tag{2-1}$$

あるいは

$$\text{expected\_loss} = \int_v p(v)\text{loss}(v-c) \tag{2-2}$$

となる．逆にいえば，$c$ の値を知れば $v=c$ の場合だけ $p(v)$ の値が非ゼロで他は $p(v)=0$ となるためexpected_lossは0に等しくなる．すなわち，この損失を回避することになる．よって，cの値についての情報の価値がexpected_lossである．

ここで，lossはloss(0)が0となるような関数であるが，loss($x$)が $x$ に対してどのように依存するかについては対象とする領域（ドメイン）に依存する上に，特定の領域においても特に理由がない限り未知である．例えば，$c$ 円がある銘柄の一週間後の株価である場合，投資家が100万円を同銘柄に投資し一週間後に $v$ 円になることを予測したとする．この予測が当たる前提で他の投資を行ったとすると，結果的に投資家は $100(v-c)/v$ 万円の損失を被ることになりこれがloss($v-c$)となる．すなわち，$x=(v-c)$ につき

$$\text{loss}(x) = 100x/(x+c) \tag{2-3}$$

とすると(2-1)または(2-2)が成り立つ．一方，別の銘柄であればcの値は異なるから，loss($x$)の関数も変化することになる．しかも，$c$ は1週間経つまでは未知であるのでloss($x$)は未知である．当然，1年後の値上がりを狙って投資を考える人にとっては式(2-3)の $c$ は異なる値となる．これに対し，各種の分岐条件ごとに結果における損得が事前に分かっている場合に，ある時点で得る次の分岐についての情報の価値は容易に定式化できる[19]．

上記は，ある一つの変数について値を知ることのもたらす価値の定量的評価であるが，このように単純な場合でさえ情報の価値は状況によっても人によっても異なることが分かる．さらに，一般にデータには多数の変数が含まれ，その中身がどのような変域となっているかは外部に出せないことも多い．

より本質的な問題として，データは必ずしも予測を目的として用いるものとは限らず，現状の可視化によって予測困難な未来を創造するような利用方法もある．このような場合には，$c$ の値は事前に指定できる条件を全て指定（株の銘柄を固定するなど）したとしても固定することができず，周辺環境や人の操作によって変化することになる．すなわち，時刻 $t$，時刻 $t$ におけるとりまく状況 $s(t)$，情報を利用する人 $P$，時刻 $t$ における情報を利用する人 $P$ の行動 $a(P,t)$ に対して結果として得られる変数 $v$ の値と，これらの成分値を新たに作り出すことを前提として変数 $v$ の値を予測するモデル $v'$ に基づいて予測される想定上の変数 $v$ の値の差を，あらゆる成分値について足し合わせた誤差が損失に結びつくことになる．

したがって，これら各成分の取りうる値を表出化するため，将来の利得に関わる変数 $v$，データ利用に関わるステークホルダー $P$，データ利用に関わる状況についてコミュニケーションを行うことがデータの価値を求める方法となる．この方法を実現する場となることがデータ市場の役割である．言い換えれば，多様な人の多様な状況におけるデータの価値を表出化させ，データ所有者と利用者の双方が了解できる適切な条件を設定してデータエクスチェンジを行うことが，データ市場のデザインという課題である．

ただし，本書で述べてゆくのはデータを扱う市場であり，取引される材の価格を決め定価を固定することを大前提としないことは繰り返しここでも述べておく必要がある．すなわち，序文で述べたようにデータも材なのであるが，その利用価値は目的と状況によって異なるものであり，あらゆる人にとって同じ価格で取引される前提を積極的に否定しなければならない．

# 2.3 データ市場の構成

## 2.3.1 価値創造装置としてのデータ市場

本書で扱うデータ市場では，そもそもデータそのものではなくデータに基づいて得られる意思決定と行動を通じて社会的要求に応えることが最終的な目的である．例えば，本やゲームの利用者に対して，次にどの本やどのゲームを購入するのがよいと推薦することは古くから利用者の行動ログ分析の，最もポピュラーな応用問題の一つであった．この問題で，もし1冊だけの本を推薦するのであれば，利用者に意思決定の余地はなく，完全に市場を自動化された人工知能が支配したように見えるかもしれない．しかしながら，利用者の側は常に推薦を無視する権利を持つのであるから，意思決定の余地は残されている．

推薦は，意思決定に至る過程の一つの参照情報を与えることにすぎない．利用者が意思決定の自由度を持つのであれば，限定された冊数ではなくさまざまな本や本以外の商品を提示することによって，利用者の自由度を活かしながら選択できるようにすることも考えられることになる．しかも，出す商品は必ずしも「次に選択する確率の高い商品」などという同一の基準で高い評価を得たものをランクにしたがって並べるのではなく，「過去1週間に急に購入者の増えた度合い」や「あなた（利用者）の家族が閲覧した回数」の高かった商品を混ぜることによって，利用者が意思決定に至るまでの関心の不安定な揺れにも対応する案が出てくるかもしれない．

これらの，多様な関心に適合するさまざまな評価指標は，推薦された情報を何のために用いるのかという利用目的に応じて変わってくる．すなわち，情報$I$の有用性$\mathrm{utility}(I, s, s', X)$は，いま利用者$X$がおかれた状況$s$，これから利用者が達成したい状況$s'$によって値が異なるばかりではなく，その値を測定する指標も変わることになる．そして，情報$I$を得る元になったデータ$D$の有用性は，$D$から得られる情報$I$の有用性と，$D$から情報$I$を得るときの関連性の強さ$\mathrm{derive}(D, I)$，そして利用者$X$が情報$I$に注目する度合いの強さ$\mathrm{attention}(I, X)$の積を，さまざまな$I$について足し合わせたものであると考えることができる（複数の情報から同じ意思決定が導かれるような冗長性はここでは無視する）．すなわち，

$$\text{utility}(D,s,s',X) = \sum_I(\text{utility}(I,s,s',X))\ \text{derive}(D,I)\ \text{attention}(I,X)) \quad (2.4)$$

ということになる．情報の価値についてはさまざまな指標が従来からあるが，本書では（1.12）の smartness $(D,X)$をデータ $D$の価値とし，必要に応じて $D$を一般の情報に拡張する．すなわち，$D$を得るのに要するコストを一旦捨象すれば，上式の utility がデータの価値となる．このデータの価値の定義は，[19]に示したチャンスの価値と形は異なるが，状況への依存性については次のように通ずるところがある．状況 $s_i$におけるチャンス事象 $e$の価値は，式（2.5）のようになる．

$$\text{value}(s_i,e,X) = \text{var}_{s_{i+1}}\{\text{benefit}(e,s_i,s_{i+1},X)\} \quad (2.5)$$

この式の意味は，ある事象 $e$の後にやってくる状況 $s_{i+1}$にはばらつき var があって，そのばらつきによって benefit がばらつくということである．将来の状態にばらつきがある故にこそ，そこにおける事象 $e$はそのうちの将来を選択するヒントとしての価値が発生する．ここで，benefit は状況遷移（状態遷移という語の方が定着しているが，ここではデータを利用して意思決定を行おうとする人の周辺の状態すなわち状況の遷移を意味するため状況遷移という）の結果得られる利得であって，本書でいうデータの utility とは別である．先の expected_loss は，負の benefit から式（2.5）の方が一般形となる．ここで，次から次へと観測される事象を取り入れたストリームデータ $D$を考えると，$D$のうち注目すべき状態遷移に関わる事象系列を$(e_1, e_2, \cdots, e_L)$とすると，

$$\begin{aligned}&\text{value}(s_1,D,X) = \\ &\quad \textstyle\sum_{i=1}^{L-1} \text{value}(s_i,e_i,X) = \sum_{i=1}^{L-1} \text{var}_{s_{i+1}}\{\text{benefit}(e_i,s_i,s_{i+1},X)\}\end{aligned} \quad (2.6)$$

ということになる．utility $(D, s, s', X)$は，value $(s_1, D, X)$のうち，$s_L$を所与の $s'$に固定した部分であるから，以下のように書くことができる．

$$\text{utility}(D,s,s',X) = \textstyle\sum_{i=1}^{L-1} \text{var}_{s_{i+1}}\{\text{benefit}(e_i,s_i,s_{i+1},X)\} \quad (2.7)$$

この式は，式（2.4）でいえばデータのうち $L$–2個の注目すべき部分から $s_i \rightarrow e_i \rightarrow s_{i+1}$という因果関係を求めて集めた情報を $I$とし（derive$(D, I)$ = 1），これらの情報への attention を1とし他の可能性の注目度は0とする特殊化に

該当する．ただし，この式はあくまでもチャンス（意思決定において参照すべき重要事象）の発見という観点で定義したデータ$D$の有用性であって，参照だけではなく，チャンスの後に続くひとつひとつのシナリオの有用性を調査したりシナリオの先にある事象を予測したりする場合には，事象$e_i$に加えて$e_i$の直後における状況$s_{i+1}$もまた，$e_i$の後にある利得のばらつきを解消するだけの情報をもたらすことになる．したがって，(2.6) 式は

$$\sum_{i=1}^{L-1} \mathrm{value}(s_i, s_{i+1}, e_i, X) = \sum_{i=1}^{L-1} \mathrm{var}_{s_{i+1}}\{\mathrm{benefit}(e_i, s_i, s_{i+1}, X)\} \tag{2.8}$$

と記述すべきであるが，このように記述する場合は$D$を$(e_1, e_2, \ldots, e_{L-1})$ではなく$(e_1, e_2, \ldots, e_{L-1}, s_2, \ldots, s_{L-1})$とすることになる．すなわち，各事象に，その事象の前後に起きた状況を併せたデータの有用性を表すこととなる．

結果として，先に損失に注目してデータの価値の定義を試みた場合と同意に，将来の最終的な利得（benefit），データ利用に関わるステークホルダー（$X$たち）データ利用に関わる過程に出現する注目すべき状況を挙げ，その前後の因果関係についても意見を交換しながらコミュニケーションを行う場としてデータ市場の設計を考えてゆくこととなる．

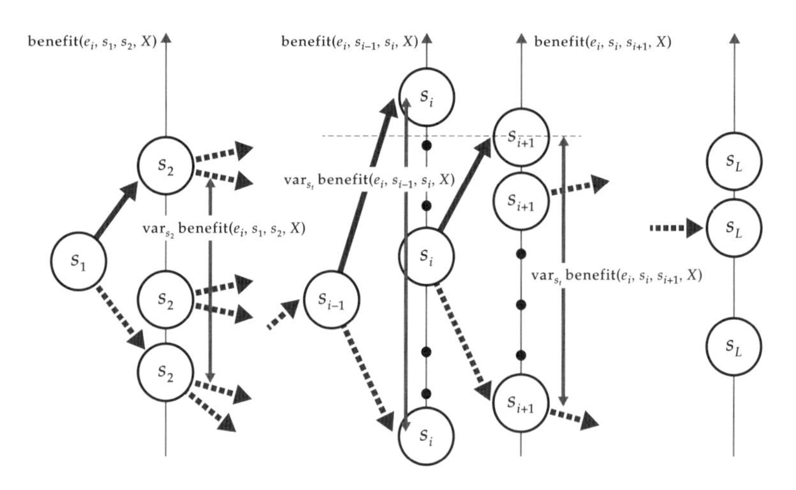


図2.2 時間の経過に伴う状況の遷移（$s_1, s_2, s_3, \cdots, s_n$）と，データの価値

### 2.3.2 データ市場の構成要件

データに基づく意思決定への期待が高まる中で，現在，データを利用する際のさまざまな問題点が指摘されている．2011年にマッキンゼー・グローバル研究所ではBig data: The next frontier for innovation, competition, and producti-vityなる報告書において，ビッグデータを有効利用する社会を形成する上での問題に触れている．同報告書で指摘された問題点には，例えば

① プライバシーや所有権，著作権といった個人または組織の権利保護に起因する問題
② データ分析のための先端的技術とその効果を含めた，データの潜在的な価値の理解の必要性
③ データアクセスの壁の問題
④ 産業における各分野における特徴的な問題

を挙げている．その上で，

⑤ データの利用者と保有者に対するデータの持つ価値の説明，
⑥ データの選択的結合によってイノベーションを行うこと
⑦ 先端的なデータ分析技術の理解と技能を持つ者の処遇

を企業やデータを用いて事業を進める者の課題として位置づけている．さらに，

⑧ 政府も，データを共有し合う社会を形成することによって価値を引き出す一方でプライバシーなどの問題を防御する策を確立するミッションを負うこと
⑨ データ共有を進んで行う動機づけ（インセンティブ）も必要であること

を指摘している．

断片的に問題点を並べたとはいえ，その後のビッグデータ普及における本質的な課題と網羅的に指摘したことも認められよう．2013年のJR東日本のSuica乗降履歴情報売却に際してプライバシーの問題がメディアで大きく取り上げられる[1)]など，このレポートに書かれた問題は顕在化しているのであるが，第1章で述べた一般論としてのプライバシー問題と異なるのは，データの売却という具体的な意思決定と行動におよんで問題が表出化した点である．すなわち，売却した段階で，データの使途がプライバシーを侵害するリスクの具体的な内容がさまざまなメディアで報じられ，リスクの潜在が社会的に暗黙の前提として認知されたことになる．

以上のような問題を総括的に解決しながら，データに基づく意思決定を促進

するシステムが，データ市場である．“データ市場”[2]は，マーケティングのためのデータマイニングについての概念ではない．ここでいう市場は，データの価値と関連知識が話し合われ，外在化され，共有される場所を指している．つまり，データ市場では，データを商品とみなして，ステークホルダー間でそれらのデータの利活用方法について提案して評価しあうことによってデータの価値を論じ合い，その議論をデータや分析案についての価格交渉という形で進めた結果として，売買するか，無料で公開するか，共有するかといったデータの扱い方を決める，これは，取引そのものを目的とするのではなく，データの新たな価値を発見し実現するためのイノベーションの場である．現在，Microsoft Azure Marketplace[3], CKAN[4], KDnuggets[5]といったデータを売買・交換するWebサービスやプラットフォームが存在しているが，データの表層的な情報を陳列するだけではデータ保有者と利用者のコミュニケーションを活性化させ，イノベーションの場として利用することは難しい．

本書で示すデータ市場がこれらの既存プラットフォームと異なる点は，このように，ステークホルダーが互いの専門領域を用いたデータの分析法を共有することによって引き起こされる創造的な議論や他者の経験に基づく類推によってデータの使用法，ひいては価値を決め，結果として創造的なデータ利活用と安心できるデータエクスチェンジを可能とする点である．先述の①～⑨のうち⑦までの課題に対する解決策として，データ市場はそれぞれ以下のように貢献することができる．

① プライバシーや所有権：市場においてデータは商品であるから，データを利用しようとする者が条件（支払いや契約条件の承諾等）を満たさない限りデータを提供することはない．その条件設定時にデータ保有者側の権利は十分検討することができる．逆に，プライバシー以上に優先すべき理由（人命救助など）を優先してデータ提供に踏み切ることも可能である．

② データ分析のための先端的技術とその効果を含めた，データの潜在的な価値の理解：この点を解決することは，データ市場の担う中心的な役割となる．すなわち，市場は原則として公開の場であり，データそのものの保有者に加え，データ分析技術の開発者や保有者も参加するため，データ分析ツールとデータを創造的に結合してその効果を他者に提案することが可能となる．そして，データ利用者が，自分でテータを入手し分析・利活用したい理由を他者に発信することが可能となる．すなわち，(a) データの特徴 (b)

データ分析技術の機能（c）データの分析・利活用によって満たされることが望まれている利用者の要求という3点を付き合わせるようなコミュニケーションを行うことによって，種々のデータのもたらす社会的効用を理解し，多様なステークホルダーの間で合意することができる．

③ データアクセスの壁：データ保有者の側から見れば，②に述べたデータ市場の効果から，データ利用者がどのように自分の（ひいては自分の顧客の行動に関する）データを利用しようとするのかを理解できるようになる．もしこの理解によってデータ保有者が損をしないことが分かるならば，データアクセスの壁は軽減されることになる．プライバシーの問題も，そもそものデータ提供元である顧客や病院患者が，データ利用者の計画を理解することに緩和される．これは，場合に応じて問題なくデータの提供に踏み出し，また別の場合にはデータ提供を差し止める判断も可能となるからである．ただし前提として，個人情報保護法等の法規制についての正しい理解を普及させることも壁を低くするために必要である．

④ 産業における各分野における特徴的な問題：データの運用ルールを独自に制度化しているような産業領域では，領域ごとにデータ市場を運営することが望ましいであろう．しかし，その前に異領域にまたがるデータ市場を形成しておけば，「どの領域とどの領域の間でいかなるデータエクスチェンジが期待され，そのためにいかなる壁があるのか」というような問題が明確化し，解決する指針を論じ合うことが可能となる．

⑤ データの利用者と保有者に対するデータの持つ価値の説明：上記②に包含

⑥ データの選択的結合によってイノベーション：上記②に包含

⑦ 先端的なデータ分析技術の理解と技能を持つ者の処遇：まず上記②において，多様なデータ分析技術の開発者や保有者を含めた形でデータ市場を運営し，その中から優れた分析技術を知り，技能を有するものを選び出す．その上で，やはり②で，「ある分析技術を用いることがデータ利用者にとってどのようなメリットになるか」という点について論を進めれば，データ分析技術の開発者や保有者について処遇を策定することができる．

これらのことから，官庁においても，プライバシーなどの問題を防御しつつデータを共有し合う社会を形成することによって価値を引き出す方法として（先述の課題⑧），またデータ共有を進んで行うことの動機づけ（インセンティブ：先述の課題⑨）の開発手法として後述（第3章）のIMDJ手法を採用し，民間企業にもその技術提供を行う事業を進めつつある. 2.3.1項とあわせると, データ市場の構成条件としては, 以下を満たすことが必要である.

**条件1)** 将来の最終的な状況$s_L$に到達することによって得られる利得(benefit)についての要求を出す人の参加:ここまでには仮にデータ利用者と称したが, 必ずしも直接データに触れる人ではなく, データ分析結果やデータを内部処理で用いているアプリのユーザなども含むので, 本書市場で要求を述べる人を, 利用者を改めて「要求者」と称する.

**条件2)** 現在の状況($s_i$: $i$は[1, L](L>1)のうち一つの整数)にある作用を加えた結果として発生する状況$s_{i+1}$についての予測を新たに説明する人の参加. この予測は, データから予測される範囲の事象だけでなく, 事象の周辺で起きる人の利害を含むため, 該当する利害の内容を知る専門家や実業家が必要となる.

**条件3)** コミュニケーションのルール:要素間の組合せにおける創造性を高める良質の制約として, プライバシーを含む個人あるいは組織の都合を, データ市場参加者間のコミュニケーションにおいて伝え合うような場とする.

この3条件の考え方は, 次のようにチャンス発見と繋がる: チャンス発見とは, 意思決定において重要な判断材料となる事象や情報を理解し活用していくことを指すが, そのプロセスは一般に以下のように進められる[19].

① 明確な問いで表される関心を反映してデータ(またはデータに関する情報:外界から収集するので環境データと呼ぶ)を収集する
② 計算機がデータを人間が理解可能な形式に可視化する
③ 可視化結果を見た人が状況理解や行動計画を言葉で表現する(意思決定主体の内部から表出化するので主体データと呼ぶ). 同時に, この言葉を必要に応じて計算機で可視化する
④ 上記②と③の内容を参照しつつ議論したり実行したりする中で新しい問いを生み出し, ①に戻る

このプロセスは①~④というステップが進化しながら反復されるらせん状となっており, かつ人がデータ分析の結果を見て(②)解釈し意思決定を行う間も計算機が③のように働き続けるという意味で,「人と計算機の二重らせんプロセス」と呼んでいる. 試行するデータによるイノベーション創出の場であるデータ市場

も，新しい意思決定を生み出すビジネスチャンス発見の場であると考えると，やはり①〜④のステップからなるプロセスの持続が重要である．

しかし，条件3には，前向きな意識というよりは自由さを制限する方向の制約に重きがあり，議論のガイドラインを示してはいない．条件1と条件2を満たすように人を集めたとして，条件3に加えてどのようなことを意識しながらコミュニケーションを行えばよいであろうか．

そこで次に，上の条件2について状況の認知と意思決定という視点から考え，条件3におけるコミュニケーションとはどのようなものであるかを検討してみよう．以下に述べるように，この検討からも，第1章に述べたようなステークホルダーがデータ市場の主たる参加者であることが分かる．

ここでは，上記の $i$ という離散的な整数値カウントではなく，時間 $t$ という変数と共に遷移する状況を扱う．すなわち，次に示す式 (2.9) と (2.10) によって，行動主体 $X$ の意図intend，認知cog，意思決定decide，行動actにより目標状態 $g$ を導くプロセスを単純にモデル化する．

すなわち，ある時点 $t$ において行動主体（データの利用者だと考えてよい）$X$ が行動 $a$ をとるということは，$t_0$ における状況 $s$ と，$X$ の意図すなわち未来の時刻 $t_1$ にXがある目標状態 $g$ を実現するという目標 $\mathrm{sit}(g, t_1)$ に対し，単純にホーン節（左辺が結論，右辺が前提条件）で書くと

$$\exists\, t_1\ \mathrm{sit}(g, t_1)\ \text{:-}\ \mathrm{sit}(s, t_0),\ \mathrm{act}(a, X, t_0) \tag{2.9}$$

となる（ただし $t_1 \geq t_0$）．式 (2.9) は，ある時点 $t_0$ において行動主体 $X$ が行動aをとると，状況がsからある時刻 $t_1 (t_1 \geq t_0)$ に目標状態 $g$ に遷移するという意味である．

ところが，意思決定自体は式 (2.9) のような状況あるいは事象の因果関係とは別の認知内部の世界で起こすことが可能である．次に $\mathrm{cog}(X, \mathrm{sit}(s,t), t')$ で $X$ が時刻 $t'$ に，時刻 $t$ における状況 $s$ を認知することを表し，$\mathrm{decide}(X, \mathrm{act}(a, Y, t_2), t_1)$ で $X$ 氏が $Y$ 氏に時刻 $t_2$ において行為actをさせる（自分で行為を実施する場合は $X = Y$ となる）意思決定を時刻 $t_1$ に行ったことを表すと，

$$\begin{aligned}&\exists\, t_3, t_4, a, Y\ \mathrm{decide}(X, act(a, Y, t_4), t_3)\\ &\quad \text{:-}\ \mathrm{intend}(X, \mathrm{sit}(g, t_1), t_{-1}), \mathrm{cog}(X, \mathrm{sit}(s, t_0), t_2)\end{aligned} \tag{2.10}$$

となる．式（2.10）は，時刻 $t_{-1}$ 以来，時刻 $t_1$ に目標状態 $g$ を実現することを意図していた人 $X$ が時刻 $t_2$ に，時刻 $t_0$ における（時刻 $t_2$ より過去かもしれない，すなわち既に $X$ が手にしているデータに含まれているかもしれない）状況を認知すると，その先の時刻 $t_3$ において，式（2.9）の行動 $a$ を $t_3$ よりもさらに先の時刻 $t_4$ に実施する意思決定を行うという意味である．cog，sit，decide，act，intendは全て，真理値を値にとる述語である．

ここで各時刻の順序を考えてみよう．intendという述語は，時点 $t_{-1}$ で人 $X$ の意図が sit($g$, $t_1$)すなわち，時点 $t_1$ で目標状態 $g$ を実現することであったことを表す．人の意図は一過性の事象や状態が起きるよりも前から存在していたとすると，$t_0 > t_{-1}$ である．人が事象を認知するのは事象発生の時刻以降であるから $t_2 \geq t_0$ である．次に，人が何か事象を見て意思決定するという経緯を考えると $t_3 \geq t_2$ という前提を持つことになる．そして意思決定をしてから行動を起こすのであれば $t_4 \geq t_3$ となる．すなわち，$t_1 \geq t_4 \geq t_3 \geq t_2 \geq t_0 > t_{-1}$ ということである．

ところが，行動を起こす上ではその時点での状況を認知しているべきであるが，$t_4$ と $t_0$ が異なる時刻である限り $t_4 > t_0$ となり，両時刻における状況が全く同じのまま保持されることは考えにくい．特に，意思決定を左右する事象を発見すると状態は常時変化していると考えるべきである．経験的には，$t_4 > t_0$ であって $t_4 \geq t_0$ ではない．なぜなら，全く時間をかけずに状況を認知し($t_2 = t_0$)，認知と同時に意思決定を行い($t_3 = t_2$)，しかも意思決定の後は全く時間を空けずに行動を起こす($t_4 = t_2$)ということは現実には考えられないからである．したがって，意思決定主体 $X$ あるいはその支配下にある人物など（ロボットやソフトウェアエージェントであるかもしれない）$Y$ が行動をとる時点 $t_4$ での状態は観測時 $t_2$ から未知の変化を遂げており，観測データによって近似されているにすぎず不確実だということである．この結果，行動をとった結果が目標 $g$ を確かに満たすかどうかも不確実となる．

しかし，もし $t_0$ と $t_4$ が等しく（条件①），cog(X，sit($s$, $t_0$), $t_2$)は sit($s$, $t_0$)に等しく（条件②），decide($X$，act($a$, $Y$, $t_4$), $t_3$)と act($a$, $Y$, $t_4$)も等しく（条件③），intend($X$，sit($g$, $t_1$), $t_{-1}$)と sit($g$, $t_1$)も等しく（条件④），$g$ と sit($s$, $t_0$)が決められている（条件⑤）という理想的な条件を認めるならば，式（2.9）と式（2.10）はそれぞれ，式（2.11）と式（2.12）のようになる．

$$\exists t_1 \ \mathrm{sit}(g, t_1) \ \text{:-} \ \mathrm{sit}(s, t_0), \mathrm{act}(a, X, t_0) \tag{2.11}$$

$$\exists t_{0,a}, Y \ \mathrm{act}(a, Y, t_0) \ \text{:-} \ \mathrm{sit}(g, t_1), \mathrm{sit}(s, t_0) \tag{2.12}$$

すなわちこの極限においては，$g$を時刻$t_1$において実現するために必要な$X$の$t_0$における行動が式（2.12）から決まり，その行動は式（2.11）から確かに$g$を時刻$t_1$において実現する．行動は一意に決定され，かつ結果についても安堵することができる．

ここで，条件①は事実上不可能であるが，条件②は$X$の知覚が完全であることを意味する．この条件も現実的ではないが，収集する情報の完全性をめざすセンサ技術の開発によって，補填される方向に進んではいる．この方向性はすなわち，必要なだけのデータを広く収集するという前提に相当する．条件③は，$X$が決定したことは必ず実行される意味であり，組織や人の心得として経営者の啓蒙努力に預けられるべき条件であろう．条件④は意図した目標は必ず実現することを意味する．このような全能の人$X$も現実的ではないが，条件⑤と組合せると，かえって実現可能性が展望しやすい．すなわち，$X$にできることを把握した上で実現しやすい目標$g$を与えるという方法である．

以上の議論から，条件①だけは諦めたままであるが，

・必要なだけのデータを広く収集する

・行動主体が実現可能なことを把握しながら適切な目標を設定する

という二つのことを満たす仕組みを実現すれば，人は確実性の高い意思決定を行えるようになる．この仕組みを一挙に実現しようとするのが，データ市場である．というのがこの章で述べてきたことである．データ市場は，状況に応じた意思決定のパフォーマンスを高める社会的活動の場であるともいえよう．

データ市場とは第1章に示したとおり，次のようにデータ利活用に関わるステークホルダーが参加するコミュニケーション環境であり，データエクスチェンジにおける価値協創を達成する環境に他ならない．特に，地上の全ての人にデータを公開するのではなく，データを提供する相手を競争原理によって定めるという意味で，データエクスチェンジはオープンデータと同じではなく部分的には対立する部分を有する概念であることには強く注意すべきである．

**［（第1章の内容を再整理）データ市場の基本構成］**　以下のA⇔B，B⇔C，C⇔D，D⇔Eがコミュニケーションを行う場．形式的に定義を確定すると現実の場が逸脱しやすいため，あえて抽象的に定義しておく．

A（保有者）：データの所有者（提供者とは限らない）
B（識者）：　Aのデータや，データ分析手法について知識・技能を有する人
C（考案者）：Bの話を聞いてAのデータを組合せたり，分析手法を考えたりする人．
D（要求者）：データ分析の結果を使う意図をもって，要求を主張する人．ただし，式（2.11）のgが確定しているという意味ではなく，gが未確定のままgに関連すると思う（すなわち漠然とした）要求を述べる．Eを顧客としてビジネスを行う，Eの代弁者でもある．
E（生活者）：何か要求を持って生活や仕事をしている，ごく一般的な人々．D，Eを併せて先述の条件1の人に相当する．C，D，Eはデータの利用者（user）に当たるが，CはDとEにサービスを提供する立場となることもある．

実際のビジネスにおいては，自社のデータを他社に提供したり公開したりするのは難しく，これを「オープンデータにせよ」というのは研究者の身勝手であり，官僚の現場知らずある．この困難の原因は，データがどのように用いられるかという不安であり，プライバシーの問題はその一部分である．したがって，データ市場では，安易にオープンデータ社会を推奨しない．むしろ，保有者Aがデータの中身を秘匿しつつも，自分のデータと適合する要求を持つDを探索したり，逆にDからの要求を慎重に聞いてからデータや背景知識を交換――すなわちデータエクスチェンジ――を達成したりするのがデータ市場の本質的な意味である．しかし，このコミュニケーションにおいてAが直接Dと話すと，データの中身まで話してしまうリスクも発生するので，必要ならBを介して対価と引き換えにデータを提供したり，Cが考案してくれるアイデアから必要性が明らかとなった場合にのみDとコンタクトをとったりする（BやCをデータブローカーと称することもある）．

データ市場を準備して（2.10）などの式に戻ると，状況$s_{it}$についてのデータを時刻tにおいて利用することがcog$(X, s_{it}, t)$に該当する．ここでactionとし

てデータ分析やデータ結合に基づいて何事かを実施するという行動を考えると，おおよそ$X$はDのカテゴリに，$Y$はBとCに相当する．DがEの，BがAの代弁者であることから，データ市場の参加者は実質的に式(2.10)，(2.11)を構成する．生活者(E)に直接商品やサービスを提供する事業者(D)である$X$は目標$g$を与える(条件⑤を満たす)役割を担うが，$g$が既存のデータを用いれば実現できる(条件⑥を満たす)目標であるかどうかは，必要に応じてデータ分析技能者(B)と協議して判断する．このようにしてAとEの間に立つ代弁者や考案者が協議する結果，$g$にはEの感じる価値が反映され，$g$を満たす度合いによってデータは競争的に選択され，式(2.10)と(2.11)を満たすようなデータがない場合には新たにデータが生成されてゆく．

さらに，DとBの観点が開きすぎているような場合はCを交えてワークショップを実施することにより，初めてこれらのコミュニケーションが実現される．実際，3章から述べてゆくInnovators Marketplace on Data Jackets (IMDJ)はこの構成を実現する方法のひとつであり，データ分析案だけではなく新センサーすなわちデータ収集技術の開発案も生み出されている．

## 2.4 実市場と市場実験

ここでは，データ市場における実際の営まれ方と，第6章において実験的に社会実装を行うことの差異について述べておこう.「実際」とは，科学的方法論における「観察」の対象に相当し,「実験的実装」はいわゆる「実験」である. 力学を例にとっていえば，リンゴが木から落下するのをニュートンが見て，そこから万有引力を発見したのが事実だとすればこれは観察である. 一方，ガリレオがピサの斜塔の頂上に大きさや重量の異なる二つの物体を持って上り，落下時間を測定したのは実験である.

すなわち，観察ではありのままの条件における状態や変化を見て，一方の実験では人が意図的に設定した条件の元での状態や変化を見て，何らかの法則性や特徴を見出そうとする. ここで見出すということは，何らかの仮説を持ってこれを観察または実験から得られるデータに基づいて検証する場合と，仮説そのものを探索する場合があり，この両方の場合があることについては実市場においても実験的市場においても変わらない.

データ市場の研究および開発においては，観測的市場や実験的市場の他に，実装的かつ実験的な市場というカテゴリが重要である. 本書がこの先に中心に据えて説明してゆくデータ市場型ワークショップであるIMDJは，実際のデータの市場における参加者の事情を反映し，なおかつ実際の市場では実現されて来なかったデータ駆動型イノベーションを実現する方法であり, このカテゴリに属する.

すなわち，実験者が研究目的から管理する「実験的データ市場」の先に，参加者の目的を実現するために実施する「実装的（かつ実験的な）データ市場」があって，著者らはこの両方を実施してきた. その詳細な内容は次章以降に紹介するが, 実市場の観察, 実験的データ市場および実装的データ市場の特徴をそれぞれ示すと表2.2のようになる.

図2.3 実験的（上）および実装的（下）データ市場（IMDJでの実現例）．
特に外観からは差が認められないが，実験的なIMDJでは予定されていた
個数のソリューションが提案され，実装的なIMDJでは場合によって大きく異なる．

すなわち，実装的データ市場は，実市場におけるデータの共有・利活用というプロセスを，ある程度制御することによって，データ駆動イノベーションの実現可能性を高めることを目的としている．ここでの「データ駆動イノベーション」とは，データまたはその組合せによって，参加者の潜在的な要求に適した共通目的を達成することを意味する．例えば，一度のIMDJにおける参加者らの潜在要求は，参加者自身も明示的に把握していないため，もし実現することができ

れば新しい目的の達成という創造的仕事をしたことになる．かつ，イノベーションは単なる創造ではなく社会的に受容される創造でなければならないから，成果として得られるソリューション（データ利活用シナリオ）は潜在的であっても参加者たちの多くが共有する目的に適合することが必要である．また，この条件を満たしてこそ実装的IMDJを行ったことになる．

表2.2から，三つのデータ市場のあり方の比較を説明すると，まず参加者を誰にするかは，市場の特性を決める最も支配的な条件となる．実際のデータ市場は，データを販売あるいは提供したいという人も，これを購入したいあるいは購入に向けた交渉をしたいという人も，自分の意思でその宣言をした時点で参加者となるものであるから原則としては実験者の手によって制御することはできない．ただし，オンラインの市場ではログインパスワードを持つ者に限定されていたり，データ取引に関する法律・条例に反する行為を行う恐れのある参加者は市政者によって参加を禁じられたりすることもある．

一方，実験的データ市場においては，例えば原子力安全のためのIMDJを行う場合は原子炉の安全性に関わるデータの保有者やこれを分析して安全設計のために役立てる利用者が参加者として選ばれ，後は結果を分析するために統制的な環境で進められる．例えば，原子力安全技術の専門知を有する二人だけの参加者で視点計測装置をつけてデータの利活用について話し合うというように，人数や専門性，装備などの点で参加者は実験者によって統制される．

そして，実装的データ市場では，実験者の研究や学術的目的よりも，参加者の事業を大きく進めるようなイノベーションの実現が目的となるため，潜在要求を掘り起こしたり要求の実現に必要なデータを追加したりしてくれる有志といえる人を探索し，参加者に加えることになる．このように，実装的データ市場は，前向きにイノベーションを実現することに目的を絞ったデータ市場を実現しようとする方法として位置づけることができる．

さらに，用いるデータやその価格についても，この参加者の設定に沿って三つの市場は構成されてゆく．すなわち，実際の市場ではデータは参加者と同様に随時発生し，その価格も参加者間の相互作用を経て随時設定されてゆく．実験的な市場としてのIMDJでは，データとその価格は初期状態で実験者によって設定され，その先については実験目的によって異なるものの，実際の市場よりは統制された状態で固定あるいは遷移してゆく．そして，実装的IMDJにおいては，この中間程度の変動を伴う．すなわち，初期には主催者の設計指針に応じてデータとその価格が設定されるが，その後は参加者の意向に応じたコミュニケーションの結果として追加データや価格変更が受け入れられてゆく．

実際のデータ市場は，この実装的市場を経て，実験的市場に立ち戻りながら進化してゆくことになろう．わが国の実業界におけるデータ市場の牽引者も本書の方法論および技術と連携しやすい仕組みを構築しつつあり，世界をリードする可能性が期待される[20, 21, 22]．

表2.2 実市場と市場実験：本書は，主としてデータ市場の実験および実装方法としてIMDJをおいて示してゆく．

<table>
<tr><th colspan="2"></th><th>実市場 （観察）</th><th>実験的データ市場</th><th>実装的データ市場</th></tr>
<tr><td colspan="2">条件（以下の諸条件）</td><td>施政者の集権的制御，組織経営者による分散的制御がある場合がある（○）</td><td>実験者が，効率的測定の視点から計画的に制御する</td><td>実装者が，イノベーション実現の視点から適応的に制御する</td></tr>
<tr><td rowspan="6">諸条件の扱い</td><td>参加者</td><td>随時，希望者に参加してもらう</td><td>実験目的に応じ参加者を決める</td><td>随時，適切な人に参加してもらう</td></tr>
<tr><td>用いるデータ</td><td>随時発生（参加者の意図に反することもある）</td><td>初期に導入し，実験手順に従って随時追加する</td><td>初期に導入し，参加者の意図により随時追加する</td></tr>
<tr><td>データの価格</td><td>参加者の意図・交渉に応じる</td><td>一部は実験者の，他は参加者の意図と交渉に応じる</td><td>一部は実装者の，他は参加者の意図・交渉に応じる</td></tr>
<tr><td>データの共有範囲</td><td colspan="3">部分的に公開し，詳細は参加者の意図・交渉に応じる</td></tr>
<tr><td>データ利活用までの過程</td><td>データ利用者・保有者の間で共有されないことも起きる</td><td>参加者が共有できる情報（データ本体とは限らない）のみ扱う</td><td>データを利用者・保有者の間で共有する</td></tr>
</table>

## 2.5 本章のまとめ

データ公開から進化してデータエクスチェンジ社会を実現する上で，参加者がコミュニケーションを通じてデータの価値を見出したり，データに新しい価値を付与したりするような場として，データ市場を位置づけた．データやその利用方法の発想に対して価格づけを行うことは，この創造的コミュニケーションの動機づけとなる．

実際の市場としてデータ市場が繁栄するまでには，目的を持って作られたさまざまな実装的市場が誕生する段階が必要であるし，それ以上に実験的市場の実施が必要となる．この意味で，本章の最後に述べた実験，実装，および実際という三種のデータ市場を区別しながらも関連付けて実現してゆくことは，有益な観点である．本書では，データ市場を実現する技術と手法を伝えるために主として実験的市場にフォーカスを当てつつ，第6章以降には実際の市場への波及を見据えながら実装的市場の視点を持ち込んでゆく．

## 参考文献

[1] Schumpeter, J.A.,*Theorie der wirtschaftlichen Entwicklung*, Harvard University Press (1912) 〔英訳: *The theory of economic development : an inquiry into profits, capital, credit, interest, and the business cycle*, Harvard University Press (1934)〕

[2] Rogers, E.M.,*Diffusion of Innovation*, 5th Edition, Free Press, 2003

[3] New move into data market,*Electronics and Power* Vol.26, No.8, p.619, 1980 (雑誌社によるニュース記事)

[4] Boisot, M., and Canals, A.: Data, Information and Knowledge: Have We Got It Right?,*Journal of Evolutionary Economics*, Vol.14, No.1, pp.43–67, 2004

[5] Prahalad, C. K., and Ramaswamy, V., The Future of Competition: Co-Creating Unique Value With Customers, Harvard Business School Press, 2004

[6] O. Effective Inquiry for Innovative Engineering Design, Kluwer Academic Publishers, Boston, 2004

[7] Ghiselin, B.: *The Creative Process*, Univ. of California Press, CA, 1952

[8] Simonton, D. K.: Historiometric studies of creative genius, in Runco, M. A. ed.,*The Creativity Research Handbook*, pp. 3-28, Hampton Press, NJ, 1997

[9] Lubart, T. I. and Sternberg, R. J.: An investment approach to creativity, in Smith, S. M., Ward, T. B., and Finke, R. A. eds.,*The Creative Cognition Approach*, pp. 269-302, The MIT Press, UK, 1995

[10] Nonaka, I., and Takeuchi, H.,*Knowledge-Creating Company: How Japanese Companies Create the Dynamics of Innovation*, Oxford University Press, 1995 〔邦訳:野中郁次郎・竹内弘高・梅本勝博,『知識創造企業』東洋経済新報社, 1996〕

[11] Finke, R. A., Ward, T. B., and Smith, S. M.,*Creative Cognition: Theory, Research, and Applications*, The MIT Press, Cambridge, MA (1992) 〔邦訳:小橋 康章訳,『創造的認知』森北出版, 1999

[12] 三輪和久, 石井成郎: 創造的活動への認知的アプローチ; 19 巻 2 号, 2004

[13] Finke, R. A. and Slayton, K., Explorations of creative visual synthesis in mental imagery,*Memory & Cognition*, Vol. 16, No. 3, pp. 252-257, 1988

[14] Finke, R. A., Pinker, S., and Farah, M. J.: Reinterpreting visual patterns in mental imagery,*Cognitive Science*, Vol. 13, No. 1, pp. 51-78, 1989

[15] Finke, R. A.,*Creative Imagery: Discoveries and Inventions in Visualization*, Lawrence Erlbaum Associates, Hillsdale, NJ, 1990

[16] Estes, Z. and Ward, T. B., The emergence of novel attributes in concept modification,*Creativity Research Journal*, Vol. 14, No. 2, pp. 149-156, 2002

[17] Wallas, G.,*The Art of Thought*, New York: Harcourt Brace, 1926

[18] Kaplan, C.A., and Simon, H.A., In search of insight,*Cognitive Psychology*, Vol. 22, pp.374-419, 1990

[19] 大澤幸生,『チャンス発見のデータ分析—モデル化+可視化+コミュニケーション→シナリオ創発』, 東京電機大学出版局, 2006

[20] Mano, H., EverySense: Adjunct Proceedings of the 13th, *International Conference on Mobile and Ubiquitous Systems: Computing Networking and Services* pp.1-5, 2016

[21] オムロン（株）：センシングデータ流通市場
http://www.omron.co.jp/innovation/sensingdatatradingmarket.html

[22]（株）日本データ取引所　http://www.j-dex.co.jp/

# 第3章 データ市場型ワークショップIMDJ

データ市場の実現形態としてInnovators Marketplace on Data Jackets (IMDJ) を導入する．IMDJでは，市場参加者がデータの内容は秘匿することを容認し，扱う変数群やデータの概要だけを書いた，いわばメタデータを持つレコードジャケットのような「データジャケット (DJ)」を媒介とし，データ利用者と提供者，分析者らが交渉を行うことによって，データの共有条件を決めてゆく．参加者らがデータの利用価値に気づき，データの共有動機を深めながら情報交換を行ってゆく等の傾向について解説する．

本章においてはIMDJのうち前半部の，ゲーム化 (Gamification) された設定から入るので実験的市場に見えるところがあるが，実際の市場に接近する実装的市場としての事例について，本章を含め後章などにも示してゆく．

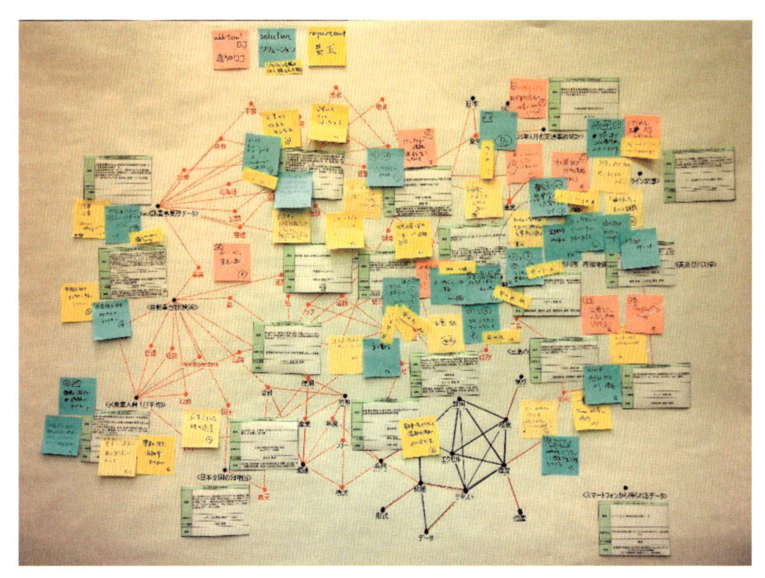


図3.1 IMDJ後のDJマップの例

データジャケット間の関連が結線により可視化されたマップ上に，複数種類の付箋のよって利用者の要求，考案者のソリューション，追加DJなどが追加されてゆく．これらの意味は，この先に示してゆく．

## 3.1 実験的市場からの導入

まず，ここまでの話を簡単にまとめる．産学両界からデータ共有へのニーズは高まっている．国民の支払った税金によって収集された政府所有データであればオープンデータ化する国民の要求に応えるのは自然な行為であるが，この要求は学術界や実業界においても主張されるようになってきている．しかしながら，実業上の利益に結び付くかもしれないデータを，無料で一般の人々に公開することは事実上困難であり，プライバシーを含むセキュリティーの面からも得策ではない．しかし，無料公開とまではせずとも，一般の人が平等な条件でアクセスし利用することのできるデータを「オープンデータ」と呼ぶのであれば，その考え方はグローバルスタンダードに近く，しかも理にかなったことである．

このように，無料公開という理想を捨てると，データの価値を評価し，ステークホルダー達が認める価値評価（可能なら金銭価値に基づく価格の設定）を行う過程を実施することが可能となる．すなわち，データの保有者と利用者の交渉を両者の取引条件が一致するまで行うプロセスを利用して，データの利用シナリオを検討することができるようになる．この検討過程においては，対立する立場から互いの主張を否定あるいは批判しあうようなことも許容する議論を行い，利用者はスマートなデータを獲得し，保有者も可能な限り利益にならないを挙げるデータ提供を行うことを目指してゆく．この議論のプロセスに関わってくるステークホルダーとしては，データに直接触れる分析者の他に，分析結果を介してデータの恩恵を間接的に受ける一般の消費者もあり，総じてデータ市場を形成することになるのであるが，この市場に要求されることはイノベーションを目指すコミュニケーションの場としての役割を果たすことである．データ市場には，実験的な市場，実装的な市場，そして実際の市場があり，本書では実験的な市場を経て実装的な市場を実現し，実際の市場へと発展させてゆく方向を扱う．

さて，本章では，市場原理に乗せてデータを無理なく共有し，社会的要求に照らして必要なデータの結合と利活用を可能とするシステムづくりに向けた手法として，データジャケットを用いたイノベーター市場（Innovators Marketplace on Data Jackets：IMDJイメージ写真 図3.1）の全体像を示す．IMDJでは，データ本体ではなくデータの概要を記載した「データジャケット（DJ）」を陳列する．DJを適切に作成し，DJ間の関係を可視化したDJマップを生成すると，IMDJ参加者はデータ利活用シナリオを発想，検討するコミュニケーションをしながらデータを取引することが可能となる．ここで生成するDJマップからは，データとデータ，データと分析ツールという組合せ方に加え，「どんな価値を実現するか」という目標と，「どの変数で紐づけするか」を示すテクニカルな分析プランを得ることができる．これによって，参加するデータ利用者は実現性のある要求を出し，データ提供者や分析者は要求に応えるデータ利活用のアイデアを生み出してゆく．一つのデータに複数の価格がつくことも許容する，柔軟な市場スタイルもこのDJがきっかけとなって生まれてゆく．本章ではまず，実験的なデータ市場としてIMDJを導入する．

## 3.2 Innovators Marketplace on Data Jackets (IMDJ)

### 3.2.1 IMDJとは

発想法は，集団によるコミュニケーションを元にアイデア創出および創造的問題解決を行う手法として，古くはブレインストーミング[1]から，KJ（川喜多二郎）法[2, 3]やシネクティクス（Synectics[4, 5]）などが開発されてきた．さらに，新しい視点を提供する仕掛けや思考の枠組みに制約を与えることで創造的問題解決を行う手法，論理的な思考や客観的なデータに基づいて，人間の創造的コミュニケーションを支援する手法が考案されてきた．

IMDJの前身であるイノベーションゲーム（Innovators Marketplace: IM）も，この歴史に沿って生まれた．アイデア発想に必要となる基礎的な技術や基礎知識といった情報の収集から，ワークショップにおけるアイデア発想，そして精緻化というアイデア収束プロセス全体を含めた，イノベーションを促進させる方法である[6]．この方法は，計算機と人間の協創により，意思決定において重要な事象を発見するというチャンス発見のプロセスモデル（第2章）に基づいて設計されている．まずテーマに基づいて集められた情報群（データ）から，可視化ツールによりマップを作成する．参加者はマップ中のキーワードやデータを組合せることで，意思決定において重要な判断材料となる事象，状況またはそれらについての情報を統合した行動計画シナリオを，アイデアとして提案する．そして，参加者が担当するロールにより，提案されたアイデアをさまざまな角度から吟味し，実現可能性や有用性をゲーム中の架空の通貨によって評価することによってアイデアを淘汰するルールを有している．また，専門家やビジネスパーソン，研究者等がコミュニケーションを行う場としての役割も果たす．

IMDJは，このようにして既存の技術の組合せから創造的問題解決を行うIMを，データジャケットの結合によってデータの組合せからデータ利活用方法を検討する手法として具体化したものである．

このIMDJの基本思想は次のように述べることができる．データに基づく意思決定のためには，データについての情報を知る必要がある．特に，組織間のデータ交換においては，世の中にどのようなデータが存在し，誰が保有しているのか，どのように取得されたのかという情報を知ることが必要である．これに加えて，第2章までに示したように，データの利活用の方法やシナリオについてステークホルダー間（データ保有者やさまざまな利用者）で議論する場を設定する必要がある．ここで利活用の案がさまざまに提案され，利用者の視点から評価されたら，次にはどのような分析プロセスによって期待する分析結果を得るのか，また，どのように実ビジネスとして具体化していくのか，という事業計画を検討する段階に入ることが必要となる．というのは，多様なシナリオについて議論する場では，それぞれのシナリオについて多様なステークホルダーの持つ都合や必要なリソース，コストについて詳細に掘り下げることができないからである．

さらに，第2章に述べたように，データを利用する者にとっての情報$I$の有用性utility$(I, s, s', \mathrm{X})$は，利用者X，利用者Xがおかれた状況$s$，これから利用者が達成したい状況$s'$によって値が異なるばかりではなく，その値を利用者Xが測定する指標も変わってくる．したがって，収集意図（何のために集めたのか：目的の状況$s'$に相当），変数名（目的を実現するためにどのような属性の情報を集めたのか），転用可能性（他にどのような目的に用いることができるか）について記載した情報をデータの説明文としてデータジャケットに追加してゆくことも，IMDJを継続する意義の一つである．

この章では，データ市場創出と利活用促進のために，開発しているIMDJプロセスとそのコア技術のうち，以下の三つのステップについて説明する．

1. データとその分析・可視化・運用に関する情報（データジャケット）の提供
2. データの利活用方法（ソリューションと呼ぶ）を考案するデータ市場を模したゲーム型手法（IMDJ）
3. ソリューションを精緻化するシナリオの検討（アクション・プランニング）

ただし3のアクション・プランニング（Action Planning）はシナリオを掘り下げることにあたり，IMDJの後処理となるので，詳細は第5章において説明する．

### 3.2.2 IMDJの構成要件

IMDJの構成要件は，第2章に示したように，それぞれのデータ$D$について utility $(I, s, s', X)$を最大化するため，

① データジャケット（以下，DJと略）：フィンケの創造的認知（前章）にヒントを得て，適度に個数だけの要素$D$を組合せる場を形成する為，適切な個数の$D$に該当するDJを提示しDJ間の関連性を可視化する（図3.1, 3.4等）
② 参加者：適度に$X$の多様性を持ち，多様な$s$と$s'$を持つことにより，utility $(I, s, s', X)$を真の最大値に近づける
③ 適切な制約条件としてのテーマ（参加動機となる話題）を設定する
④ 参加者間の価格交渉を基盤として互いに否定・批判を厭わない議論を行う

という四つの要素が必要となる．それぞれについて以下に説明するが，上記の①②③④という番号順ではなく，IMDJの手順を実施順に従って説明し，その中で随時①～④の構成要件について述べてゆく．

### 3.2.3 IMDJの手順

IMDJは，次の3ステップからなる（図3.2も参照）．各ステップの意義を含めて概要を示す．

**Step 1) データジャケット（DJ）の提供**：データを持つあるいは知る人は，データ中に含まれる変数名のリスト，データについて宣伝しておきたい情報を書き込んだ，レコードジャケットのような小さな情報をDJとして公開する．データの内容は所有者の都合で隠すのを前提とするが，DJにはデータ内容のダイジェスト

をデータ保有者が書きたいだけ書き，原則として公開する（非公開であるが特定のIMDJの場だけで利用可能とするオプションも選択できる）．すなわち，「解析できる人は連絡ください，金額等相談の上でデータの中身を見せます」あるいは「このようなデータに基づいて事業を実施していますので，協業希望者は連絡ください」という意味で，わずかな概要だけ公開するのである．

**Step 2）DJ間の関係可視化**：DJとDJの間を，概要中の単語やDJ公開変数を解した近接，結線によって可視化したDJマップを作成する．これは，さまざまなデータのメタ情報を公開するCKANなどのデータカタログや，データ間の関連性をRDFなどにより明示的に宣言するLinked open Dataだけの示す構造とは異なり，DJの内容をコンピュータで可視化した結果である．すなわち，DJの内容を相互に結ぶ架橋となる概念をDJマップから見出し，データ利活用の方法についての発想を得るためである．

**Step 3）** Step2で作成したグラフをDJマップ（ゲーム盤）としてIM同様の会話を進める．

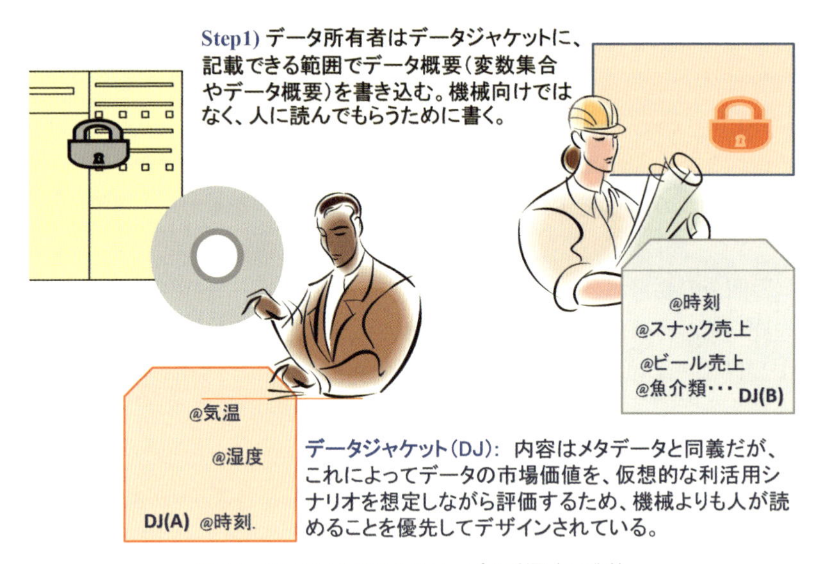


図3.2 IMDJにおける3ステップの手順（つづく）

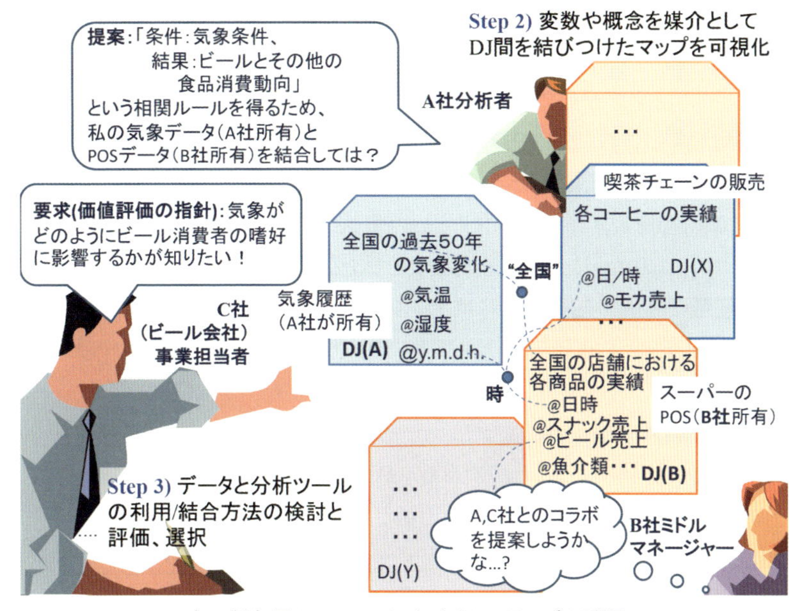


(つづき) 図3.2 IMDJにおける3ステップの手順

ここまでの説明で概要の理解ができたなら，読者が独自のIMDJを進めても構わない．以下には，著者らが実施する場合の各ステップについて，さらに詳細を示してゆく．なお，データジャケット等に関するさらなる詳細は，第4章以降に述べる．

### Step 1 の具体的内容—データジャケット（Data Jackets:DJ）の提供

大澤らは，データ自体は秘匿にしたまま，データに関する情報を共有するための技術として，データジャケットというデータの概要を記述する方法を提案した（[7]など）．ここでのデータジャケット（以下，DJ）は，あるデータがどのような情報を有しているのかを説明するためのデータ，すなわちメタデータの一種として構成される．CDやDVDのジャケットのように，中身については購入しないと参照できないが，中身に関する説明をジャケットとして記述することにより，中に入っているコンテンツについて理解できるというところから着想を得たのがDJのコンセプトである．

例えば，図3.3はDJ入力フォームを元に作成されたDJの一例である．DJに書き込む内容は，形式や順序にはこだわらないが，必要となるのは，収集意図，変数名（どのような属性の情報を集めたのか），転用可能性，およびこれらを端的にまとめた内容の梗概である．データ保有者自身が書き込むことが望ましい．

地震履歴データに対応するDJは図の右のようになる．データが非公開文書である場合は，ごく簡単な概要と，@author（データの作成者）や@keyword（データの内容を表すキーワード）という変数の名だけを書き込んだDJを公開してもよい．このように公開する変数名を**DJ公開変数**と呼び，中身まで公開する**公開変数**と区別する．DJ上にはデータの概要説明とDJ公開変数だけ含まれるので，TB/PBという規模のデータも，DJでは概要だけを1枚きりのカードに書き詰める．

このようなDJの与え方によって，データの中身を公開することなく，データに関する情報を理解することができる．DJは，データを保有するステークホルダーが自身の意思で記述することを原則としている．また，国や各自治体の統計データや，個人が公開している研究データなど，すでにWebなどに一般公開されているデータについては，一般の参加者が入力してもよい．その際はデータの所在などをURLで明示する必要がある．当初，実験的にWeb上にデータジャケットの入力フォームを開設し，データ領域における専門家やデータ分析者などからDJを収集していたが，その後は実験ではなく実装的な収集サイトとして一般公開に発展している（2016年1月現在はhttp://sites.google.com/site/datajackets から入力）．

データ保有者は，公開可能な部分と公開できない部分に配慮しながらDJを作成する．公開ができない部分については，全くDJに記入しないことを奨励する．2015年の時点でDJはWeb経由で随時エントリー可能（Googleなどで"Data Jackets"を検索するとアクセス可能）であり，公開可能なDJは保有者のプライバシーに関わらない内容のみ，エントリーサイトで表示される．

さらに，実施したIMDJで利用されたDJの登録者には，どのように結合されたり利用されたりしてどのように評価されたかについて，連絡するシステムを構築中である．ただし，犯罪発生地点の分布のように需要者が多くても無料公開すべきデータもある．例えば，「本データの公開により犯罪を回避できる」という社会の期待を聞けば，社会的責任を重視するデータ所有者は無料でデータを提供する筈である．このような場合は，保有者は公開可能に変更することもできる．逆に，公開可能としていたDJを非公開に変更することも可能である．

ただし，無料公開のDJについても，IMDJのゲーム中は交渉の動機を高めるためデータに価格付が行われることがある．IMDJと実際の取引ではデータ共有条件が異なることがあるので，IMDJでの交渉は実際の共有に向けた交渉権を得るだけとし，実際のデータ共有は後に本格的な協議とする参加者も多い．このように，参加者が希望するだけの深さまで参加する（付き合う）ことを容認するのも，自由市場に近い環境を実現する成功要因である．

| S22 | 電力需要と天気 | |
|---|---|---|
| データ概要 | 2010，2011の東京・東北電力管内の電力需要と気温・降水データ　※Table, Sequence | |
| 属性（データが扱う変数） | エリア<br>年度<br>月，日<br>時<br>負荷 | 月平均気温<br>各地の最低気温<br>各地の最高気温<br>その日の降水量 |
| データ収集 | 電力会社のデータと気象庁のデータをエクセルで適当に組合せた | |
| 推奨分析ツール | 回帰分析 | 決定木 |
| 分析予想 | エリアにかかわらず電力負荷パターンから季節・時間に応じた人々の行動が見える | 天気に加えてみて，天気の何が電力負荷に影響するのか |
| 副次的効果 | 夏・冬に限れば，気温との相関に需要予測ができるほどの精度は得られなかい． | データが多すぎ決定木が複雑になってしまう．適宜平均をとるなど，データをまとめるべき． |

| S13 | 日本近隣地震データ | |
|---|---|---|
| データ概要 | 日本の島および近い海でおこる地震の時系列データ（1923以降）RDB表 | |
| 属性（データが扱う変数） | 日時，マグニチュード<br>場所，緯度 | 経度<br>深度 |
| データ収集等の前提条件 | 地震学者により観測．気象庁Webサイトからダウンロード http://www.seisvolkishou.go.jp/eq/shindo_db/shindo/index.html | |
| 推奨分析ツール | 周波数解析+ID3 | Apriori |
| 分析予想 | エリアによる2011前後の頻度，例えば「福島会津の西側は2011年の後に増加した」 | 近い時間に震動する傾向があるエリア分析．例えば「山梨県の西武←群馬県の北部」 |
| 予想外の結果 | 地震データが見当たらないエリアおよびあす時間帯が分かるので，将来のデータ収集を増強するのに役立つ．さらに，地震と天候の関係を発見 | |

図3.3 データジャケットの記入例

### Step 2 の具体的内容—DJ間の関係可視化

DJに記述されたメタデータによって，各データジャケット間の公開可能な変数を元に関係性を可視し，データの用い方について発想するまでの人間の思考と，その発想の価値を実現する行動についての提案と議論を支援することができる．図3.4は，可視化ツールKeyGraph®[8]を用いてDJに記述された情報（公開可能変数やキーワード）をノードとリンクで表現したものの一例である．

1996年という古い時代に著者らが開発したKeyGraphを用いることは，IMDJのStep2において必須ではない．しかし，この後に述べるとおり，KeyGraphは，対象とするテキストデータのうち頻度は低いが意思決定において重要と考えられるキーワードを抽出し，関係性を可視化することのできるアルゴリズムである．黒ノードとしてDJが現れ，赤ノードとして現れるキーワードや変数名を介してDJ同士の関係性が表現される．可視化は，多様なデータに関する情報（DJ）を人間が俯瞰し，発想に役立てるのが可能なDJの組合せを瞬時に把握するための効果的な技術である．例えば，収入金額のデータと医療機関の受診履歴データは別のDJで表されるが，いずれも各個人のマイナンバーという変数を含んでいることを利用すると，両データの組合せにより収入と健康の関係を調査しようという発想を得ることができる．DJ間の関係性を可視化すると，個人データそのものに手を触れないままで，KeyGraphが「マイナンバー」という赤ノードが結ぶDJを見て，該当するデータを組合せてみようという発想を得やすくなる．

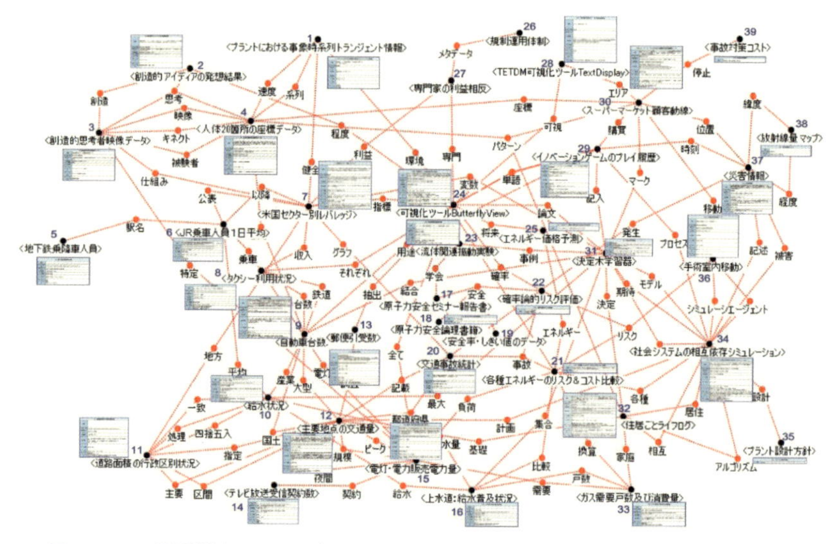


図3.4 DJの関係性をDJマップとして可視化（KeyGraphの詳細は章末の付録参照）

本章におけるDJの関係可視化にKeyGraphを用いるのは，前章までに示したようにデータ市場におけるイノベーションのプロセスとの類似性の深いチャンス発見の二重らせんプロセス（第2章，文献[8]など）において，マップ（シナリオを読み取るために用いるので「シナリオマップ」が一般名称）可視化技術としてKeyGraphが多用されてきたからである．KeyGraphが高頻度事象の塊を架橋する低頻度事象の位置づけまで示すことは今もって特徴的である．この特性は，IMDJにおいては，少回数しか現れなくてもDJ間を結ぶ本質的な役割を果たす概念を表す単語や変数の位置づけを可視化する目的で用いる．

一般的なKeyGraphの手順は付録Bに示すが，その概要を述べると，マップ全体から見て支配的な概念を捉えるために以下の手順を踏む.

・ 現れる頻度の高い要素をノード（要素1：黒塗りで表示する）とし,
・ その間の濃い（実線の）リンクからなるクラスタを「島」（要素2：共に現れやすい語の集合で, 対象のデータに含まれがちな典型的な概念を表す）とし,
・ 島と島を渡す点線リンクを「橋」（要素3：高頻度な語ではないが典型的な概念を結び合わせるコンセプトであり, 赤色などで表示する）とする.

IMDJの場合には, 以下のように, ①各DJそのもの　②DJに含まれる変数名　③DJに含まれるその他の単語という三つを要素とし, これを対象DJセット内のすべてのDJについて列挙したデータを対象とする. すなわち, 与えるデータは以下のようになる. ここで, 変数$_{ij}$はDJ$_i$の$_j$番目の変数, 単語$_{ij}$はDJ$_i$の$_j$番目の単語をさす.

DJ$_1$：　変数$_{11}$, 変数$_{12}$, ・・・；単語$_{11}$, 単語$_{12}$・・・.
DJ$_2$：　変数$_{21}$, 変数$_{22}$, ・・・；単語$_{21}$, 単語$_{22}$・・・.
・・・
・・・
DJ$_m$：　変数$_{m1}$, 変数$_{m2}$, ・・・；単語$_{m1}$, 単語$_{m2}$・・・.

結果として可視化するのは, 黒ノードとして各DJそのもの, 赤ノードとしてはDJに共通な単語や変数名を表示する. これによって, DJを結合する上での紐付け変数と, DJを結合して何らかのデータ利活用シナリオを求める際に目指す目標概念を発見するのを支援する.

このような可視化結果を得るためには, KeyGraphツールの付属的な機能まで利用する. この機能は, 必ず図中に黒いノードとして表したい要素を指定するものである. この機能を用いると, DJ$_1$, DJ$_2$, …, DJ$_m$は固定的に黒いノードとして出現する. 結果として得られる図は, 通常のKeyGraphと同様であるが, IMDJにおいてはDJ間にある当然すぎる関係に注目することを奨励しないので, 黒ノードが高頻度の語（「テキスト」など）を介して集簇するようなクラスタを表示しない場合が多い. すなわち, 上記内部処理のうち手順2を削除するのであり, 付録BのM2を0に設定することによってこの削除は可能となる. 他は一般的なKeyGraphと同様となるが, 手順3において, 橋渡しをするノード

は赤だけでなく青いノードを併用することもある．ここで，青ノードは「DJの変数」の名称であり，赤ノードはその他の「単語」である．この区別は，IMDJにKeyGraphを用いる上で有用である．

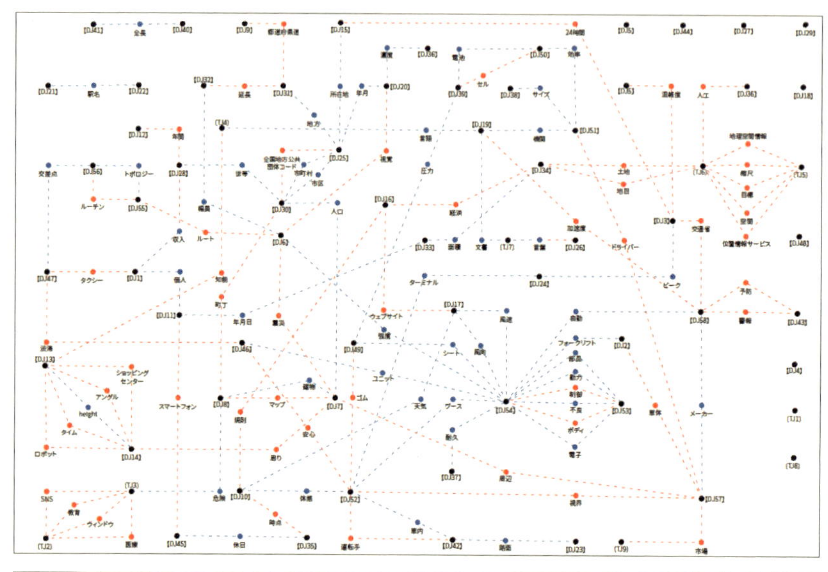

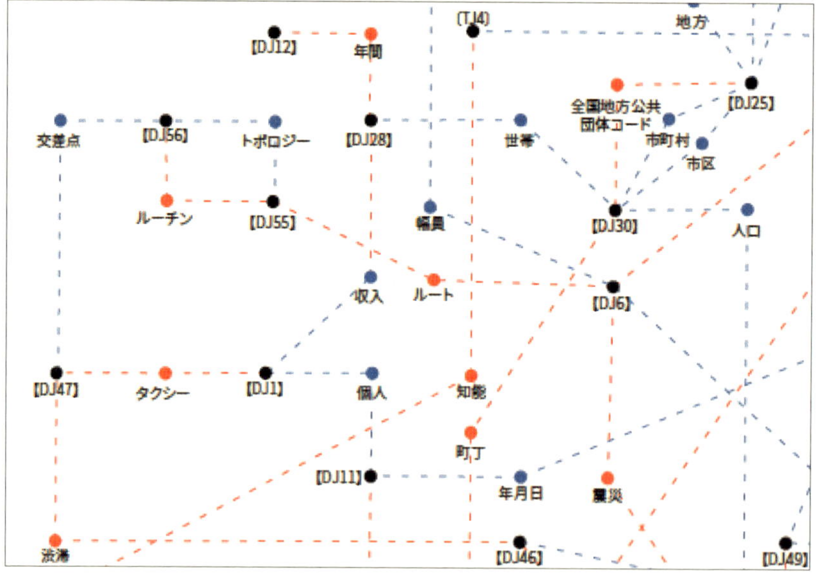


図3.5 KeyGraphによるDJマップの可視化結果（上）と一部拡大図（下）

図3.5を例として赤ノードの役割を示そう.

- DJ6（元データは道路交通経営データ）と，DJ55の（東京中心におけるテレコミュニケーションネットワークモデル）の間に「ルート」という赤ノード
- DJ28の（年齢や地域で区別した男女別人口・世帯数）と，DJ30（全国消費実態調査）の間に「世帯」という青ノード

が含まれ，その後の役割が異なる．前者の赤ノードは，次のステップで例えばDJ6とDJ55を組合せることによって得るシナリオで実現を目指す目標概念であり，フィンケの実験（第2章）でいう良質の制約としてのテーマとなる．一方，後者の「世帯」はデータ間の紐づけに用いることになる.

以上をまとめると，「チャンス発見」においては，黒いノードは要素としての頻度が高く，黒いリンクは黒いノード間の高頻度の共起を表していた．すなわち，黒いクラスタは確立したコンテキストにおけるエピソードを表すともいえるものであった．一方，赤ノードと点線はそれぞれデータ中の確信度が低い事象と，その事象と各コンテキスト（黒いクラスタ）の共起性を表していた．一方，IMDJにおいては，黒ノードにはDJが配置され，赤ノードには新しいアイデアのヒントあるいはデータを結合するための紐付け変数が現れる．黒ノードには確かなデータに裏付けられた事実を位置づけ，赤コードには不確かかもしれないアイデアを位置づけるという意味でチャンス発見の方法論を継承している.

### Step 3　データの結合と再利用（分析や検索など）シナリオの検討，提案，評価

KeyGraphの役割は，次の3要素を可視化することであったといえる.

要素1）さまざまな事象，行動，状況，概念などを表すノード
要素2）上記ノードの集まりからなる文脈（コンテキスト）を表すクラスタ
要素3）コンテキストの間の関係を可視化するリンク

上に述べたKeryGraphではノード間を方向の無い線で結ぶが，そこから人が読み取るのはこのようにノードからノードに向かう有向パスである．すなわち，ある程度の順序性を持つ事象の連結を想定することによって，データから読み取りたいシナリオ，あるいはデータ利活用の手段を検討する．いずれも，変数や事象の連結として求められ会話の俎上に載せられてゆく．IMDJの場合は，クラスタに相当するDJから間の架橋ノードに向かうパスに沿ってDJを結合し，該当するデータを分析や検索に用いる利活用のシナリオを提案してゆく．このシナ

リオは他の参加者に説明できるようになった場合，**ソリューション**と称される．

図3.6は2006年の文献[8]からの引用であるが，この時点から，多様な領域にまたがるシナリオを捉えるためのツールとしてKeyGraphは導入されていた．すなわち，**KeyGraph**は，当初はキーワード抽出技術して大澤らが提案したものであったが，その後の利用状況を見れば，現在はあくまでも可視化技術である．つまり，人がその出力を見て何事かを理解したり発見したりすることが重要であり，それを達成するための工夫も必要になる．以下に，通常の**KeyGraph**視察手順を，対象をIMDJにおけるDJセットとした場合にカスタマイズして簡単に説明する．

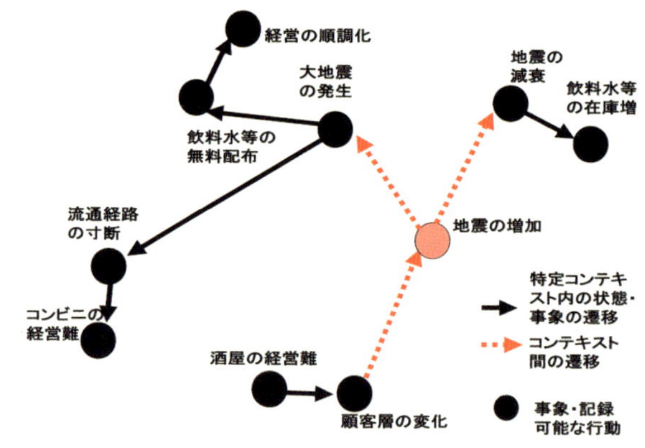


**図3.6 シナリオマップは，現実世界の縮図となる（[8] から引用）．**

**IMDJの可視化技術として適用したKeyGraphのマップ（DJマップ）を視察する手順**

**(1) 基本となる要素を理解する**：個々の黒ノード，クラスタの意味を理解する．すなわち，それぞれのDJについて理解をするため，DJを事前に読んでおく．自分もDJを提出しておくとこの理解はスムーズである．

**(2) グラフ全体を見る**：最初に問うべきは「グラフ全体がどういう構造をしているか」である．赤ノードが目立つため「赤ノードで出た要素について考えればよい」と考えるユーザがいるが，キーグラフはシナリオマップをデータから可視化するものであって，マップから読み取るべきシナリオは一つのノードだけで形成されるわけではない．場合により赤ノードに最初から注目することもあるが，その周りのノードとの関係からシナリオを読み取ることが目的である．IMDJのワークショップによって示された要求と提案されたソリューションが付箋で貼付された図3.7のDJマップでは，「ルート」という概念を用いつつこれと連結していないDJを結合する案が散見されるが，これは不適切なステップをとっていることになるので注意を要する．

(3) **クラスタを結ぶ橋（赤ノードと点線）を見て，シナリオを考える．**「島→橋→島」あるいは「島と島から同じハブに向かっていく」などのシナリオがある．クラスタとクラスタの関係，その関係をつかさどるクラスタ間の接点が本質的な着目点となる．

(4) **気づいたことを書き留める：** チャンス発見の二重らせんプロセス（第2章参照）における主体データの収集にあたる．それまでにも暗に気づいていてもおかしくない知識が掘り起こされてくることもあるが，一瞬で忘れてしまうほどの潜在的な気づきである場合もあるため，考えたシナリオは付箋に書いてDJマップに貼り，かつ話をすることで場に反映させる．この思考内容をテキスト化したものが主体データであり，後からテキストマイニングなどによってさらにIMDJ参加者のメタ認知（第4章）を促進する材料ともなる．

(5) **重要な部分を絞り込んで掘り下げる：** ある赤ノードか，またはクラスタ間の思いがけない関連を示す橋に参加者の注意が集中した場合，その橋におかれた変数名や概念をさらに具体化する上で有効なデータがあるならば，それに該当する新しいDJを追加する方法を考える．これは二重らせんプロセスにおいては次サイクルに進むことに当たる．

例えば，DJ6とDJ55を結ぶ「ルート」は，コミュニケーションのネットワークにおけるルートと交通網ルートであるので一見すると別の物を指しているが，大震災のように両方が分断される可能性を考えると，都市全体の中でのネットワーク脆弱性の高いエリアを把握し，これを補てんするための都市機能を改善するシナリオを検討するべきであろう．

また，DJ28とDJ30を結ぶ「世帯」はデータ間の紐づけに用いる．すなわち，世帯ごとに男女人数を取り出し，その世帯ごとに消費実態を見ることによって男女比率と消費の特徴が分かる．ここでのDJ28そのものは都市における累計値として世帯数を示しているだけであるが，このように発想が得られることによって，ある特徴（例えば平均年齢）を持つ世帯における男女比率のデータと，その同じ特徴を持つ世帯における消費動向のデータを新たに取得して結合する分析が可能となっている．例えば，「30歳代の夫婦だけの家庭の栄養摂取量が低い」などの傾向がわかる．ここまでが上記手順の（2）に相当する．

しかし，ただシナリオを読み取るだけでは周囲との共有もできないし，自らの考えを振り返ってその意義を吟味するメタ認知の効果も生じない．すなわち，次に（3）において考えたシナリオを付箋に書きとめ，DJマップ上の該当する部分に配置することによって，自分の考えた筋道，すなわちどのDJを結合してどの要求に応えるための案であったかを振り返る．また，その内容を他の参加者に話すことによって議論の筋道を共有し，互いの筋道を補填し合うことによって利活用シナリオの実現性を増す効果を高める．このような効果を高めるためには，上記の手順に加えていくつかの注意点があるが，それは付録Aに示す．

IMDJは，DJマップからデータの利用価値を策定し，イノベーションを促進するためのゲーム型ワークショップである．すなわち，ワークショップ参加者は，第2章で位置づけたデータ保有者，利用（消費）者，提案者のいずれかを担当するか，あるいは兼任することで進行する．利用（消費）者の立場からは，自身が意識している問題を要求として提示し，提案者にデータを利用者解決方法のシナリオ（ソリューション）を求める．そして，提案者の立場からは，DJマップ上のDJを組合せることで要求を満たすソリューションを創出する．これらのコミュニケーションにより，データ保有者は自身の所持するデータの利活用方法を知ることができる．さらに，データ保有者は，自分の持つデータについてデータジャケット上の情報に加えて，利用者や提案者にアピールしたい点をすることも可能である．以上をまとめると，Step 3は以下のようなコミュニケーションとなる．

① 第2章におけるA～Eのステークホルダー（データの保有者，利活用シナリオの考案者，データの利用者など）が，データおよびシナリオを利用する権利を得る取引条件の決定をめざす．条件には，データの価格や，知識を発見した暁には共有するなどの約束が含まれる．

② 考案者は，データを結合する解析手法とその用途についてアイデアを出す．また，必要ならばDJとして提示していなかったデータの利用を提言するため，どのような概要と変数を持つ新データが提供できるか記入した追加DJをマップ上に追加する．

③ 保有者は，考案者への情報提供として自分のデータに関するDJに加えて，必要な追加説明を行う．

④ 利用者は，考案者のシナリオまたは保有者のデータ(DJではなくデータ内容)

に対する利用権を得るため，①で定められた報酬を支払う（第1章のpay）．ここでは仮の支払額だけ提示し，支払いはさらに検討を深めてからにしても良い．第5章のアクション・プランニングの段階で価格を変更してもよい．

⑤ ①において，考案者はアイデアに対する他者からの批判や要求，評価に基づいて，アイデアの洗練と評価を進めてゆく．必要ならばDJとして提示されていなかったデータの利用を希望するため，どのような概要と変数を持つ新データが必要となったかを記入した希望DJをマップ上に追加する．

このコミュニケーションの有り方も，チャンス発見の二重らせんプロセスにおける会話に準拠している．二重らせんプロセスに従うチャンス発見技法であるIMの参加者においては，「起業家」あるいは「消費者」の役割を携えて発言する．

起業家はDJマップを見ながら，DJに記されたデータや一部の変数などの要素を組合せたデータ利活用シナリオをソリューションとして述べ，そのソリューションの希望価格を口頭と筆記により提案する．この提案はあくまでアイデアであり，実用化するためには改善や具体化が必要である．消費者は示されたそのアイデアを高く評価する場合は購入し，そうでない場合は価格を下げる要求を出すか，質の改善を促す．ゲームという性質を利用して質問や批判を許容するため，起業家は稼いだ金額を競い，消費者は購入したソリューションによって生活品質が向上する度合いを競う．IMDJの場合には，この金額にさらに意味を持たせて，市場におけるデータやその利活用のソリューションについての評価指標として用いるのである．

このようにして，DJの背後にある実データの利用方法や潜在的な価値を提示し，議論を通じて策定することによって，データ保有者，利用者をはじめとするプレイヤー間でのデータの共有や売買についての交渉が進められる．ここに，第2章で示したチャンス発見のプロセスの①と②が実現している．すなわち，①人間が必要なデータを収集し，②人間の意思決定にとって重要と考えられる情報を計算機が選択し，DJマップとして可視化する．そして，可視化されたデータから，人間の創造的コミュニケーションにより，③DJマップから価値を引き出し，④意思決定を行うという，人間と計算機の協創プロセスが実現する．

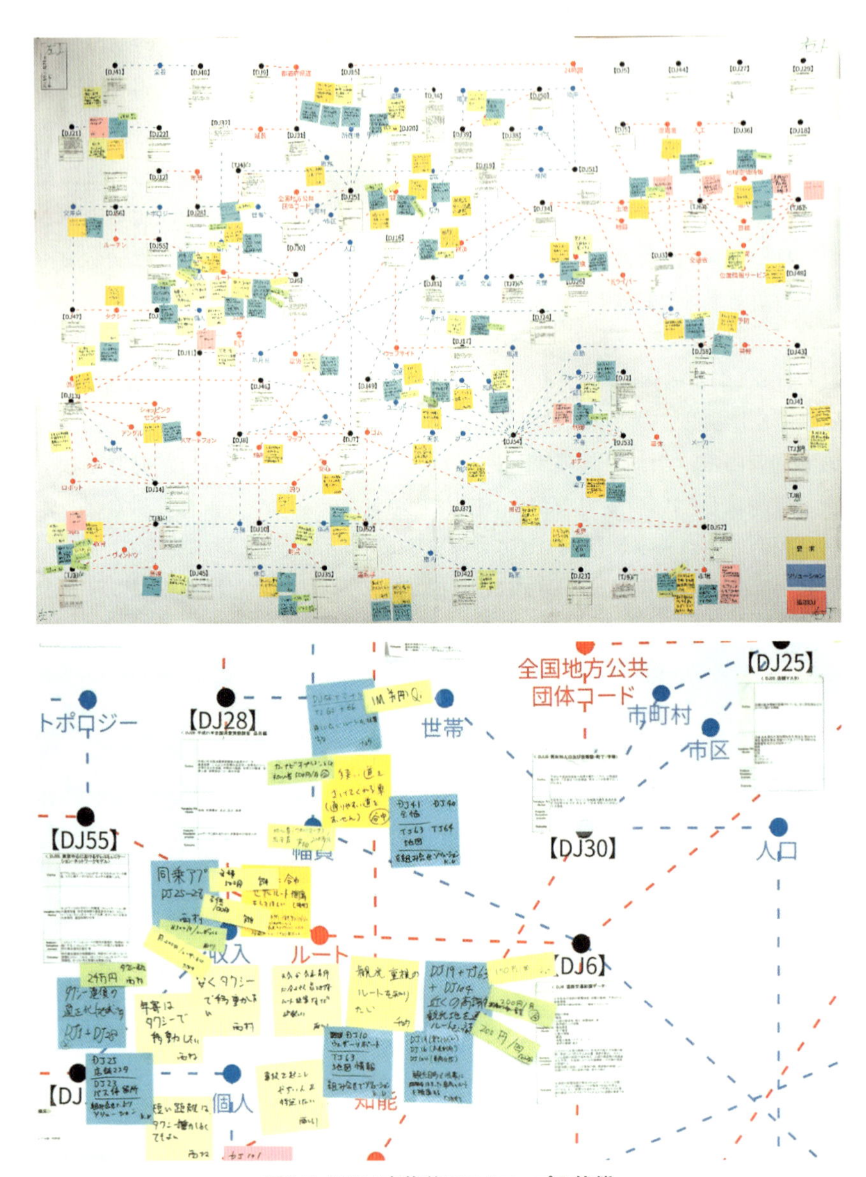


図3.7 IMDJ実施後のDJマップの状態
実物では，要求とソリューションは，それぞれ青と黄などの異なる色の付箋に記入されて貼付されてゆく．小さな付箋は，ソリューションに対する報酬の金額と支払う人の名前である．

先にも参照した図3.7はIMDJワークショップによって要求およびソリューションが提案されたDJマップの例である．ここに示されている参加者の提案は，上記で著者らが想定したシナリオとは相当に異なっている．例えば，DJ28とDJ30を結ぶ「世帯」はデータ間の紐づけに用いられていない．ここでは先述のように，「世帯ごとの消費実態（の把握）」という視点は生まれていない．しかし，上記で期待していなかった「収入」によって，タクシー利用状況についてのデータに相当するDJ1と，消費者意識を示すDJ28から，適正なタクシー運賃を設定するというデータの利用方法が提案されている．また，元々与えられていなかった「観光」という新たな視点を導入して，DJ19やDJ104といったDJに該当するデータを，「ルート」という赤ノードに直結していないにも関わらず結合してシナリオを提案している．これらは，必ずしもIMDJにおけるDJマップが果たす役割を期待どおり利用したものとはいえないものの，会話の中で生み出されたコンテキストを盛り込んで，新しい結合案を生み出したものである．

## 3.3 IMDJの効果：実験的データ市場から

図3.8も，IMDJの終了時のDJマップの一例である．この例では著者自身が委員として関わった高経年化技術評価高度化事業（規制庁）の中で，原子力システム安全に関わるステークホルダー（事業者，原子炉メーカー等の専門家および原子力工学を専門としない者を含む学生）に属する参加者ら計9名により90分間実施した．これらの人々が，それぞれ役割を果たし互いの要求に応え合うことは社会的に切迫したテーマであった．しかしながら，そのために必要なデータが相互に提供される形で十分に共有されているとはいえず，その理由としてデータがどのように利用されるが不透明であることが参加者等により指摘されていた．このことから，原子力高経年化に関連する各種データ等をDJとし，結合するとどのような成果が期待できるかという議論を実施した．

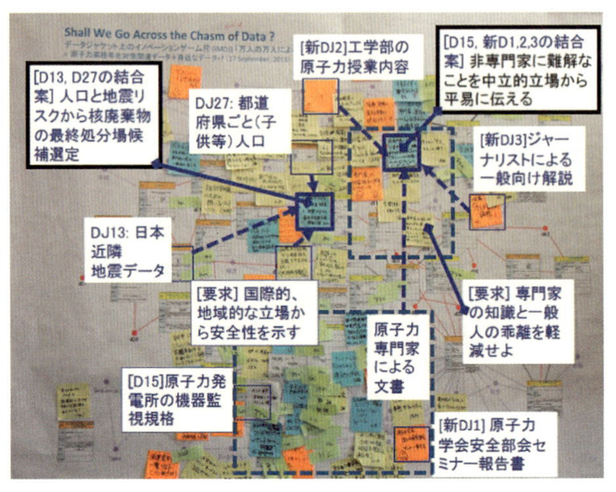


図3.8　IMDJ実験例とその結果

このIMDJでは，原子力機器トラブル時系列のデータの他，地震危険性のデータ等や人口分布，さらにfacebookの交流関係データというDJを用いた分析案も高く評価される結果となった．特に，facebookの交流関係データは元々提示されておらず，途中で参加者が追加したものであった．

この結果を受けて，人口密集地域や地震の高リスク地域など，地域ごとの複数種類のリスク分布を同じ地図上で可視化したマップを作成することにより核廃棄物の処分場の決め方を議論することができ，追加して火山や地下水のデータも収集すべきであるなど有意義な指摘を得た．この他，専門家と非専門家の書いた解説書のテキストを可視化することにより両者の視点の違いを明らかとするツールを開発している[9]．視点の差を明らかにすることは，図3.8に現れたような，専門家の知識を非専門家に中立的立場から説明する上で「中立点とはどこか」を知る上で有効となるため，このツールはその後，原子力関連の問題検討に限らず企業内の異なる部署間のコラボ方針を立てる場面などにも拡張して用いられることとなった．

この他にも，「$DJ_A$: コミュニケーションのログテキスト」と，「$DJ_B$: 相互に関連づけられた災害（震災と火災のように）関連データ」を結合することによって,「信頼性と説得力のある情報を抽出」を行うとの提案があり，IMDJで利用者からの購入実績を得た．正確にいえばこの提案は解析手法を示していないので要求であるので，実現のためには$DJ_A$と$DJ_B$に当たるデータを解析する方法を得る必要がある．この方法について検討した結果，この場合にはまず

① ある事象が震災の予兆であるかどうか，あるいは現在の社会においてある提案が本質的な課題解決になっているかどうか等について論じるコミュニケーションの中で，その後の話題の進展を左右した発言を$DJ_A$から得る

② 上記の発言（例えば「黄色い雲は地震の予兆だそうだ」）あるいはその中にあるキーワードをキーとして$DJ_B$から検索し，ヒットした過去の災害事例において確かに該当する事象（例えば，ある地震の前に黄色い雲が観測されていたというデータ）が見出されるか調べる

という二つのステップを経る方針となった．しかし，①のようなコミュニケーションは互いに文脈を共有して話し合うというよりは遠隔地からばらばらな状況におかれた人々が不安な思いをそのまま吐き出していたり，興味本位で仮説を出しているだけ出会ったりする．故に，ある時区間を通じてトピックが一貫していたり，隠れた因子を介して発言の内容が繋がっていたりするようなモデルを適用した分析では扱いが難しい．

このIMDJから生み出された要請から著者らは，さまざまなデータ分析技術を創出した．例えば，時系列データの可視化および変化点抽出のための手法Tangled String[10]を開発した（図3.9）．これは，会話における発言を単語の時系列データとして発生順に並べ，1本の糸で表す手法である．最近の近い時点で用いられた単語が出現すると，糸は絡まるようにその点に戻る．その結果，糸の上には随所に絡まった塊（pill）ができる．この塊ひとつが議論中に生まれたひとつの話題を表し，塊と塊を結ぶ部分の糸（wire）は直前の話題から新しい話題に移行することを表す．Tangled Stringは，この移行の発端に現れる単語と，塊の中で頻出する単語を可視化することにより，上記の要求のうち「話題の起点となる発言」を抽出し，かつ前後の文脈とともに可視化することにより，その発言がいかなる事実と関連しているか気づかせる効果を有する．背景となる一貫性のあるトピックの存在を仮定しないので，上述の要求に応えることができた．

図3.10では，災害そのものについての分析ではないが，テロ事件によって犠牲の起きた事象について解決を考える視点からさまざまな視点で議論を進めた政治家間の国会における議論であるが，このような議論も必ずしも問題解決に至ろうとせず，かみ合わない盛り上がりに時間をかける傾向があるので

Tangled Stringで可視化した．結果として「納税者の番号」「自衛隊の行動を制約する法律」といった，現在のマイナンバー制度や安全保障法案につながる話題の議論が起きていることが分かる．なお，他手法でもこれらの語は議論中のトピックの代表的な概念として抽出することはできたが，Tangled Stringの特徴はそれ以外に盛り上がった部分のうち，後続の議論や後の社会事象に影響の少ない部分を削除する効果であった．この他に，犯罪を起こした人物のブログから，その犯罪の予兆となった発言を抽出するなどのような効果も見出された．

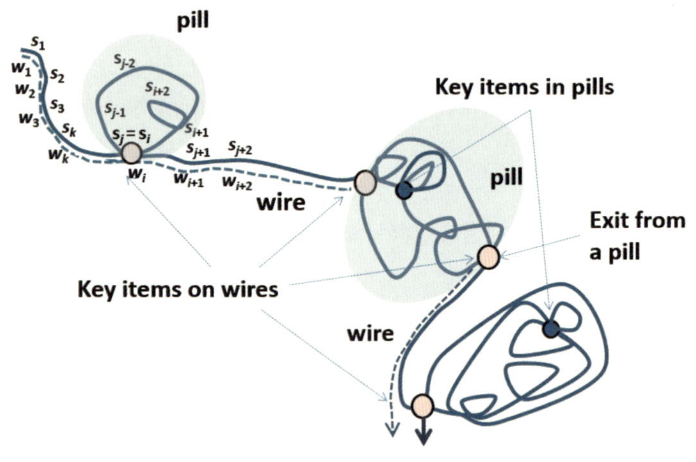


図3.9 Tangled String 法の概要.
議論の展開を，単語が単に糸のように連なった系列($s_1, s_2, \cdots, s_i, s_{i+1}, \cdots, s_j, \cdots,$)とみなし，糸が絡まった部分(pill)を除いたワイヤー(wire: $w_1, w_2, \cdots, w_i, \cdots,$)が筋道の大きな動きを表しpillは感情的で本質からそれるかもしれない盛り上がりと考える．話題の展開のきっかけとなる発言は，pillの出入り口の語であるとする．

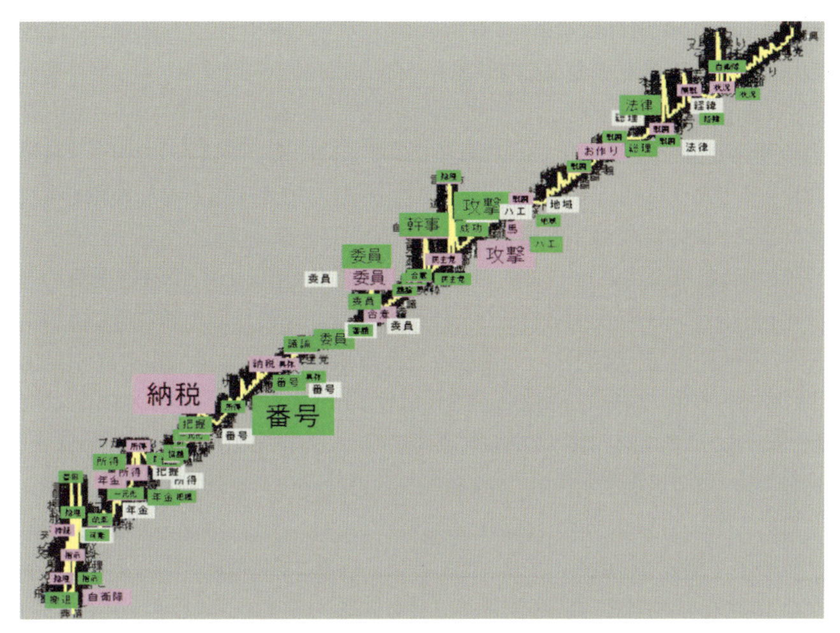


図3.10 Tangled String 法を2004年の国家基本政策委員会合同審査会における党首討論（11月10日）適用した結果.

さらに，このツールは，Kinectセンサにより収集された人体の運動から閃きの直前の運動を抽出するなどへの転用もされているが，これも創造的な設計における特徴的な動作を知りたいという要求から生まれた転用である．IMDJの応用領域としては，初期には企業におけるデータに基づく発想法として研修等に利用されていたが，現在は製造業，販売業，サービスにおけるデータ利活用に欠かせない技法としてIMDJが導入され，日常の仕事における目標の明確化とデータに基づく実現プランを明らかにする効果を挙げている．このようなIMDJの利用の中で，ツールでありながらDJ化されたTangled Stringについても，IMDJにおいてDJとして導入され，チャンスやリスク事象を見出し，その詳細を調査するデータを収集する参考情報とする目的での可視化技術として利用する提案が，マーケティング，株取引などの領域で打ち出された．

例えばTangled StringについてのDJ（正確には4章のTJ），あるマーケティング実務者からIMDJにおいて「市場での売行き急変のトリガが知りたい」という要求があった．これに対するソリューションとして「購買履歴（POS）データ」をTangled Stringによって分析することによりタイミングを把握し，変化の原因について報道履歴などの外部データと合わせて検討するという案があった．Tangled Stringは元々，トピックの不安定な会話のログテキストから影響力の強い発言を取り出すというIMDJでの要求に応えて開発されたデータ可視化ツールであったが，その応用範囲を広げ「データから注目すべき転換点を可視化するツール」として拡張利用されるに至ったといえる．

この案は，提案された「市場」として株式市場を対象として，証券会社とのコラボレーションのきっかけとなった．Tangled Stringを株価変動分析に適用すると，株価の変動要因となった重要な社会事象を捉える効果（図3.11）が見出されたという例について示す[11]．TSにおけるpillのうち高頻度のアイテムは灰色，wireから新たなpillへの入口にあるアイテムは赤，pillの出口にあるものは緑色のノードで可視化された．すなわち，赤は新しいトレンドの始まりで，緑はトレンドが終わって次に向かう区切れを意味しており，灰色アイテムと共に全体の流れの中で重要な位置を占める．図3.11は，毎週ごとに株価が最も上がった東証の10銘柄を9年間記録したデータに対するTSの結果で，例えば「6101:1450」はID番号6101の銘柄が，データの中で1450番目（145週目の10位）に現れたことを意味している．

この結果を図3.12のように，時系列を横軸にとって，日経平均の変化といっしょに描いてみる．赤いノードは赤い文字，緑のノードはみどりの文字でここでは表記している．この結果から，以下の傾向が分かる．

1） 銘柄ID番号が1712番の株は，2011年3月11日の震災の日から数日で早くも登場している．これは，土壌汚染を浄化する仕事を行う企業の株であるが，一度値上りし，すぐに下がっている．これは，直後に見られる6924という節電をビジネスとする企業が急峻に値上がりしたのとは対象的である．このように，社会的インパクトの大きな事象の時期をピンポイントで捉えることができている．日経平均のグラフでもこの前後に変化は見られる全体の中で特に目立ってはいなかったので，TSのセンシティビティが見られる．
2） TSによるこの可視化の有効な利用法は，むしろ，ある緑ノード（この図では緑字）が発生したとき，時刻が今よりも直前のpillの中で頻発していた，つまり直前は流行っていた株を早々に売り払うことである．図の上部の青いエリアでは，各軸間（各pillに相当）における主たるアイテム（灰色の4346など）が，それぞれのpillに当たる期間だけよく売れて価格が上がっていたことを示している．そして，そのpillが終わることを示す緑ノード（緑字）の直後には，もう価格は上がるのをやめて下がってゆくことがわかっている．

14年間，日本のクオンツアナリストとして1位の評価を受けてきた吉野貴晶氏はこのTangled Stringの性能に高く期待し，「買うべき株を予測する方法はいろいろ開発されているが，本当はむしろ売るべき株と売るタイミングを教えてくれるTSのような技術が有用である」と述べている[11]．この他にも，時系列の変化点検知[13]や文書クラスタリング[14]など，IMDJはさまざまな業界のニーズに応えるデータ分析手段を提供している．

## 3.4 本章のまとめ

本章では，IMDJの基本的な原理について，構成要件と手順の説明によって示した．DJに記述された情報だけでなく，記述された情報に関連するタグ情報（説明される項目）を持つWikipediaや，Wikipediaから情報を抽出してLOD（Linked Open Data）として公開しているDBpediaにおけるような外部情報を介して一般的な関心ごととDJを関連づける方法も確立されている．例えば[17]では，このような情報を用いて，一般的な関心ごとをクエリーとしてDJを検索することによってDJそのものの全文とのマッチングによる検索よりも高い精度を得ることが示されている．さらに，これらの外部情報を自動的にDJに取り込んでKeyGraphでDJマップを可視化することにより，幅広い層の参加者がDJ間の関係に気づく成果も挙がっている．

しかし，このようにすればIMDJの効果を拡張できるということは容易に推察できることであるから，この後の章では，むしろIMDJのプロセスそのものによって生み出される情報に焦点を絞ってゆくことにする．すなわち，次章ではDJを作成する作業とその結果得られるコミュニケーションについて述べ，さらに第5章では本章に述べたIMDJでは雑駁になりがちなアイデアを具体的な行動シナリオに落とし込むアクション・プランニングのプロセスを述べる．アクション・プランニングはIMDJに欠かせないため，IMDJの一部とみなす方がよいと考える場合（第6章はこの立場をとる）と，アクション・プランニング単体で用いる場合がある．いずれにしてもDJというデータ市場における知識の構成単位を更新したり検索したりするステップに立ち戻りデータ市場の動きを支えてゆくことになる.

また，IMDJはイノベーションを招くデータ市場を実現する方法の一つにすぎないことにも注意しておきたい．データ市場の本質は，通常は難しいデータ共有を行った上でデータの結合を行うことであり，そのためにデータの使い道を発想して論理的に説明できるようにデータ利活用計画を構築することである．そのための方法として，第7章から第9章ではそれぞれ，論理思考フレームワークと，品質機能展開（QFD）の方法論をベースとしたデータ市場の基礎となるデータ利活用の発想と計画の技術を示す．これらの方法は，IMDJとも両立し接続もしやすいものである.

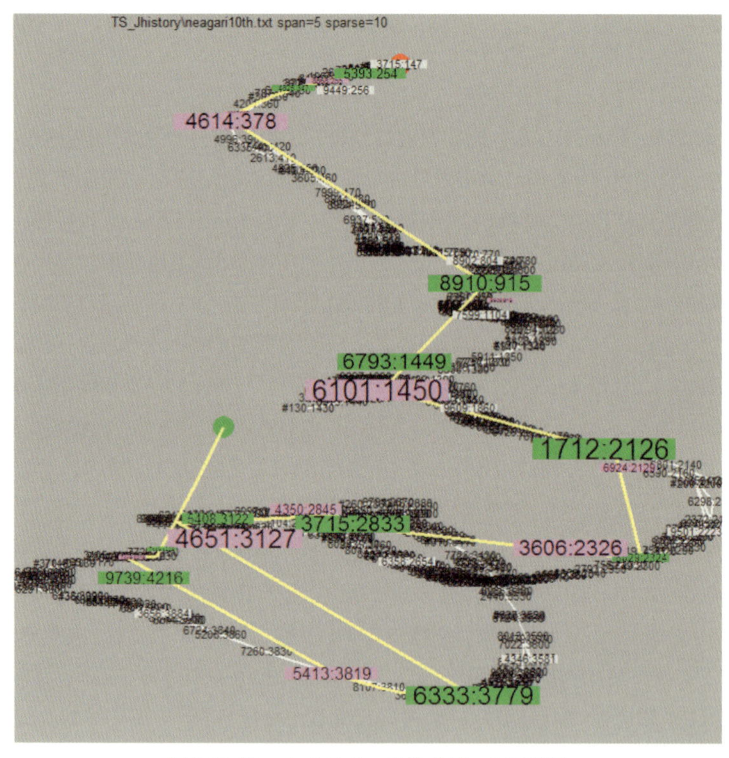


図3.11 Tangled Stringを株式データに適用
数字（X：Y）は，株の銘柄番号とデータ中の出現順序.
株の売り時に応じた東日本大地震（March 2011）など重大事象を捉えた.

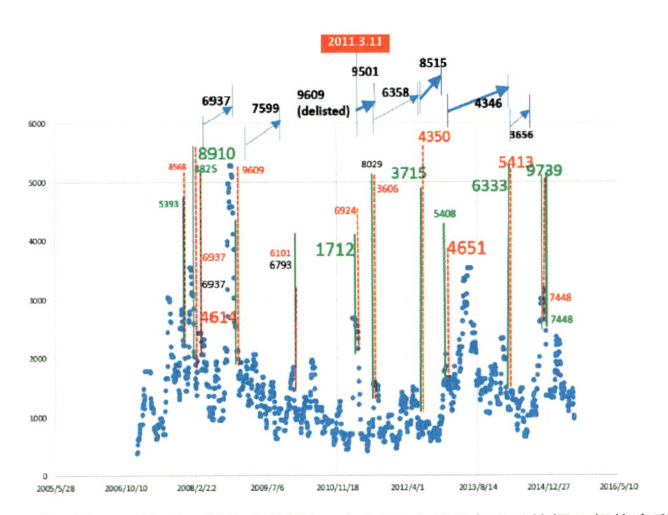


図3.12　先の図3.11（赤字，緑字の銘柄と，各Pillにおける主たる銘柄の価格変動）に該当する株の銘柄と，日経平均株価の変動の大きさ（ドット）.

## 参考文献


[1] Osborn, A.F., *Applied Imagination*, Scribner, 1979

[2] 川喜田 二郎,『発想法—創造性開発のために』, 中公新書, 1967

[3] 川喜田 二郎,『続・発想法—KJ法の展開と応用』, 中公新書, 1970

[4] Gordon, W. J. J..,*Synectics: The Development of Creative Capacity* Collier-MacMillan, London, 1961

[5] George M. Prince, The Practice of Creativity: A Manual for Dynamic Group Problem-Solving. Vermont: Echo Point Books & Media, 2012

[6] Yukio Ohsawa and Yoko Nishihara,*Innovators' Marketplace: Using Games to Activate and Train Innovators* (Vol.3 in Series Understanding Innovation edited by Meinel, C., and Leifer, L.), Springer Verlag, 2012

[7] Yukio Ohsawa, Chang Liu, Teruaki Hayashi, and Hiryuki Kido, Data jackets for externalizing use value of hidden datasets, *Procedia Computer Science*, Vol. 35, pp.946-953, 2014

[8] 大澤幸生,『チャンス発見のデータ分析』, 東京電機大学出版局, 2006

[9] 薦田和弘, 大澤幸生, 複数文書の相対的特徴可視化による理解支援, 人工知能学会 インタラクティブ情報アクセスと可視化マイニング研究会（第5回）SIG-AM-05-07, p.41-46.

[10] Ohsawa, Y., and Hayashi, T., Tangled string for sequence visualization as fruit of ideas in Innovators Marketplace on Data Jackets, *Intelligent Decision Technologies*, Vol. 10, No. 3, pp. 235-247, 2016

[11] Yukio Ohsawa, "Tangled String Diverted for Evaluating Stock Risks - A by Product of Innovators Marketplace on Data Jackets" in MoDAT workshop, *IEEE International Conference on Data Mining*, pp.734-739, Atlantic City, 2015

[12] Zhang, Q., "Data Jacket Retrieval Based on Explicit Semantic Analysis" in Workshop on Designing Safe and Secure Life on the Market of Data, in *IEEE International Conference on Data Mining*, Atlantic City, 2015

[13] Kasuga, A., Ohsawa, Y., Yoshino, T., and Ashida, S., Non-Conformity Detection in *High-Dimensional Time Series of Stock Market Data, in Trends in Applied Knowledge-Based Systems and Data Science* (Proc. IEA/AIE), LNAI 9799, Springer, 2016

[14] Ikegami, K., and Ohsawa, Y., Sentence Clustering using PageRangk Topic Model, in *Proceedings of the 30th Pacific Asia Conference on Language, Information, and Computation*, 2016

## 付録A：シナリオの指標としての「収入金額」とチャンス発見プロセス

チャンス発見プロセスにおいては，関心に該当する部分から順に焦点をあて，可能性のあるシナリオにつき口述あるいは記述する．適度に分散した経験を持つ対象世界の専門家を集め，自分の考えたシナリオを言い合うのであるが，未来のシナリオを述べるのは人により抵抗があるので，シナリオやそれに対する批判を遠慮せずに言い合える状態にする必要がある．まして，シナリオを連結して新たなシナリオを生むためには，相応の手法が必要となる．そのため，以下をチャンス発見プロセスにおいても付加的な注意事項として奨励してきた．

① ウォーミングアップとして，プロセスの初期に市場への要求を言い合うこと

② 参加者各自が，KeyGraphの図（シナリオマップ）の上で注目した個所に線を引くなどアノテーションを付けたり考えたシナリオを書き込んだりすること

③ 参加者が共通に触れ，書き込むことのできるシナリオマップ上で，互いのシナリオと自分のシナリオの共通点や相違点を述べ合うことにより，シナリオとシナリオがその交点にある事象（チャンスの候補）を介してつながり新しいシナリオを生み出すようにすること

④ 新しく生まれたシナリオが利益に結びつく度合いを評価し，期待される利益の高いシナリオを選択すること

このプロセスを実行する際に，発見されるチャンスや生まれるシナリオの良さというものを定義しておくと，チャンス発見プロセスを改良してゆくための指標にすることができる．文献[11]などではこのチャンスの良さを計る指標として

$P$: シナリオの提案可能性（シナリオが実際に提案できること）

$U$: 気づかれにくさ（ある事象に新稀性がなくても，意思決定主体にとっての意味がまだ気づかれていないならこれを満たす）

$G$: 成長性（$P$の提案が採択され実行されるようなチャンスであること）

を数値的に表すことを奨励しているが，限られた時間のワークショップに中で多数者が同意することと，深い意図を持って提示された要求が満足されることは別である．さらに，ワークショップで得られたシナリオが後に実現されるかどうかは，分けて考える必要がある．IMDJにおいては，このうち要求が満足されたことを表す指標として参加者から支払われた金額を採用し，後に実現されやすい度合を表す指標としてアクション・プランニング（第5章）において得られる実

現所用時間やコスト，見込み収益を採用している．

しかし，アイデアの良し悪しそのものを単独に評価するのではなく，それを提案し議論する人々の相互作用についての評価指標を採用している点は，PUG指標を発展させて現在のIMDJがあるということができる．この意味で，本章に述べたIMDJの流れはプロセス前半と位置づけ，第5章のアクション・プランニングでさらにこのシナリオ評価指標が具体化されることに注意が必要となる．

## 付録B：キーグラフ(KeyGraph®)の処理手順

キーグラフではデータDを{basket1, basket2, basket3, … basket$m$}のように集合で与え，以下の手順によって島（データ中で共起する高頻度の要素群からなるかたまり）とハブ（頻度が低くてもデータ全体を支配する潜在的構造にとって重要な要素）を抽出する．basket$j$は，まとまって現れる要素の集合であり，要素とは，POSデータにおける商品アイテムや，文章における単語のように，データを構成する実体のうち最小の単位を表す．図3.13も参照のこと．

1) 指定されたノイズ要素をDから削除する．
2) **島の抽出**：まず，頻度の高い要素を上位から一定個数（$M_1$個とする）取り出して黒いノードとして可視化する．その中で，共起度（後述）の高い上位$M_2$対の2語ずつを実線で結び，共起グラフを作る．この段階の図で，実線の連結部分グラフ（含まれる語のうち，どの2語も間に実線リンクからなるパスが存在するような塊）を「島」とする．
3) **橋の抽出**：D中の各語$w$について，1）で取り出した各島gの中のいずれかの語と同時に出現する共起度（後述）を$f(w, g)$とし，$f(w, g)$の値が上位となる$w, g$の$M_3$対だけ「橋」とする．
4) **キーワードとハブの候補抽出**：D中の各語$w$について，3）の橋すべてを介する島$g_i$との共起度$f(w, g_i)$の和（正確には足し算で得られる和ではない）をkey($w$)とする．key($w$)の上位$M_4$語の集合をキーワード候補集合Kとする．Kのうち1）の高頻度語に含まれないものは赤ノードで描く．Kのうち特にkey値の高いものをユーザの指定した上位$M_5$個をハブとする．これらの「キーワード」と呼んでノードにハイライトするマークを付けることもある．
5) **図の完成**：K内の各語$w$と，3）で得られた橋で結ばれる島$g$を点線で結ぶ．ただし，橋の$g$との接点は，図中では$g$のうち$w$と最も共起文数の多い語

$w_o$を選んで$w_o$と$w$の間に点線をひくことにする．ただし，点線を引こうとする位置にもともと実線があれば，点線は追加しない．

以上のうち，$M_1, M_2, M_3, M_4, M_5$は，ユーザが指定することのできる値としてある．この点は，チャンス発見というプロセスの中でユーザが自分の主観を積極的に利用しながらキーグラフの図を改訂しながら用いるための特徴である．既に述べてきたように，チャンス発見において重要な役割を果たす主役はキーグラフを動かすコンピュータではなく，これと人とのインタラクションである．そのため，出力図を見ては$M_1, M_2, M_3, M_4, M_5$を指定しなおすように改良し，単に頻度が高いせいで共起グラフの構造をみえにくくしている語は適宜1）の「ノイズ」として省くなどの操作も簡便にできるように作り直している．

語と語，あるいは語と島の共起度については，Jaccard変数，相互情報量，overlap関数などでの定義に入れ替えて用いることも可能であり，データによってどの共起度がふさわしいかという適性が変わるような場合に適応可能となっている．

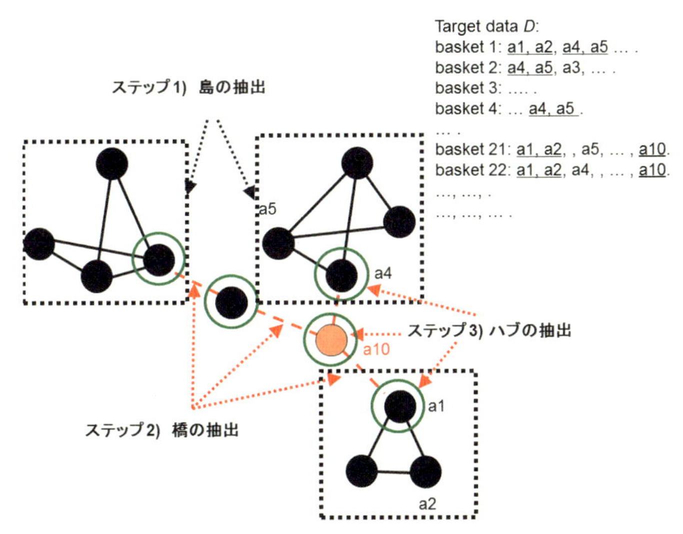


図3.13 キーグラフの構成：a10のノードと，点線で表されたノード間の線は赤色で出力される．

# 第4章 データジャケット

データジャケット（DJ）は，一言でいえば「データ提供者の都合を反映して書かれたメタデータ」である．データの題名，その概要，変数の意味をDJに書き込んでゆくことは，データ提供によって何を期待するのかを主張することに相当する．このことは，前章に述べたDJマップの質を高めるためにも本質的なポイントである．本章では，積極的に主観的な記述をするDJ作成の意義と方法を説明し，データ提供者が自分の意図と制約に気づいてゆくメタ認知の効果にも触れる．

## 4.1 データについての情報

データ市場とは，ステークホルダーの利益を追求する知性が，商材として扱われるデータのスマートさと結合する場であることは第2章で述べた．本章では，データ市場においてステークホルダーの知性とデータに関する知識を交換する技術について解説する．

データ利活用とデータに基づく意思決定への期待の高まりがある一方で，データの交換や利活用については，さまざまな問題が指摘されていることは第1章で述べた．特にデータ利活用においてリスクと考えられていることは，プライバシーの問題とデータ利活用の用途の不透明性である．データはコピーが容易であり，一度インターネット上に情報が流出してしまうと，完全に消去することはほぼ不可能であるという理由から，個人情報データの組合せは深刻なプライバシー侵害を引き起こす可能性があることが指摘されてきた[1]．また，利用目的が明確でない限り，個人が自身の医療情報やスケジュールを公開することはほとんどない．パーソナルデータ利活用によるサービスのメリットを消費者に提示し，理解と同意が必要となる．個人情報を含んだデータは，プライバシーの観点から他組織との共有は難しい．そのため，企業や個人はデータの公開および共有を躊躇う傾向にあるのである．さらに，パーソナルデータの利活用における各国の法制度について解釈が異なっており，統一的なルール作りや標準化には至っていない[2, 3]．組織を越えたデータ利活用への期待はあるものの，データの売買や交換を行う環境が十分でないのが現状である．

また，公開されたデータを結合し，統一的なアクセスを可能にしているLinked Open Data（LOD）においても，実用性の高いインフラとしての機能はまだまだ不十分であるといわれている．LODとしてリンクされ一般にアクセス可能なデータは，あくまでも一部の行政や研究機関において公開されているオープンデータに留まっている．そのため，個人，企業，その他の研究機関で収集・蓄積されているオープンになっていない有益なデータの存在を知るための手段がほとんどない．アクセスできないだけでなく，どのようなデータを収集し，どのような意思決定に用いているのかという情報および知識でさえ入手不可能である．

以上のように，保有するデータおよび組織や分野を超えた異なる領域のデータから新しい知識を獲得し，新ビジネスの創出や価値の創造という潜在的な可能性への期待は高まっている一方で，データ管理コストやセキュリティ，プライバシー，法制度の観点からさまざまな問題が指摘されていることが理解できる．また，異分野のデータ結合による知識発見が期待されているものの，実際は異なる分野のどのようなデータが結合可能であり，どのような仮説を検証できるのかという知識は確立されていない．そこで，データの公開・共有を強制するのではなく，自由市場の原理で利用者が必要なデータを選び，所有者と交渉の末に入手できるプラットフォームおよびデータ市場の発展が期待されるのは自然なことである．

本来，市場とは商品の提供者と消費者の間での「提案」と「評価」というコミュニケーションを行うイノベーションの場である．このような市場の原理をデータにも適用し，データ利活用によるイノベーション創出の場こそが「データ市場」である．データを商材と見なし，自由市場の原理からデータの価値について検討することで，データ保有者（提供者）や利用者がデータについての理解を深めるコミュニケーションを活性化する．これらにより，適切にデータの交換や売買が行われる場が創出できると考えられる．しかし，データに関する情報や知識が入手困難である現場では，データ保有者とデータ利用者，そしてデータ分析者などのデータ市場に関わるステークホルダー間のコミュニケーションが十分に行われることは期待できない.

このような問題から, Microsoft Azure Marketplace, CKAN, KDnuggets, 言語処理情報ポータル, datahubといった, データに関する情報を共有したり, データを売買・交換するWebを中心としたプラットフォームがデータ市場の一形態として登場してきた. しかし, データの表層的な情報を陳列するだけでは, データ提供者と利用者の間でのコミュニケーションが活性化し, イノベーションの場としての市場の機能が有効に働く環境としては不十分である.

以上の議論を踏まえ, データ利活用における諸問題を整理し, それぞれの障壁に対するアプローチについて考えてみたい. まず, データに基づく意思決定のためには, データについての情報を知る必要がある. 特に, 組織間のデータ交換(エクスチェンジ)においては, 世の中にどのようなデータが存在し, 誰が保有しているのか, どのように収集されたのかという情報を知ることが必要である. 続いて, データの利活用方法についてステークホルダー間(データ保有者や利用者)で議論する場を設定する必要がある.

本章では, データ市場において最も重要である, データに関する情報を交換するための技術として開発された「データジャケット」について説明する.

## 4.2 データ説明情報の基本要素

データの組合せから新しい価値を導くという期待はあるものの, 異種のデータの組合せは客観的な解釈を難しくさせることが指摘されている[4]. また, ボイド(D. Boyd)らはそれぞれのデータのサンプルの意味を考慮しなければデータの量は無意味であるとし, ビッグデータ自体ではなく, さまざまなドメインに蓄積されているスモールデータの価値を理解することの重要性を述べている[5]. すなわち, データ利活用においては, 個々のデータへの理解と適切な組合せから導かれる仮説の設定が重要となると考えることができる. しかし, データの組合せは膨大であり, データが増加すれば導ける仮説も指数的に増加するため, これらのスモールデータ群のあらゆる組合せを考慮することはきわめて困難である.

2013年から著者らは, データ自体は秘匿にしたまま, データに関する情報を共有するための技術として, データジャケットを提案している. データジャケットとは，あるデータがどのような情報を有しているのかを説明するための概要情報，すなわちメタデータである．データジャケットはCDやDVDのジャケットから着想を得たコンセプトである．CDやDVDは購入しないと中身の音楽や映像は閲覧することはできない．しかし，ジャケットにはアーティスト名や映画の出演者，コンテンツの長さなどのコンテンツに関する説明文が記述されている．ジャケットに記述された説明文を読むことにより，中に入っているコンテンツについて理解し，価値を理解することができる．データジャケットとはデータのジャケット（上着），すなわち中身を隠しつつデータの価値をアピールする情報である．

データ本体は購入などにより入手しなければ閲覧することはできないが，ジャケットに書かれた中身に関する説明を読むことにより，データの中身や価値について理解することができる．データ保有者は，データジャケットによってデータ本体を公開することなく，データに関する情報をデータ利用者に理解してもらうことが可能になる．こうして理解され価値を認められたデータは，サイズが小さくても第1章末に記した**コンパクトデータ**というべきものであり，一介のスモールデータとは一線を画するものとなる．それでは，どのような情報をジャケットにすれば，データの中身について理解し，価値を考えることができるだろうか．

### 4.2.1 データの概要

テキストデータならtxt，画像データならJPEG，音楽データならmp3といったように，データはさまざまな形式（拡張子）で保存されている．しかし，テキストテータだけでは，何のテキストテータであるのか判断することができない．新商品に関するアンケートのテキストデータかもしれないし，論文を書くためのメモかもしれない．そのデータが何を表しているのか識別するため，データには通常名前が付与される．「論文メモ.txt」などのように名前を付与すれば，データ作成者あるいはデータ保有者はそのデータが何を表しているのか理解することができる．しかし，「論文メモ.txt」という名前のデータは世の中に無数に存在する．おそらく読者の中にもこのような名前のデータを自身のパソコンに保存しているあるいは作成した経験がある者がいるに違いない．さらに，ファイル共有のためや備忘録として，詳細なコメントを追加することがあるかもしれない．

しかし，タイトルやコメントだけでは，他者がデータについて理解するのに不十分である．データについて知るためには，タイトルやコメントの他に保存容量やフォーマットといった情報が必要なのである．たとえ有用なデータでも，分析に使うデバイスの保存容量をオーバーするようなデータでは利用できない．また，データがどのような形式で保存されているのかということを表すフォーマット（拡張子）についての情報も，分析ツールを利用するのに不可欠な情報である．分析ツールにはそれに対応した拡張子やデータ形式しか受け付けないものも存在する．データに分析ツールを適用することを考慮すると，データについて理解するためには，データの保存形式やデータのタイプが重要であることが分かる．

以上に見たように，データにはデータに記述されていないさまざまな属性が存在するのである．データの概要情報であるデータジャケットを語る上で，データを説明するための属性は非常に重要な概念であるため，ここではこの属性についてもう少し詳しく説明しよう．例えば，本章の著者は「早矢仕晃章」という名前を持っている．そして，生年月日は1988年8月1日である．しかし，私という人間の身体をどのように調べても（たとえ遺伝子レベルで調査したとしても），生年月日は推定できても名前などの情報は記載されていない．名前などの情報は，その人間に付与されている属性情報なのである．データについても同じことがいえる．データ自体にはデータの名前やデータの容量についての属性情報は記載されていない．これらはデータとは別に，メタデータという形で保存されているのである．メタデータとは，データに関するデータのことである．言い換えると，データに付随しているデータ自体を表すデータのことである．先ほどの人間に付加された生年月日や名前，出身地といった情報と同様に，データを表すためのデータがメタデータである．

メタデータについて，もう一歩深く考えてみることにしよう．動画共有サイトYouTubeで気になる動画を検索している状況を想像してほしい．あなたはどのように目当ての動画を探すだろうか．おそらく，その動画に関連するキーワードを入力するに違いない．動画のデータは，動画の画を表す色やピクセルの位置，音情報の時系列などが文字列で表現されたものである．このデータのみから，その動画が何を表しているのかということを理解するのは，人間には困難である．そのため，動画に付与されたタイトル，動画のタグ情報，アップロードした人のコメントなどに含まれる単語から抽出された動画に関する情報を頼りに目当ての動画を発見しなければならない．

データをメタデータとして収集することによって，異なる要素を含んでいるデータを統一的に扱うことが可能となる．例えば，すべてのデータに「タイトル」というメタデータが付与されていれば，私たちはさまざまな形式，さまざまな内容のデータであっても，検索することが可能である．また，「サッカー」というキーワードを含んでいる動画を検索したい場合は，そのキーワードを含み，かつ動画の拡張子（フォーマット）で保存されているデータが発見できるのである．つまり，メタデータはデータについての人間の理解を容易にする方法でもあるのである．メタデータにはさまざまな種類があり，時々刻々と新しいメタデータが生み出されている．また，同じデータでも，データのタイトルや保存形式，付与されるタグ情報は利用者によって異なる．同じサッカーに関する動画でも，ある人は選手に着目したタイトルやタグを付けるかもしれない．一方で，他の人はサッカーの試合が行われた会場に着目し，その国に関する動画タイトルやタグを付ける可能性もあるのである．生成されるデータの数や含まれる情報量が増大すると同時に，メタデータもより細分化され，細かくなってゆく．

データの概要情報として，説明文がメタデータとして付与されている場合が多い．サッカーの動画を例にすると，タイトルやタグだけでなく，「サッカーの歴史に残る！日本代表の神がかったシュートの動画を集めました．」という説明文が含まれているほうが，動画を再生しなくてもその動画がどのような動画であるか概ね理解することができる．また，「天候情報」というタイトルのデータが存在するとき，これがどのような天候の情報であるかを理解するためには，詳細なデータに関する説明が必要となる．「気象庁が収集した過去100年に渡る日本の気象現象に関する情報が含まれている．日時と位置情報に加え，その場所における天気と気温が記載されている．」という説明文が付与されていれば，このデータがどのようなデータであるのかを理解することは容易だろう．データの概要情報であるデータジャケットでは，データがどのようなデータであるのかという説明文を「データ概要」と呼んでいる．データ概要はデータジャケットの中で最も記述量が多く，データの特徴を表し，人間がデータの内容を理解するのに適当な項目となっている．

構造化されたメタデータを用いた先行研究として，論文の著者情報を用いた文献検索システムやDBpedia研究など，記事に付与されたメタ情報を用いた検索システムが挙げられる．これらの情報の推薦には，主に論文のアブストラクト，引用文献，または記事の概要・カテゴリなどの構造化された情報の一部を用いて検索効率と精度を上げる試みがなされており，自然言語で書かれた説明文（データ概要）はさまざまな検索システムに用いられている．また，度々紹介しているKDnuggetsなどのデータポータルサイトやThe Humanitarian

Data Exchange，DATA.GOV.UKなどの行政のオープンデータポータルでは，データに関する情報の検索システムに自然言語でのクエリ入力によって関連するデータに関する情報を検索する仕組みを導入している．さらに，次章の5.5.1項で紹介するデータジャケットの検索システムDJストアでも自然言語でのクエリ入力により，データ概要を検索対象とした検索システムが提案されている．以上のように，データの説明文であるデータ概要はデータジャケットの中でもデータについて理解する上で重要な役割を果たす．

データの概要情報であるメタデータには，データのタイトルやデータ概要があることを説明してきた．上述したデータに関する情報には，データの保存形式（フォーマット）やデータのサイズなどのさまざまなものが存在する．特に，データ利活用の文脈では，異なるデータを連結することで新しい価値を生み出し，意思決定に役立てることが求められている．データの結合のためには，結合するデータとデータを関連づける変数，すなわち結合面が一致している必要がある．データの連結には，この「変数」について考えなければならない．次節では，データの中身そのものであり，データ同士を連結するために避けては通れない「変数」および「変数ラベル」について述べる．

### 4.2.2 変数ラベル

変数はデータの中身であり，データを構成する要素そのものである．パラメーターと呼ばれる場合もあるが，本書では「変数」と呼ぶことにする．具体的には，変数とはどのようなものなのだろうか．日本の天候データを例にして考えてみよう．日本の天候データの中には，地域の名前が含まれている．例えば，東京，北海道，愛知などの地名または，データの細かさによってはさらに区や市町村の粒度で地域名が含まれていることもある．このとき，「地名」が変数であり，「東京」，「北海道」，「愛知」が変数の値となる．もう一つ例を見てみよう．天候データには，その地域におけるある日にちにおける最高気温，最低気温，天気が少なくとも含まれているはずである．その場合，「日時」が変数であり，「2016年4月1日」，「2016年4月2日」は変数の値となる．「天気」が変数であれば，「晴れ」，「曇り」，「雨」は変数の値である．

天候情報などのデータでは，「気温」，「天気」，「地名」といった一般に知られている既知の変数が含まれており，理解することは容易である．しかし，データによって変数はさまざまであり，データ収集者の意図や思想が大きく反映される．例えば，災害時の避難情報をまとめたデータに含まれる「危険度」という変数は，「災害時の活動困難な度合いを項目ごとに評価した値を考慮した総合危険度」という意味を有している．また，自動車製造工程に関するデータでは，「乗員への加害性側面衝突試験：横からの衝突に対する乗員への保護性」という高度に専門的な変数が含まれている．データジャケットでは，このようなデータ固有の変数に関して自然言語によって記述された説明文を「変数ラベル」と定義している．

データ分析とは，データに含まれる変数の値の集合を入力とし，あるルールに従って組合せたり変換したりすることによって，出力結果を得るプロセスである．実際のデータ分析の段階ではデータ内の変数の値に対して分析ツールを適用し，値を変換して学習や可視化などの結果を得ることとなる．特に前節で述べたように，異なる分野におけるデータ利活用においては，データの中には個人を特定する情報が含まれている場合があり，特に実業界において秘められた有用性が期待されるようなデータ内の変数の値を容易に公開したり，共有したりすることはほとんど不可能である．さらに，さまざまな分野を横断したデータの入手にはコストが生じる．高度なセンサーの利用やデータのプライバシーおよびセキュリティの観点から，良質なデータの価値は高くなり，価格は高騰する可能性がある．また，複雑なデータであれば複数の分析手法を検討した上で，時間をかけて分析結果を解釈することが必要である．すなわち，意思決定の判断材料となる情報の分析，その結果の利活用などのあらゆる行動などのすべての行動にはコストがかかる．そこで，事前にどのようなデータを入手し，どのような分析によってどのような仮説が検証できるのかというシナリオを立て，評価することが重要である．

データジャケットにおける変数ラベルを用いることによって，データ内の変数の値を秘匿にしたままデータ分析の方法を議論することができる．つまり，データ分析の方法を議論する段階においては，変数ラベルが重要なのである．

例えば，ある地域における天候情報に含まれる変数ラベル「日時」,「地域」,「最高気温」,「最低気温」とあるスーパーマーケットにおけるビールの売上データに含まれる変数ラベル「日時」,「売上」,「個数」,「銘柄」があったとする．このとき，共通する変数ラベルである「日時」を基準とし,「最高気温」と「売上」あるいは「個数」を組合せてみると，「最高気温の推移とビールの売上は相関関係がある可能性がある」という仮説を立てることができる．すなわち，データ自体は秘匿のまま，データの変数ラベルの組合せを議論することで大まかな分析プランを立てることが可能となる．

メタデータからデータ同士の結合を行う試みは従来から行われてきた．例えば，行政が二次利用を許可した形で公開するオープンデータをResource Description Framework（RDF）という記述言語で表現することで，メタデータを介して各データベースに含まれるデータに統一的にアクセスする環境の構築を目指している先述のLODについて研究が盛り上がっている[6, 7]．政府統計の総合窓口e-Statなどのポータルサイトで有名な統計データとメタデータ交換関連研究の分野では，データに統一的にアクセスするためのXMLベースの情報モデルを用いて，さまざまなデータに含まれる変数の組合せから統計解析を容易にするためのAPIやメタデータ記述方法を提供している．以上のように，膨大なデータを相互運用可能な形で取り扱い可能にする技術として，データの中身やデータの意味を計算機にも理解可能にするセマンティクスが期待され，研究が進んできている．しかし，それらはデータが公開あるいは共有可能であることが条件となっており，異分野のデータ統合を前提とした議論に留まっている．本書で扱うデータジャケットなどのデータ利活用方法検討支援技術は，データが公開されていない状況における異なる領域間のデータ共有の促進，そして新たなデータ収集支援について言及している点でLODとは異なっている．

また，LODでは，変数の名前を述語（predicate）として，変数ごとに統一した語彙の利用を推奨している．しかし，実際に行政が公開しているオープンデータのほとんどは変数の名前に自然言語を用いており，語彙の統一は図られていない．例えば，変数の名前である「住所」と「所在地」，「人口」と「人数」は同じ意味であるが異なる語彙で表現されている．厳密に定義した語彙をデータに適用するには，データ収集者の背景知識および収集意図を考慮する必要があり，これらの作業には膨大なコストと人手がかかることは容易に想像できる．

schema.org（スキーマ・ドット・オルグ）は非常に興味深いプロジェクトの一つである．このschema.orgは，Google，Yahoo!，MicrosoftがWebの改善を目的として推進している構造化データの仕様を策定する取組みである．schema.orgにおけるスキーマとは，HTMLタグを表しており，世の中に存在するあらゆるWebページ内の情報を構造化するためのタグを提供することを目標としている．例えば，「大学」であれば「教育組織（Educational Organization）」に含まれている．このようなタグをHTMLなどのマークアップ言語に入れ込むことでWebページ内の内容を構造化することで計算機（コンピュータ）の可読性を高めることができる．この仕組みによって検索エンジンの機能の高度化が実現するようである．

しかし，日々生み出される膨大なWebページやデータすべての統一した語彙を設定することは非常に困難である．さらに，世の中にある全ての事象やデータを分類することも困難をきわめることは容易に想像できる．また定量的なデータだけでなく，アンケートにおける自由回答のように，定性的なデータも数多く存在しており，定義されている語彙数以上の多様な種類の変数が世の中には存在している．つまり，世の中にある全てのデータに統一した語彙を付与することはほとんど不可能である．たとえ行政のオープンデータで変数名の語彙統一が可能であったとしても，企業や個人の秘匿された全てのデータに対して適用可能にはなりにくい．そこで，変数の意味を表す変数ラベルはデータ収集者の意図や思想が大きく反映されるため，データジャケットは，変数ラベルは現実には完全な統一は不可能であるという前提に従って設計されている．つまり，人間がデータに含まれる変数の意味を理解可能とするため，データ固有の変数に関しての説明を自然言語によって記述することを許容する．

また，第3章で述べたように，データ保有者は自身のデータに関する情報において，公開可能な部分のみを記述し，自身のデータをDJとして登録する．つまり，変数ラベルについても全てを公開する必然性はまったくない．DJに記述される変数ラベルのうち，公開する変数名はDJ公開変数と呼んでいる．これはデータの中身まで公開する公開変数とは異なることをここで再確認しておきたい．しかし，DJ公開変数が全く含まれないDJの登録では，データ利用者やデータ分析者がデータの組合せや分析方法を議論する上で不十分となり，データ保有者にとっては機会の損失となってしまうかもしれない．つまり，DJ公開変数は，データ利用者やデータ分析者がデータの組合せや分析方法を議論し，データの利用価値を発見することが可能である程度の公開が望ましい．

### 4.2.3 共有ポリシーと期待効用

McKinsey Global Instituteが2013年に，Open data: Unlocking innovation and performance with liquid informationなるレポートを公開したことは第1章にも述べた[8]．図4.1はさまざまな解釈ができるかもしれないが，オープンデータ以上に秘匿データのほうが膨大であり，リソースとしての価値の可能性がある.

現在，世界にはさまざまな形式で保存されたデータが存在するが，これらのデータは2種類に大別できる．オープンデータなどの一般に共有可能なデータと，売買や交渉により共有される可能性のある秘匿（private）データである．共有可能（public）データはWeb上に公開されていたり，情報開示を求めれば必要に応じて入手可能な状態にあるデータを意味する．一方で，共有できないデータとは，売買や交渉が必要であったり，公開によるリスクを考慮して共有されないデータを指す.

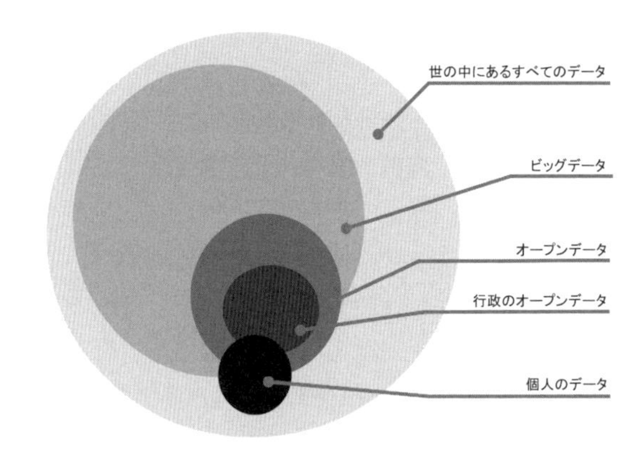


**図4.1 オープンデータと他のデータとの関係（出典：[8] を元に作成）**

国や地方自治体では，データ利用の制限を緩和し，ビジネスや新規サービスのために役立てる，オープンデータの取組みが盛んに行われてきていることは先に述べた．LOD研究では，先述のRDFとクエリ言語であるSPARQLを用い，行政のオープンデータやWeb上に公開されているデータに統一的にアクセスできる環境の構築が進められている．一方で，ビジネス機会の損失やセキュリティ，個人の識別性の問題などから，企業や個人などのデータは基本的に公開されていない．さらに，それらがデータの管理コストやセキュリティを考慮した上で適切に共有できる環境は確立されておらず，データに関する情報でさえ入手が困難な状況にある.

データジャケットはデータ自体は秘匿とし，データの概要情報のみを公開可能にするメタデータ記述方法を提供している．そのため，オープンデータに限らず，世の中に存在し，人間が認知できるありとあらゆるデータに適用可能となっている．データジャケットには，データを他者に提供する条件を記す共有ポリシー（sharing policy）の項目がある．共有ポリシーとは，共有条件ともいわれ，データが共有可能であるかどうかについての説明を意味する．共有可能データの代表格は，オープンデータであろう．一方で，個人の医療情報や企業の顧客情報は共有できない，あるいは共有には交渉が必要な場合があるだろう．また，データの中には，購入により入手可能なものも存在する．以上のように，共有ポリシーには，データを他組織と共有する上での条件が記述される項目となっている．

ここで，一つの研究結果を紹介しよう．一般的に，「無料のものよりも有料のものの方が質がいい」という先入観が存在する．例えば，街頭で設置されているフリーペーパーよりも，書店でお金を払うことで入手できる情報誌のほうが情報量が多く，信頼ができるといった考えである．いくつかの分野において，この考えは成立し，正しい場合はあることは読者の皆様も経験的に知っているだろう．

では，データにおいてはどうであろうか．データにおいても同様に，無料で入手可能なデータよりも有償のデータ（あるいはクローズドデータ）は質が保証されているという先入観があるかもしれない．それでは，実際にデータ市場において，一般に共有可能なデータと共有できないデータのどちらのほうに利用価値あると認識されるのだろうか．

先に述べたように，共有条件にはさまざまな種類があるが，これらを共有可能データ（Public Data）か共有不可能な秘匿データ（Private Data）の2種類に分けることができる．Public DataはWeb上の公開サイトや，情報開示を求めれば入手可能な状態にさらされたデータを意味する．一方で，Private Dataとは，売買や交渉が必要であったり，公開によるリスクを考慮して共有されないデータを表す．

2016年に筆者らによって行われた研究では，データジャケットとして登録されている909件のデータの共有条件をPublic DataとPrivate Dataで比較し，実際のデータ利活用方法検討においてどちらのデータの利用期待度が高いかを調査した[9]．**利用期待度**とは，データの利活用に対する期待の程度を表し，Web上に掲載されているデータジャケットの閲覧回数およびデータ利活用方法検討ワークショップIMDJでソリューション創出に用いられた回数から算出される．図4.2にあるように，行政や公的機関が公開するオープンデータなどのPublic Dataの登録数が最も多く，495件のデータジャケットが登録されている．一方で，商用データや共有には交渉などの条件が必要となるPrivate Data

の登録数は343件となっている．また，データの共有条件が記載されていないものが71件ある（データジャケットの記述は，データ保有者が記入可能な情報のみを記入する形式となっているため，いくつかのデータジャケットには共有条件が記載されていない）．以降，共有条件が記載されているデータジャケットについて議論を進めていく．

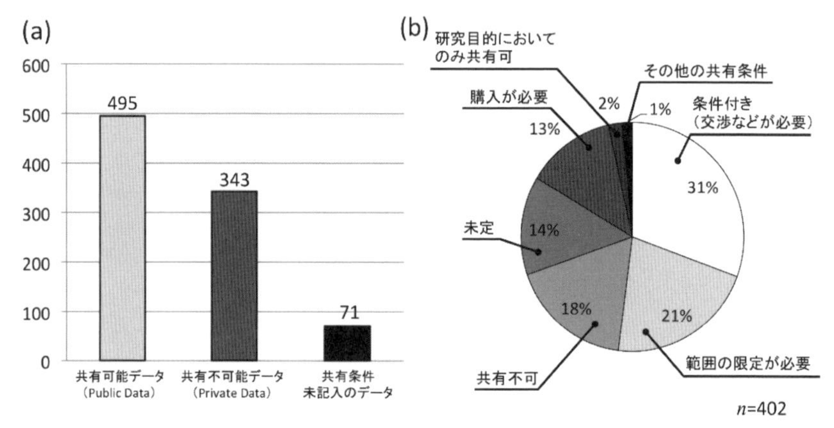


図4.2　データジャケットにおけるPublic DataとPrivate Dataの内訳

図4.2の右の円グラフはPrivate Dataの内訳を示している．例えば，「研究目的においてのみ販売する」など，一つのデータで複数の共有条件を持っているも存在するため，グラフではn=402となっている．条件付き（交渉などが必要）のデータであるデータが最も多く，123件存在した．続いて範囲を限定して共有可能なデータ86件となった．71件は社内での利用を想定しているなどの理由により共有不可能なデータとなっている．14%は，共有できないが詳細な条件については未定であるデータとなっている．また，注目されるのは，すでにデータ市場において価格が決定しているデータは52件（全体の13%）あり，売買により一定の価値が認められているものも存在することである．新聞記事のデータやテレビ番組のメタデータなどがすでに販売されている．

この研究では，データジャケットを公開しているWebアプリケーション（DJストア）の閲覧履歴からユーザがPublic DataとPrivate Dataのどちらを注目しているのかということを比較することで，データの利用期待度を測定した．結果として，Public Dataの閲覧回数は1件あたり1.8回，Private Dataの閲覧回数は1件あたり約4.3回と，Private Dataのほうがおよそ2.5倍多く閲覧されており，ユーザはPrivate Dataの方に興味がある可能性が示唆された．

さらに，実際のデータ利活用方法検討の場におけるデータの利用期待度を比較するため，IMDJにてソリューション創出に用いられたPublic DataとPrivate Dataの利用回数を比較することによって，データの利用期待度を測定する実験も行った．その結果，Public Dataの利用回数は1件あたり0.4回，Private Dataの利用回数は1件あたり約1.2回と，Private Dataのほうがおよそ3倍多く利用されていることが分かった．閲覧履歴と同様に，IMDJにおいてソリューション創出に用いられたデータジャケットにおいても，Private Dataの利用回数が有意に多いことが確認されたのである．この実験では，データジャケットに記載されているデータの共有条件をユーザおよびIMDJ参加者に提示していなかった．すなわち，ユーザおよびIMDJ参加者はPrivate Dataであることを事前に知らずに，自身の興味のあるデータを閲覧，あるいは利用価値の高いデータであるとしてソリューション創出に用いているということになる．

以上の結果より，一般に共有が困難なデータほど，利活用方法を提案する上で有益なデータである可能性が高いということが分かる．つまり，オープン化できないデータほど，提案者および利用者にとって問題解決および新ビジネス創出において有用性が認められる可能性が高いということである．さらに，データに関する情報を検索するユーザの検索行動においても，一般に共有不可能なデータの閲覧数のほうが高いという傾向から，共有が困難なデータのほうがユーザの興味・関心の度合いも高くなる可能性があることが分かったのである．

また，データの共有条件について別の興味深い事例が報告されている．第3章で述べたように，IMDJは，データの利活用方法が検討され，データの利用価値を策定するプロセスを有している．つまり，データ利用者の要求を満たしたソリューションを構成するデータジャケットから，データの利用価値が認められたり，データに適用する新しい分析ツールが提案されるなどの成果が得られている．例えば，街路灯のデータとGoogle Mapsの地図データを組合せることで「Google Mapsと街路灯の位置情報を組合せることで夜間に安心・安全なルートを推薦するアプリケーション」というソリューションが創出され，実際に行政との交渉の末，非公開のデータを入手した事例が報告されている（本事例は次章で詳細を説明する）．また，高経年化原子力システムの安全性を議論するIMDJにおいて創出されたデータ利活用案（ソリューション）を見たデータ保有者は，該当データを共有するための有益な情報（所有者や入手方法など）を新たに提供する傾向が見られたのである（第2章参照）．以上の報告をから，データ利用者および提案者の一般にオープンにされてないデータ利活用への期待，そしてデータ保有者は自身の保有するデータ利用方法を知りたいというニーズが存在することが分かる．IMDJワークショップによるデータ利活用方法の提案により，データ保有者が自身のデータの利活用方法を認識すれば，積極的なデータの交換または売買が行われ，さまざまな産業におけるイノベーションに資するデータ市場が活性化する．

## 4.3 データジャケット（DJ）の作成

前節で述べたように，データジャケットとは，あるデータがどのような情報を有しているのかを説明するための概要情報，すなわちデータのデータ（メタデータ）である．CDやDVDのように，データ本体は購入などにより入手しなければ閲覧することはできないが，ジャケットに書かれた中身に関する説明を読むことにより，データの中身や価値について理解可能にする方法である．例えば，そのデータがどのような形式のもので，誰がどのような意図で収集したのか，またデータ収集にかかったコストや期待する分析成果などを理解することが可能になる．さらに，データジャケットとして記述されたデータに関する構造化された情報に対してテキストマイニングのツールを適用することにより，人間だけでなく計算機においても可読となり，データの関連性を可視化することも可能となる．

つまり，さまざまなフォーマット，異なる粒度の変数ラベルを有するデータを共通の記述ルールによって構造的にメタデータ化することで，さまざまな形式で存在するデータを統一的に扱うことができるようになる．例えば，DJに可視化手法を導入することにより，データ同士の繋がりを共有条件や変数ラベルから理解することができ，仮説の生成を支援することが可能となる．

前節では，データの価値を理解するための情報の基本的な構成要素について，データの「タイトル」，「データ概要」，「変数ラベル」，「共有条件」について説明した．データの概要情報には，その他にもデータの保存形式（フォーマット）やデータの種類，収集方法など，さまざまな情報が有りうる．DJでは，データ概要，変数ラベル，共有条件の他にデータについて説明するための情報として，保存フォーマット, データの種類, 収集方法など以下の12項目の記述項目を提供している.

1. データのタイトル
2. データの概要説明
3. データの所有者とその所在
4. データ収集方法やコスト
5. データの共有条件
6. データの種類(時系列, 画像など)
7. データの保存形式(txt, csvなど)
8. データが含む変数ラベル
9. 分析・シミュレーションプロセス(データ分析を支える仮説・理論など)
10. 分析・シミュレーションプロセスの結果
11. 分析・シミュレーションプロセス以外に期待する分析
12. 自由記述(データに関する補足事項)

データ保有者は以上の12項目の中で, 公開可能な部分のみを記入し, DJを作成する. 本節では, 2016年5月現在, データジャケットサイトで提供されているデータジャケット入力フォームに含まれる以上の12項目のメタデータについて, DJの入力手順とともに説明する.

### 4.3.1 データ所有者による入力

データ市場において, データを提供する関係者は, データ保有者である. データ保有者は, 個人あるいは法人などの組織を意味する. データを所有するあらゆる個人・企業・研究機関がデータ保有者になりうる. データ市場における主要プレイヤーの一人であるデータ保有者は, 自身が所持するデータを市場に提供する役割を持っている. しかし, データ本体の公開はリスクが高い. そのため, 自身が保有するデータをDJとして提供することが, データの価値策定と取引の場であるデータ市場においては望ましい.

ここで, 第2章と第3章で示したデータ市場および主要なプレイヤーについて整理しよう. データ利活用方法検討ワークショップIMDJおよびアクション・プランニングでは, データ市場に関わるプレイヤーの最小単位としてデータの「保有者」,「利用(消費)者」,「提案者」が存在する. 保有者は自身が保有するデータを提供しようとするプレイヤー, 利用者はデータを活用したいと考えているプレイヤー, 提案者はデータの利活用方法を提案するプレイヤーである. ワークショップ中, 参加者は利用者, 提案者, データ保有者を兼任し, データ利用者の立場からは, 自身が意識している問題を提起し, 他の参加者に要求を出す. 続いて, 提案者の立場からは, 利用者の要求を深堀りしながらDJに記述された情報を読み解き, データを用いた問題解決案(ソリューション)を提案する. これらのコミュニケーションにより, データ保有者は自身のデータを公開することなく, 活用方法を知ることができる. IMDJおよびアクション・プランニングによるデータ利活用シナリオにより, データの利用価値や市場性評価が可能となり, データの売買や共有を行う市場形成が期待できる.

| DJ No.XX【東京都の街路灯管理データ】 | |
|---|---|
| 概要 | 東京都が管理する都道における街路灯の設置・管理に関するデータ |
| 収集方法・コスト | 街路灯を設置した会社との共同作業によるデータを取得. 入手には都庁の事務所に相談が必要 |
| 共有条件 | 条件・交渉により共有可 |
| データの種類 | 表形式, テキスト, 数値 |
| 保存形式 | CSV |
| 分析・シミュレーション | ・地図へのマッピング<br>・地域あたりの明るさを算出 |
| 変数ラベル | 照明種別, 管理番号, 柱種, 適合ランプ, 町名, 番地, 号, 緯度, 経度, 光束, ランプ等級, 器具電力, 色温度, 全光束, 演色性, 定格寿命 |
| 分析結果 | 定格寿命を考慮した効率的なメンテナンスとランプ交換タイミングをアラート |

図4.3 DJの記入例

DJはデータを保有者が自身の意思で記述することを原則としている. また, 国や各自治体の統計データや, 個人が公開している研究データなど, すでにWebなどに一般公開されているデータについては, 一般の参加者が入力してもよい. その際はデータの所在などをURLで明示する必要がある. 著者らは, 実験的にDJの入力フォームを開設し, 専門家やデータサイエンティストなどから広くDJを収集している. データ保有者は自身の保有するデータに関する情報において, 公開可能な部分のみを記入し, DJを作成する. 図4.3はDJ入力フォームを元に作成されたDJの一例である.

### 4.3.2 データジャケットの記入プロセス

DJは現在，東京大学大澤研究室ではDJを一般に集めるデータジャケットのポータルサイト（https://sites.google.com/site/datajackets/）にて登録可能となっている．

1. データのタイトル
   データには名前が付与されている．データのタイトルとは，データの存在を一意に決定するラベルに相当する．DJとして登録されているタイトルには，例えば「金融システムレポート」，「火災実験データベース」などがある．しかし，タイトルだけでは，人間の同姓同名のようにデータを一意に定めることができない場合がある．そのため，DJではデータのタイトル以外に概要や含まれる変数ラベルなどを収集している．
2. データの概要説明
   データの概要説明とは，データについて説明するための文章を表す．タイトルだけでは表せないデータを特徴づける説明文となる. DJ登録の記述ルールにおいては必須条件ではないが，データがどのような情報を含んでいるのかを説明し，データ保有者が自身のデータやその収集意図をデータ利用者やデータ分析者などのデータ市場の他のプレイヤーに理解し，利用方法を考案してもらうために重要な情報となる．
3. データの所有者とその所在
   データを保有する企業，機関あるいは個人に関する情報が記載される．すでに行政のサイトなどで公開されているデータについては，そのURLなどがあることが望ましい. DJをWeb上で入力でき，一部公開しているDJサイトでは，所在に関する情報まで入力可能であるが公開はされていない.
4. データ収集方法やコスト
   データをどのように収集したのか，またそれに関する付随情報を記載する．データの収集した時期や条件などの詳細情報が載っていれば，データ利用者や分析者はデータ収集者の意図を解して適切な分析方法を提案できるようになる．
5. データの共有条件
   DJはデータに関する情報を共有するための技術であるが，その背後には実データが存在する．実データは購入により共有が可能なもの，範囲を限定して共有が可能なもの，あるいはまったく共有が不可能なものなどが存在する．DJにはこのような共有に関する条件も記入することができる．

6. データの種類（時系列，画像など）
   データに含まれる変数の値の種類を記入する部分である．データには数値データだけでなく，アンケートなどの文字データ，画像，音声などの種類が存在する．この項目では，そのようなデータの特徴に関する情報を記入する．
7. データの保存形式（txt，csvなど）
   データが保存されているフォーマットを記入する．画像データにはJPEG，PNG，ビットマップ形式などさまざまなフォーマットが存在する．フォーマットによっては，適切な分析手法が適用できない場合があり，その際には適切な変換処理を行う必要がある．フォーマットの情報によって，期待する分析結果を得るためのデータの構造変換方法や適用する処理についてデータ市場参加者間で打合せが可能となる．
8. データが含む変数ラベル（DJ公開変数）
   変数ラベルとは，データ固有の変数に関して自然言語によって記述された説明文を意味する．データの結合可能性を議論する際に，変数ラベルを用いて可視化，あるいは仮説を立てる．データ自体に含まれる変数を秘匿のまま，変数ラベルの組合せを議論することによって分析のプランを立てることが可能となる．ここでは，データの変数ラベルのうち，公開可能な変数であるDJ公開変数について記述される．
9. 分析・シミュレーションプロセス（データ分析を支える仮説・理論など）
   データ分析とは，データに含まれる変数の値を入力とし，あるルールに従って組合せ，変換することによって，出力結果を得るプロセスである．ここでは，DJとして登録するデータがどのような実験や理論的解析によって収集されたのか，あるいはどのような分析プロセスを支えるために収集されたデータであるのか，具体的な理論とともに説明する．
10. 分析・シミュレーションプロセスの結果
    データ分析はデータ内の変数の値に対して分析ツールを適用し，値を変換して可視化などの分析結果を得るプロセスである．ここでは，DJとして登録するデータがどのような分析結果を期待して収集したかを記入する．
11. 分析・シミュレーションプロセス以外に期待する分析
    項目10に，データから導かれるデータ分析の結果について記入したが，ここでは，従来の利用意図以外の期待する分析方法や転用する分野についての情報を記入する．

12. 自由記述（データに関する補足事項）
上記の項目に該当しない補足事項を記入する．例えば，データが収集された背景にある社会的問題に関連する企業理念や，データを用いて分析が行われた事例の紹介（論文，ビジネス事例）などが載せられる．

ここまで読まれた読者の中には，データに関する情報の記述粒度や自然言語による記述方式の曖昧さについて疑問を持っている方もいるかもしれない．確かに，我々が通常用いている言葉（自然言語）は多義性の問題を有しており，事物の概念を一意に解釈することを困難にしている要因の一つといわれている．しかし，データ市場というのは，研究者やデータサイエンティストのためのものではなく，データに関わる全てのステークホルダーに対して開かれた市場であることを思い出していただきたい．データ市場がデータに関してさまざまなステークホルダーがコミュニケーションを行う場であるためには，市場に出回るデータに関する情報は，万人が理解できる形式で記述されることが望ましいことは明確であろう．そのため，DJの記述では，データについて理解可能にするための最低限のルール（上記12の項目）のみを規定している．

### 4.3.4 データジャケット作成によるメタ認知

データジャケットの入力は単純にデータについての情報をデータ利用者や分析者などの他プレイヤーに知ってもらう用途以外の効能がある．それには，**メタ認知**と呼ばれる人間の認知プロセスが大きく関わっている．「メタ認知」とは，「個人が自分自身の認知過程に対してはらう意識[10]」を意味する．つまり，「自分自身がどのように物事を認識しているのかということを認識する」ことである．例えば，Web上で情報を検索しているとき，ふと検索している自分の思考を客観的に考察している自分自身の存在に気づくという経験はないだろうか．また，自分自身が撮った写真や書いた文章を改めて見直すとき，自身がどのように考え，シャッターを切ったのか，または文章を書いたのかということに新たに気づくことがあるだろう．このように，自分がどのように世界を見ているのかということを認識する感覚がメタ認知なのである．

メタ認知という言葉は1970年代にフラベル（J.H. Flavell）[11]によって提唱

され，工学をはじめ，認知科学，社会科学，教育，心理学などの分野で研究が進められてきた．そのため，研究者間でメタ認知の定義およびメタ認知の特性についてはさまざまな議論と考え方がある．しかし，メタ認知の構成要素として「メタ認知知識」と「メタ認知技能（あるいはメタ認知統制）」を有していることは多くの研究者の間で見解が一致している．前者は人間の認知の特徴に関する知識であり，人間がどのような思考プロセスで世界や事象を認知し理解するのかということに関する知識を意味する．また，後者は人間の認知活動をモニターし制御する能力を意味する．メタ認知が人間の学習および創造活動に大きな影響を与えていることはいくつかの研究において示唆されてきた．先行研究では，創造的問題解決におけるメタ認知による情報処理の重要性が指摘されている．つまり，メタ認知を働かせることによって自身の思考や認知の内容に気づくことができる．

メタ認知の概念をデータ利活用の文脈で考えてみよう．データ提供者，すなわちDJを登録するデータ保有者は，DJを書く際に，まず自分自身が保有するデータについて改めて思考する．例えば，「このデータはどのような目的で収集したものであったか」，「このデータはこういう分析に使いたかったのだが，副産物としてこのような結果が得られていたな」などのデータの収集意図や前提条件を整理することだろう．そして，改めて自身の保有するデータに向き合い，それを文章で表現しようとしたとき，データ保有者（DJ登録者）は，自身がデータを収集した背景や状況，意図について思考を巡らせることとなる．DJを記述していく中で自身が何を保有するデータに期待している（していた）のか，自身が保有するデータだけでは解決できない問題の原因について考えることとなる．つまり，DJの記入ではメタ認知のプロセスが働いているのである．

### 4.3.5 データジャケットからデータの価値を導出する創造的コミュニケーション

昔からあることわざに，「三人寄れば文殊の知恵」というものがある．前章で述べたように，DJの記入だけでも，メタ認知の効果により，自身が保有するデータの使い方を文章化することで新しい使い方や従来と異なる問題解決法への転用などが期待できる．さらに，適切にデザインされた方法によって集団でのコミュニケーションは創造的になり，アウトプットの質を向上させることができる．

特にデータ市場において重要なのが，データの価値付けである．データの価値について提供者と利用者の間で合意することができれば，データの交換・売買が行われる．このような合意が広い範囲で可能となれば，データの市場が形成されたことになる．売買が促進されれば，データ保有者の重要なデータの公開や販売の動機にもつながるのである．つまり，データの市場が活性化する．

データから価値を導くためには，データ自体の中身を見ながら議論することが早いかもしれない．しかし，先に述べたように，データのプライバシーおよび個人の識別性，そしてビジネス機会の損失のリスクなどから，データ利活用案を議論する場であっても，データ自体を見せることができないという状況が存在するのである．そこで，DJを用いたデータ利活用方法の検討が効果を発揮する．第3章で説明されたInnovators Marketplace on Data Jackets（IMDJ）は，データジャケット（DJ）を用いてデータの利活用方法を検討するための，データ市場を模したゲーム型ワークショップである．IMDJでは，データ市場に関わるさまざまなステークホルダーが参加することによって，課題を表出し，それに対するデータ利活用案を創出していくことができる．DJは課題の表出とデータ利活用案の創出のための基礎情報として扱われる．それと同時に，価値を導出される対象である．つまり，DJを媒介とし，データ保有者，利用者，分析者たちが議論することで，データ利活用方法やデータの共有に関する交渉が行われ，データの価値が決定するプロセスが実現する．また，DJとして記述されたメタデータを各データジャケット間の公開可能変数を元に関係性が可視化することで，価値を判断する主体である人間の発想とデータ価値策定を支援することができる．例えば大澤らが考案したKeyGraph（第3章参照）などのツールを用いることで，図4.4のようなDJ間の繋がりを可視化することができる．これをデータ利活用のシナリオを導く図としてシナリオマップと呼んでいる．図のシナリオマップを概観あるいは詳細に見ることで，参加者らがデータの潜在的な組合せからデータの利用価値に気づき，データの共有動機を深めながら情報交換を行ってゆく場が実現する．

しかし，集団におけるコミュニケーションでは，特定の個人の発言やアイデアへの同調傾向が現れることが懸念される．同調性とは，ある人の意見や態度に賛成する姿勢を意味する．例えば，データ市場のステークホルダーには，営業トークが上手い人が存在するだろう．そのような参加者は自身のアイデア（データ利活用案など）のメリットばかり主張するかもしれない．もし，他の参加者が話の上手い参加者のアイデアのデメリットに気づかず，そのアイデアに賛成したとしたら，そこに同調性が生じてしまう．ロードセップ（E. Raudsepp）は創造性を同調性と相反するものと指摘し，非同調性（nonconformity）から創造性が発現すると述べた[12]．一方，古典的な創造的問題解決技法であるブレインストーミングでは創造性を阻害するとして批判を禁止しているが，過度の批判禁止は同調性を助長し，創造的なコミュニケーションおよび創造的問題解決を抑制してしまう．例えば，IMDJの前身である組合せアイデア発想手法Innovators Marketplace（日本語ではイノベーションゲーム）においては，ワークショップ参加者同士の批判を奨励している．ここでいう批判とは，単純な否定ではなく，相手の意見の問題点を指摘し，反証したり，問題提起を行う発言のことを意味している．このような建設的な批判に加え，IMDJでは「どうして（how）」，「なぜ（why）」といった互いに欠けている視点や知識を補い合うような質問を積極的に用いることを勧めており，同調性を減らすようなコミュニケーションを実践している．特にIMDJでは，データの取引条件（価格や活用方法を発見した暁には共有するなどの約束）を決める交渉も進めながら，データを結合する解析手法とその用途に対する消費者からの批判や要求，評価といったコミュニケーションを通して当該データの異なる利用方法を発見したり，解決すべき問題を洗練する効果がある．IMDJの詳細については第3章を参照していただきたい．また，第5章のデータ利活用案を精緻化するプロセスであるアクション・プランニングも集団のコミュニケーションによる創造性を促進するように設計されており，そちらも参照していただきたい．

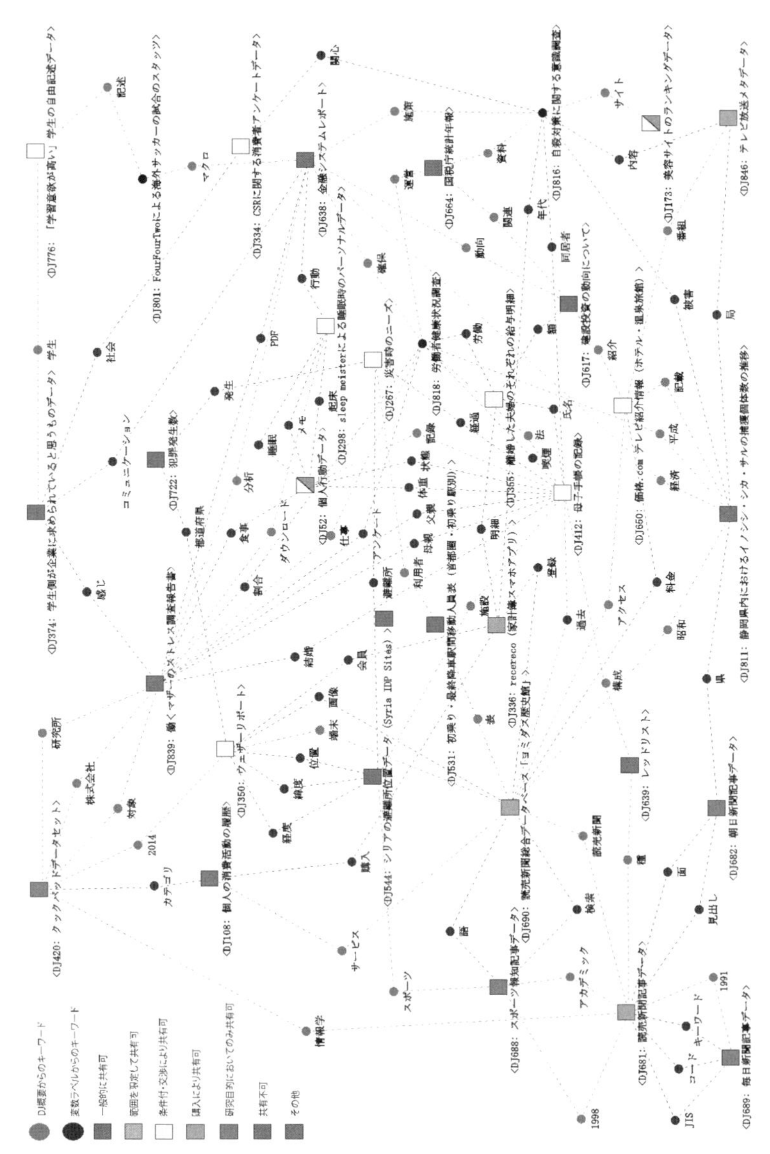


図 4.4 DJの関係をKeyGraphによって可視化した図
（可視化した図を加工して用いている．データの共有条件を黒ノードにかぶせている）

## 4.4 分析技術情報を表すツールジャケット

データ市場はデータについての情報のみが交換される場ではない. 実は, データ利活用のプロセスとして, データに関する情報を共有するのみでは不十分である. なぜなら, データ市場の目的はデータ利活用であり, データ利活用においてはデータを(機械学習やデータ可視化を含めて)分析して初めて成果を得ることが多いからである. つまり, データはデータ同士の組合せによってのみ価値を発揮するのではなく, 適切な分析ツールとの組合せによって価値が発見させる場合が多いのである.

例えば, 商店における顧客の購買(POS)データからある商品の売上の月別推移を見たい場合, 最低限月ごとにデータを分割し, 不要な商品に関するデータを取り除き, 折れ線グラフなどで表現することは通常行われる処理である. また, もう少し複雑なデータ分析では, 時系列データに例えばNon-negative Matrix Factorizationなどの分析方法を用いることで時間的に連続するパターンの抽出を行うことも考えられる. さらに, 商品のレビューなどのアンケートデータあれば, 形態素解析を用いて頻度の高い単語を抽出するかもしれない. また, データを分析した結果, 期待する意思決定に役立たないという結果を得ることも考えらえるが, これもまたデータ分析の結果得られた有用な知見である.

このように, データと分析ツールはセットで考えるのが妥当であろう. 本節では, データの概要情報をデータジャケットとしたように, 分析ツールの概要情報をツールジャケットとして記述する方法について, 分析ツールの特徴について言及しつつ, 説明する.

### 4.4.1 分析技術の概要情報:ツールジャケット(TJ)

世の中にはさまざまな種類のデータが有るのと同様に, さまざまな分析手法が存在している. 配列のデータを大きい順に並び替えるソートや足し算などの四則演算といった基本的なアルゴリズムや代数学から, 情報処理の複雑な計算モデルなど, ありとあらゆる分析手法が存在する. さらに, 分析手法についても, データと同様に共有することが容易でないものがある. 例えば, 商用の分析ツールによっては, ツールの詳細な挙動や内部の仕組みまでは公開することが一般的に難しいものも存在する．そこで，データジャケットと同様に，分析ツールの特徴をメタデータ化することで，分析ツール自体を共有することなく分析ツールの利活用方法やデータとの組合せについて検討できるようになる．それを可能にする方法がツールジャケット（TJ）である[13]．

データジャケットと同様に，まず分析ツールの概要情報として適当な特徴を考えなければならない．一般的に分析ツールとは，複雑なデータを入力し，人間が解釈しやすい情報を出力する機構を備えたシステムであると考えられる．例えば，足し算であれば，左辺で与えられた数字を足し合わせる機能によって，右辺にその結果を得る仕組みを持っている．また，もう少し複雑なツールである地理情報システム（Geographic Information System：GISと略）によるマップ可視化を例にしてみよう．GISによるマップ可視化は，位置と属性に関する情報を入力とし，地図上に図形やマーカーを出力する機能を持っており，TJは表4.1のようになる．

一方，情報検索や文章要約などの自然言語処理分野で広く利用されている最も単純で有名なアルゴリズムであるtf-idf（term frequency – inverse document frequency）は，入力された文書群から単語の重みを計算して出力する機能を持つ．GISと同様に考えると，tf-idfのツールとしての概要情報は表4.2のように表すことができる．つまり，分析ツールの特徴として最も重要と考えられるのが，入力データに対して分析結果を得る仕組みであるといえる．これを分析ツールの概要情報として記述できるように構造化してみよう．すると，「機能（function）」，「入力情報（input data）」，そして「出力情報（output data）」である．ということができると考えらえる．これをDJとの連結性を考慮すると，ツールの概要情報すなわちツールジャケット（TJ）を「入力変数ラベル」，「出力変数ラベル」，「機能」を最も基本的な情報として自然言語で記述した情報であると定義することができる．

表4.1 GIS Map Visualizationのツールジャケット

| 項目 | 内容 |
|---|---|
| ツール名 | 地理情報システムGI（地図の表示） |
| 機能概要 | 「地図を表示する機能」は，地理情報システムGIS（Geographic Information System）の機能の一つである．縮尺の指定，地図の移動や回転，地図の重ね合せ，色の変更，線の太さの変更が主である．GISとは，地理情報および付加情報をコンピューター上で作成・保存・利用・管理・表示・検索するシステムを意味する．人工衛星，現地踏査などから得られたデータを，空間，時間の面から分析・編集することができ，科学的調査，土地，施設や道路などの地理情報の管理，都市計画などに利用される． |
| 入力変数ラベル | 緯度の情報 |
| | 経度の情報 |
| | 高度の情報 |
| | 住所 |
| | 位置属性 |
| | 距離 |
| | 縮尺 |
| 出力変数ラベル | 地図（画像） |
| | 目標物の情報 |
| | 位置情報 |

表4.2 tf-idfのツールジャケット

| 項目 | 内容 |
|---|---|
| ツール名 | tf-idf |
| 機能概要 | tf-idfの値はあるドキュメントに出現するある単語の回数が増加するにつれて大きくなるが，コーパス内のその単語の頻度が高くなると減少する．これにより，一般的な単語の重要度を下げるように調整が行われ，単語の特徴量が計算される． |
| 入力変数ラベル | ある単語のある文章における出現回数 |
| | あるドキュメントにおける全ての単語の出現回数の和 |
| | 総ドキュメント数 |
| | ある単語を含むドキュメント数 |
| 出力変数ラベル | ある単語の総ドキュメントにおける重要度 |

DJはデータ保有者が自身のデータの利用方法や価値をデータ市場（あるいはデータ利活用検討ワークショップIMDJおよびアクション・プランニング）において評価可能にするための方法であったのに対し，TJはデータ分析者（あるいはデータ分析方法の発明者）が自身のデータ分析方法の価値をデータ市場において評価可能にする方法となる．すなわち，ツールを提供することでデータ保有者のデータの利用価値策定と仮説生成を支援し，自身の分析方法のメリット

をデータ市場でアピールし，評価を得ることが可能となる．

以上をまとめると，分析ツールすなわちTJをデータ市場に投入することで得られるステークホルダーのメリットは以下のものである．

- データ分析者は自身の分析方法のメリットをデータ市場でアピールし，評価を得ることができる．
- データ分析者は自身の分析方法に適用可能なデータとその使い方を知ることができる．
- データ保有者は自身のデータに適用可能な分析手法を知ることができ，自身のデータから導ける分析結果を明確にし，データの利用価値を知ることができる．
- データ利用者は，自身の要求の満たしうる有効なデータと分析手段の組合せを知り，意思決定に役立てることができる．

以上に加え，データ市場全体においては，TJの追加により，どのようなデータに対してどのような分析手法が有用であるのかという知識が蓄積されていくこととなる．

以上の議論を踏まえ，東京大学大澤研究室では，ツールの概要情報記述に最低限必要な「入力変数ラベル」，「出力変数ラベル」，「機能」の3種類の概要情報に加え，より人間に可読かつ理解可能な情報として，「ツールの名称」，「ツールの特徴を表すカテゴリ」，「関連情報のURL」などを含めた以下の項目からツールジャケットを収集している．現在，データジャケットのポータルサイトにてTJを収集しており，現在100件のTJが登録されている．

- ツールの名称
- ツールの入力変数（ツールに入力する変数やデータフォーマットを記述する）
- ツールの出力変数（ツールの分析プロセスにより出力される変数やデータフォーマットを記述する）
- ツールの目的・機能（ツールの利用目的およびツールが持つ機能の概要について記述する）
- ツールのカテゴリ（ツールの特徴を表すキーワードなどを記述する）
- その他の情報（イメージURL，イメージに対する説明，外部リンク，ツール

製作者，入力日時，参考文献などを記述する)

データ利活用において，データのみならず分析手法に関する知識も不可欠である．データ市場というデータ利活用に関わるさまざまなステークホルダーがデータをやり取りするプラットフォームでは，データを分析しどのような仮説が検証可能なのか，どのような分析結果をえることが意思決定に役に立つのか，というデータだけでなく分析手法に関するコミュニケーションも活発に行われる．データのみならず，分析手法についての情報をデータ市場のコミュニケーションの場に導入することで，よりデータ分析に関する議論が活発に行われることが期待できると考えられる．

TJは，データの情報だけでなく，分析手法に関する情報を構造化し，知識として再利用可能にする技術である．RDFによって記述された分析手法の概要情報をDJストア（第5章5.5節にて解説）に格納することにより，入出力変数ラベルを介してデータと分析手法を連結し，アプリケーションにおいて検索可能となる．それにより，IMDJにおけるデータ利活用の議論を支援し，データ分析およびデータ交換を促すことができると考えられる．

## 4.5 本章のまとめ

本章では，第3章を受け継いで，DJを作成する作業とその結果得られるコミュニケーションについて述べた．DJを作成することは，IMDJにおけるコミュニケーションの準備であるとともに市場参加者として必須となる．さらにDJの記述は，自分の財産すなわちデータやデータへの期待感といったことがらに対する気づきをいざなう効果を生み出す．

DJのツール版であるTJについても，およそ同じことがいえる．すなわち，データ分析者およびデータ分析手法の発明者は，TJとして自身の分析手法を入力することによって，論文で公開されたばかりであるような，自身の分析方法のメリットをデータ市場の視点で自ら掘り起し，アピールし，評価を得ることができる．また，データ保有者は自身のデータに適用可能な一般的にまだ知られていない分析手法を知ることができ，自身のデータから導ける分析結果を明確にし，さらにデータ分析ツールの開発者までコミュニケーションに加えてデータの利用価値を知ることができる．さらにデータ利用者は，自身の要求を満たしうる有効なデータと分析手段の組合せを知り，データ分析行動にとって必要な意思決定に役立てることができると考えられる．

## 参考文献


[1] Acquisti, A. and Gross, R., Predicting social security numbers from public data, *Proceedings of the National Academy of Science*, Vol.106, No.27, pp.10975–10980, 2009

[2] 石井夏生利，アメリカのプライバシー保護に関する動向，『情報処理』，Vol.55, No.12, pp.1346-1352, 2014

[3] 高崎春夫，個人情報保護にかかわる法制度をめぐるEUの状況，『情報処理』，Vol.55, No.12, pp.1337-1345, 2014

[4] Bollier, D., *The promise and peril of big data*, Communications and Society Program, The Aspen Institute, Washington, DC, 2010

[5] Boyd, D. and Crawford, K., Critical Questions for Big Data,*Information, Communication & Society*, Vol.15, No.5, pp.662-679, 2012

[6] 大向一輝，オープンデータとLinked Open Data,『情報処理』, Vol.54, No.12, pp.1204-1210, 2013

[7] Berners-Lee, T., Hendler, J., and Lassila, O., The Semantic Web, *Scientific American*, May, 2001

[8] Manyika, J., Chui, M., Groves, P., Farrell, D., Kuiken, S.V., and Doshi, E.A., Open data, Unlocking innovation and performance with liquid information, McKinsey Global Institute, 2013

[9] Hayashi, T., and Ohsawa, Y., Comparison between Utility Expectation of Public and Private Data in the Market of Data, *20th International Conference on Knowledge Based and Intelligent Information and Engineering Systems*, York, UK, 2016

[10] Finke, R.A., Ward, T.B., Smith, S.M.,*Creative Cognition,Theory, Research, and Applications*, A Bradford Book, 1996

[11] Flavell, J.H., Speculations about the nature and development of metacognition, Weinert, F.E., and Kluwe, R.H. (Eds.),*Metacognition, motivation and understanding*, Lawrence Erlbaum Associates, pp.21-29, 1987

[12] Raudsepp, E.,*Managing Creative Scientists and Engineers*, The Macmillan Company, 1963

[13] Hayashi, T., and Ohsawa, Y., Meta-data Generation of Analysis Tools and Connection with Structured Meta-data of Datasets, *3rd International Conference on Signal Processing and Integrated Networks*, Delhi, India, Feb. 2016

# 第5章 アクション・プランニング

IMDJで創出されたアイデアを，より具体的に実現性のあるシナリオへと精緻化するステップを説明する．アクション・プランニング・シートを記入することによって，参加者の潜在的な要求まで深く踏み込み，その要求を満たすような分析→ビジネス実現というシナリオを作ってゆく．その結果，未考慮であったステークホルダーやリソース，コスト，時間配分を検討することが可能となる．さらに，潜在的な要求に新たに気づく効果により，元のアイデアを根本的に見直すことも可能となる．

## 5.1 シナリオ生成とアクション・プランニング

データから得られた知見を意思決定に結びつけたり，領域を越えたデータの連携によって新ビジネスを創出するためには，さまざまな障壁を乗り越えなければならない．例えば，2014年度に経済産業省のデータ駆動型(ドリブン)イノベーション創出戦略協議会で実施された事業の報告書[1]では，データによる新事業創出の障壁として，データの提供および交渉における時間・労力・合意の不確実性が挙げられている．異なる領域のデータを入手し，組織間の連携を取ってビジネスを興すには，データ提供の方法や合意形成に多大な労力がかかるのである．確かに，コンピュータ上に保存されているデータは複製が容易であり，個人を識別可能な情報を含んでいる可能性もある．そのため，ビジネス機会の損失の観点だけでなく，プライバシーやデータ管理コストの観点からも，多くの企業はデータ共有に関して非常に慎重であり，またそうあるべきである．従って，データによる既存のビジネスの付加価値向上や新ビジネスの創出に対する潜在的な期待が高まっているものの，ビジネスとして実際の行動に繋げていくためには，データ分析などの利活用案の創出だけでは不十分である．これらの障壁を乗り越え，データによる既存のビジネスの付加価値向上や新ビジネスの創出という目標を達成するためには，データ分析だけでなく，関連するさまざまな要素（コスト，ステークホルダー，潜在的リスクなど）を考慮した事業計画および分析計画といった実行動における指針となるシナリオの生成が必要である．

シナリオとは，データ，経験知，知識から導かれた情報を元に，将来起こりうる事象を論理的に，すなわち矛盾なく一貫性のある繋がりとして系列化したものである．系列とは，一定の順序に従って並べられた物事のまとまりを意味する．例えば，自宅から駅まで歩き，電車に乗って会社まで出勤するというシナリオを考えてみよう．やや冗長かもしれないが，時間の流れを考慮して移動するシナリオを考えると，「自宅を出て，駅Aまで歩く．駅Aに到着したら電車に乗り，目的の駅Bで降りる．そして，駅Bから会社まで歩くことで，会社に到達する．」というものがありうる．このシナリオを見てみると，自宅よりも前に駅Aが登場することはできないし，会社のあとに駅Bが登場することもない．つまり，要素の順番が重要なのである．これが系列化であり，このように事実や要素が互いに矛盾なく繋がれたものが「シナリオ」である．意思決定者は，このシナリオを読み解くことで，意思決定を行う．

しかし，シナリオ創出に膨大な時間とコストをかけて一つの結論を導き出すことは現実的ではない．変化の激しい現代においては単一のシナリオによる戦略はリスクが大きい．政権の交代，法律の改正，大きな事件による社会情勢の劇的な変化などによって，組織は既存の戦略で対応できなくなると，社会の変化に合わせてシナリオを再構築し，新たな戦略を立案しなければならない．特に，長期的な計画であれば早急な対応や計画の修正が必要となるだろう．「戦略寿命の短命化」として指摘されているように，刻々と変化する外部環境に対応したシナリオと戦略の創出が重要なのである．

しかし，起こりうるすべての可能性を考慮してシナリオを創出し戦略を立案することはきわめて困難である．なぜなら，人間が認知できるのは世界のごく一部だからである．そのため，知識が完全であることを前提とすることは合理的でない．つまり，人間の扱う知識は完全なものではなく曖昧なものもあり，知識の完全性を前提とした合理的な判断は期待できないのである．また，一般化されたフレーム問題[2]で指摘されているように，人間もコンピュータも環境に関するすべての事象を観察し，知識を記述することはできない．以上を踏まえると，すべての要素を考慮して意思決定を行うのではなく，不確実性や不完全性を認めた上で意思決定を行う「限定合理性」に基づくシナリオの生成および戦略立案が重要であると考えるべきであろう.

第2章で述べたように，データを活用した新ビジネスを創出したり，データ分析の結果から得られる知見を元に新しい事業を創始するためのシナリオ生成も同様である. データ市場とは商品の提供者と消費者の間での「提案」と「評価」というコミュニケーションを行うイノベーションの場である. データを商材と見なし, 自由市場の原理からデータの価値について検討することで, データ保有者（提供者）や利用者がデータについての理解を深めるコミュニケーションを活性化させる. これらにより，適切にデータの交換や売買が行われる場が創出されるのである. データの価値付けや利活用方法を検討する活発なコミュニケーションでは速さが重要なファクタとなる.「巧遅は拙速に如かず」という故事があるように, データを活用するシナリオの生成が遅ければ遅いほど, ビジネスの機会を失う危険性があるのである.

アクション・プランニングは第3章で説明されたデータ利活用検討ワークショップInnovators Marketplace on Data Jackets（IMDJ）において創出されたデータ利活用案（ソリューション）を元に，実行動を促すデータ利活用シナリオ（戦略的シナリオおよび分析シナリオ）を生成するワークショップ手法である. アクション・プランニングでは，IMDJにおいて創出されたソリューションを実行する上で必要な要素の関係性やリスクを論理的に導き出すことで，意思決定を行う際に生じる盲点を低減させ，実行可能なシナリオの策定を行う思考と議論のフレームワークを提供している[3]. 本章では，IMDJで創出されたデータ利活用案を，より具体的に実現性のあるシナリオへと精緻化するステップについて説明する. アクション・プランニング・シートを記入することによって，データ利用者の潜在的な要求まで深く踏み込み，その要求を満たすような分析方法の導出，そしてビジネス実現というシナリオを作ってゆく. その結果，未考慮であったステークホルダーやリソース，コスト，時間配分を検討することが可能となる. さらに，潜在的な要求に新たに気づく効果によって，元のデータ利活用案を根本的に見直すことも可能となる.

## 5.2 データ利活用シナリオの論理的生成

既に述べたようにシナリオとは，データ，経験知，知識から導かれた情報を元に，将来起こりうる事象を論理的に系列化したものである．意思決定者はこのシナリオを読み解き，データ分析やビジネス創出のための判断を下す．アクション・プランニング（Action Planning: 以下, AP）は，IMDJで創出されたソリューションから，実行における変数ラベルや要素の関連性，リスクを洗い出すことで，意思決定を行う際に生じる盲点を低減させ，論理的思考から実現に足るシナリオを策定するワークショップ手法である. 本節では, APのワークショップ手法によって生成される戦略的シナリオと分析シナリオについて説明する.

## 5.2.1 論理に基づくシナリオの生成

シナリオとは，もともと物語を意味する語である．特に意思決定の研究においてシナリオは概ね「人間の意思決定を支援する情報の系列」の意味で用いられてきている．例えば，西村[4]は，ビジネスのドメインにおいて，シナリオとは「客観的に組み立てられた外部環境のストーリー」と定義し，変化の激しい現代社会では，企業は意思決定の際に，大きな変化が予想できるケースについていくつかのシナリオを用意し戦略を練ることが必要であると説いた．また，経営戦略の視点からシナリオ・プランニングをビジネスへ応用したハイデン（K.v. Heijden）[5]は，シナリオを「それぞれ十分に起こりうる，構造が異なる複数の未来像」と定義し，企業という組織の意思決定において不確実性を考慮したシナリオを元に, ビジネスモデルを策定する手法を提案している. 一方, 大澤[6]は, チャンス発見の理論に基づき,「状況・事象からなる系列において一貫した前提があるときの状況・事象」をシナリオと呼んだ．実データから得られたシナリオの分岐点を，人間の意思決定において重要なチャンスとし，将来生起する可能性のある複数のシナリオの中から，生起する行動の一つを選択することを意思決定と定義した．また災害における意思決定研究では，津波の被害や対策を検討する際に，シミュレータを用い，単一のシナリオによる被害把握に留まらず，さまざまな状況を想定した複数のシナリオを考慮し，総合的に判断を行っている[7]．定義に多少の違いはあるものの，シナリオ研究において共通しているのは，シナリオとは，データ，経験知，知識といったさまざまな情報を元に，将来起こりうる事象を論理的に導き出したものであるという点である.

将来起こりうる事象を論理的に導くとはどういうことだろうか．過去の知識や経験を元に，将来起こる可能性の高いことを予測したり問題を解決したりすることは可能かもしれない．しかし，時々刻々と変化している実社会において，一貫性を仮定することはあまり意味がない．ここで一貫性とは，背景にある状況が時系列全体に渡って矛盾を含まないことを意味する．例えば，自動車を開発しようとする場合，企画段階では若いユーザの日常利用を対象としていたのに，製造段階には重役クラス専用に防弾ガラスの窓を付ける作業をしているのは一貫性がない．すでに解決方法が一般的に知られている問題，あるいは一貫性が仮定できる問題であれば，既存のモデルや解決方法を用いればよい．しかし，データ市場では今まで世の中に出てこなかったデータやステークホルダーが登場する新しい場であるから，この車の例のように若い人のことを考える企画者と防弾ガラスのメーカーのように異領域の参加者が出会うことは有りうる．そしてさまざまな人が持ち寄るデータの中には適用する分析手法が分からないものや，持ち主一人だけでは役立てる術が分からないデータも多く含まれる．このような多様なデータから，必要なものを選んで結合し，一貫性のあるシナリオを生成することが求められているのである．

さまざまなステークホルダーが共存するデータ市場から一貫性のあるシナリオを生み出すためには，論理的な思考とコミュニケーションが重要である．論理とは，異なる領域の知識を共通の土台で議論するための文法に当たる．異なる領域に存在するさまざまな意図によって取得された多種多様なデータについてステークホルダーが議論する場がデータ市場であることを考慮すると，専門知識が多岐に渡っており，議論を収束させることは容易ではない．彼らが一堂に会してデータの活用方法について話し合い，データの価値を決定するためには，論理という思考のフレームワークが重要となる．計画段階でさまざまな領域の知識で整合していない矛盾を浮き彫りにし，前提を疑う議論を促進させることが，盲点となる事実への気づきを促し，実行動におけるリスクを低減させることに繋がると考えらえる．

例えば，大澤らはさまざまな企業における実験により，データや知識，顧客からの声などの事実から論理的にシナリオを導くことが問題解決を促進させることを示した[6]．また，久代らはツールミン（S. Toulmin）の議論モデルを用いた問題発見ツールを開発し，動作音から真空ポンプの新たな故障要因を論理的に導出した[8]．以上のように，論理によるアプローチは問題解決において有効に作用することが先行研究により示されている．よって，事業計画作成などの実社会の問題解決においては，解決すべき問題とその解決方法に関連する要素（実現に必要な技術や関係するステークホルダーなど）を単純に追加するのではなく，論理的に関連要素を導出し解を導く精緻化が重要となる．

以上の議論を踏まえて，論理に基づいて関連する要素を結合させることによりデータ利活用案を精緻にするワークショップ手法であるアクション・プランニングについて説明しよう．

### 5.2.2 アクション・プランニング概説

分野を横断したデータ利活用においては，データの中に含まれている個人情報の扱い方が問題となることが多い．他事業者とデータ共有を通して業務連携するためには，データ共有のリスクを極限まで低減しなければならない．リスクを低減するためには，さまざまな前提条件や関連要素を考慮して策定された行動のシナリオ，すなわちデータ利活用シナリオが必要となる．リスクには，もちろんデータ取得などのコストも含まれる．高度なセンサを利用して収集されたデータや，個人情報を含んだ良質なデータは取得コストが高いため，価格も高くなる可能性がある．また，通常，複雑なデータは複数の分析手法を検討した上で，時間をかけて分析結果が解釈される．つまり，意思決定の判断材料となる情報の入手，分析などのすべての行動には時間的・金銭的コストがかかることが考えられる．そこで，データ利活用によって新事業を始めるなどの目的を達成するためには，どのようなデータを入手し，どのような分析によってどのような仮説が検証できるのかというシナリオを事前に立案し，検討・評価することが重要となる．

アクション・プランニング（AP）は，意思決定を行う際に生じる盲点を低減させ，論理的思考から実現に足るシナリオを策定するワークショップ手法である．データ市場においては，データ利活用方法検討ワークショップIMDJ（第3章で解説）で創出されたソリューションをシナリオとして精緻にする後処理として用いられている．APはIMDJで創出されたデータ利活用案（ソリューション）および要求を図5.1のプロセスによって精緻化し，データ利活用シナリオ（戦略的シナリオおよび分析シナリオ）を得る．

APはデータ利活用を行う関係者が集い，シートへ記入しながら議論を展開することで進行する．APシートにはいくつかの項目があり，これらが参加者の議論の方向性と思考の枠組みにおいて「制約」を与えている．制約とは一般的に，自由を制限する条件を意味する．例えば，時間の制約とは，時間に制限があることを意味する．制約は一般的に，創造性や問題解決を阻害すると考えられがちだが，思考の枠組みを制限することは創造的発見を促進させることが知られている[9, 10]. APにおいては，シート上の項目，異なる背景知識を持つデータ利活用に関わるステークホルダー間のコミュニケーションにおける知識の衝突を新たな探索と考察を促す制約として位置づけている．これは，人間を習慣的なアプローチに拘束する制約（普段意識的あるいは無意識に行う思考方法）と区別して考えるべきであろう．さらにAPでは参加者に時間の制限を課し，シートの記入というアウトプットを参加者全員の共通目標とすることで議論の内容の生産性を向上させることを意図して設計している．

APでは，データ市場におけるさまざまなステークホルダー間のコミュニケーションを重視している．データ市場における自身の立場，職業，役割の視点をAPの議論に持ち込むことにより，データ利活用という共通の目標を持ちながらも，異なる意図と視点を持った参加者同士の議論による非同調的な対話が実現する．

以上のプロセスを経て，ステークホルダー間で合意が形成される．つまり，コミュニケーションによる知識の獲得と視座の交換により，個人では知りえなかったデータの使い方や，問題に対する新しい気づきを得ることができるのである．創造性とコミュニケーションの関係については，5.3.3項にて詳細を解説するので，そちらを参照していただきたい．また，APの方法論については，5.2.3項にて解説する．

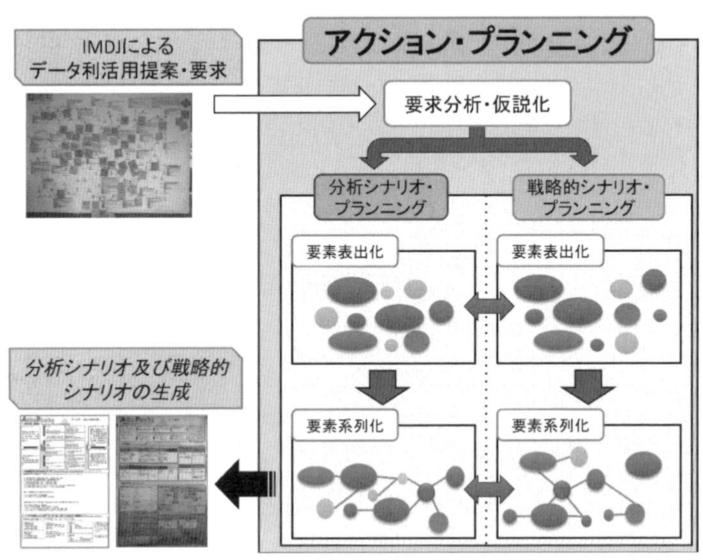


図5.1 アクション・プランニングにより分析シナリオおよび戦略的シナリオを得るプロセス

### 5.2.3 行動戦略と分析のシナリオ生成

戦略とは一般的に，「ある目的を達成するための作戦あるいは計画」を意味する．戦略は英語でstrategyであり『LONGMAN英英辞典』によれば，“a well-planned action or series of actions for achieving an aim”であり，日本語のそれと意味が同じである．ここで注目すべきなのは，戦略とは行動の主体である人間の意図が介在しているところである．一方，シナリオとは『LONGMAN英英辞典』によれば，“a situation that could possibly happen but has not happened yet”であり，「起こる可能性があるがまだ起こっていない状況」とされている．戦略と異なり，人間の意思が含まれていないのである．だが，ここでは戦略とシナリオは不可分なものであることに注意する．シナリオが成立した時点で，そのシナリオには人の意図あるいは意思が介在している．例えば，「10年以内に東京でマグニチュード7.0以上の地震が起きる確率は◯◯％である」という分析結果がシナリオとして出てきたとしよう．それは客観的な予測のように見えるが，そうではない．このシナリオには，作った人の「この情報から，人々に防災上の判断をさせたい」という意図が含まれている．「10年以内」という時間の限定，「東京」という場所に関する言及をしている．さらに，マグニチュード7.0以上というのはインフラに被害が及ぶ規模である．これは明らかに，東京に住む人々，そして行政に対してリスクの存在を知ってほしいというシナリオ作成者の意図が読み取れる．以上を考慮すると，シナリオがシナリオとして創出された時から，創出した人の何らかの意図が含まれていると考えるのが妥当であろう．アクション・プランニングでは，行動主体である人間の意図が介在し，関係する人間の行動を促すことを目的としたデータ，経験知，知識の系列を戦略的シナリオと定義している．

一方，分析とは，「ある事柄の内容や性質を明らかにするため，細かな要素に分けていくこと」であると一般的に認識されている．従来より分析では，物事を理解するために，より細かく局所的に事象を観察し，データを得ることで十分に物事の内容や性質を明らかにすることが可能であった．しかし，取得可能なデータが多岐に渡り，変数同士の組合せも膨大となる中，「分析」という語は従来の語義である“細かな要素に分けていく”作業だけでなく，異なる領域のさまざまな知識を転用，あるいはデータを結合することで物事の内容や性質を理解する試みも含むようになってきた．つまり，対象とする事象だけでなく，対象事象の周辺で起こっている事象を含め，大局的に見ることで大きな物事の関連性を発見することもまた，分析という言葉で表わされるようになってきた．本章では，問題の定義から仮説を導出し，期待する分析結果を得るための一連の情報の系列を分析シナリオと定義して用いる．

データ市場において，データ利活用のアイデアが創出されたら，実ビジネスに応用するためのシナリオとして具体的にしていくためにはどのようなことを検討する必要があるだろうか．本章では，データ利活用シナリオを「戦略的シナリオ」と「分析シナリオ」の二つに分ける．戦略的シナリオの生成プロセスでは，データ分析の結果をビジネスとして実現・成立させるために必要な要素が検討される．すなわち，目的とする未来に至るためのデータ，経験知，知識の系列である．また，分析シナリオの生成プロセスは，データから期待する分析結果を得る道筋を検討する過程である．すなわち，問題の定義から仮説を導出し，期待する分析結果を得るための一連の情報の系列を得ることが目的となる．APでは，前者を戦略的シナリオ，後者を分析シナリオと呼び，両者を併せたシナリオをデータ利活用シナリオとして提案している．前節の図5.1で示したように，APは，IMDJで創出されたソリューションおよび満たした要求を入力とし，要求分析，要素表出化，要素系列化を経ることで，データ利活用シナリオを得るプロセスを有している．

まず，戦略的シナリオの生成方法について説明する．APの戦略的シナリオ生成プロセスは，IMDJにて創出されたソリューションを実現させるために必要なステークホルダーやリソース（分析技術，人的資源，時間配分，資金配分等）を集団における議論の中から論理的に検討してゆく過程であり，次の3ステップを設定している．

- 要求分析・要求の仮説化：IMDJで創出されたデータ利活用案（ソリューション）から，データ市場における消費者の要求や社会からの要請を深掘りする段階である．顕在的な要求から，要求が背景要因について考察し，潜在的なニーズを導くプロセスを持つ．要求の深掘りから，その要求を満たすためにデータを用いて検証すべき仮説を導く議論を行う．
- 要素表出化：ステークホルダー，競合性，実現コスト，データ，実現までの時間や必要なリソースなどの関係性から，ソリューション実現に関連する要素を導出するフェーズである．
- 要素系列化：要素表出化で表出した要素を系列化するフェーズである．要素同士の関連性を時系列や因果関係で結合することで，欠けていた要素の存在を明らかにする．

要求分析は，評価対象となるソリューションの満たしうる消費者の顕在的な要求から要求の背景を考察し，消費者が明言していない潜在的なニーズを明らかにするフェーズである．要求分析とはすなわち，消費者が問題として認識している要求（顕在要求）の背景要因について考察することで，消費者が意識できていなかった問題（潜在要求）を導き出すことを意味する．例えば，消費者の顕在要求として，「夜間は明るい道を歩きたい」というものがあったとする．それに対して,「街路灯を増設する」というソリューションが考案できるかもしれない．しかし，そうなれば夜間に暗い地域の全てに街路灯を設置しなければならない可能性も出てくるため，行政の予算的に不可能なソリューションとして棄却されてしまう．そこで，一度問題の背景要因について考察をすることで，真に解決すべき問題を掘り起こすのが，APにおける要求分析である．「夜間は明るい道を歩きたい」という顕在要求の背景には，「暗い道での犯罪が増加していることから，暗い道を危ないと感じる」という要因があると考えらえる．すると，消費者が認知していない真に満たすべき潜在要求は「暗い道における犯罪を減らしてほしい」ということになるだろう．このように，潜在要求が明らかになれば，「犯罪の発生状況と街路灯の設置状況のデータを地図上に配置し，重点的にパトロールすべきエリアを特定する」という本質的な問題に対するソリューションに至ることができる．

要求分析・仮説化のフェーズの次は，戦略的シナリオおよび分析シナリオの策定である．戦略的シナリオのプランニングは，要求分析によって導かれたソリューションを実現する上で必要なステークホルダーやリソース（分析技術，人的資源，時間配分，資金配分など）を検討していく段階である．ステークホルダー，競合性，実現コスト，データ，実現までの時間や必要なリソースなどの要素からアイデアの具体化を行う．これを要素の表出化（externalization）という．続いて，要素の系列化（serialization）を行う．要素系列化とは，要素表出化で検討した実行動に関係のあるステークホルダーやリソースをあるルールに基づいて並べる作業のことである．要素同士の関連性を実現までの時系列，収益のモデル化，データから期待する分析結果を得る変数ラベルの組合せなどの関係で結合することで，欠けていた要素を補いながら戦略的シナリオとして矛盾を減らしていく．以上の3ステップにより，IMDJで創出したソリューションをシナリオとして精緻化するのがAPにおける戦略的シナリオ生成のプロセスである.

続いて,分析シナリオの生成について述べる.分析シナリオでは,先述の戦略的シナリオの要求分析および仮説化で明らかとなったターゲットの潜在要求や本質的なソリューションを元に,関連するデータ(DJ)から期待する分析結果(仮説の検証)を得るための分析方法や欠けている変数ラベルについての検討を行う段階である(図5.3).期待する結果を得るために必要な分析方法を評価し選定するとともに,欠けている変数ラベルや新たなデータの存在を表出化させ,粒度の異なるデータ同士の整合性についても検討を行うことができる.第6章(社会実装)で説明されているように,分析シナリオは戦略的シナリオのシステムフロー図に含める方法が一般的となっていたが,最近では分析シナリオを一層精緻にするプロセスも提案され,実際にAPを行う際に導入されることもある.

①IMDJあるいは初めに想定しているアイデアを記入しましょう。

②アイデアが満たす要求（顕在要求）を記入してください。「誰の・どのような」要求なのか、具体的なターゲットを想定しながら書くのがコツです。

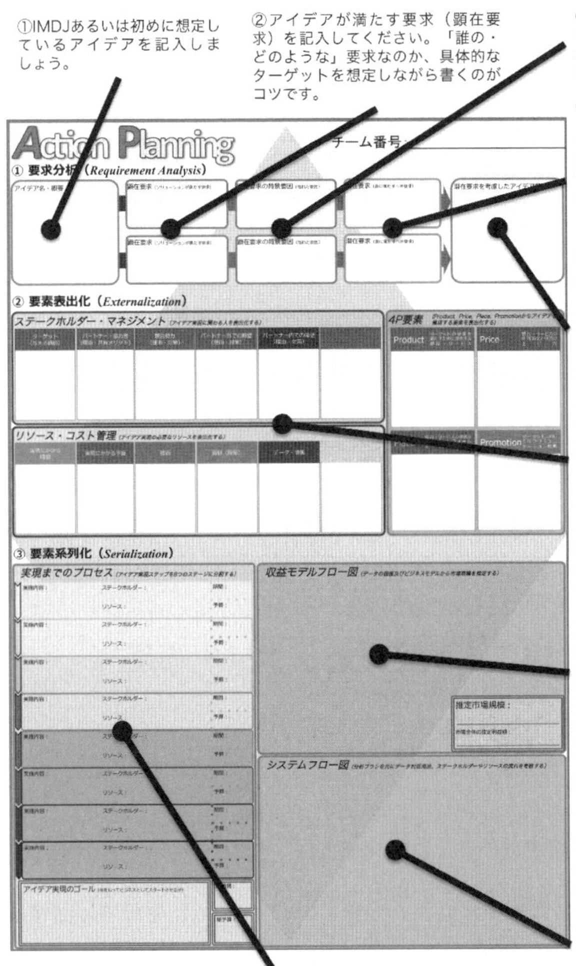


③顕在要求の背景要因について考察します。要求が出される社会的な問題や本質的な原因を論理的に導きます。

④背景要因から、真に満たすべきターゲットの要求（潜在要求）について考察します。背景要因から導かれる複数の潜在要求からシナリオを分岐させても構いません。また、当初想定していたターゲット以外のステークホルダーが出てくることも歓迎です。

⑤潜在要求を満たす新たなソリューションを考案してください。当初想定していたアイデアから変化しても構いません。

⑥要求分析で導出したソリューションを実現するに必要な要素を記入します。ソリューションを実現する事業実施主体を明確にし、社内・社外の範囲については参加者内で定義すると進めやすくなります。

⑦ソリューション実現の収益モデルのフロー図を描きます。要素表出化で導出した予算やステークホルダーを考慮しながら、お金やデータの価値、提供するサービスの市場規模を策定します。要素表出化で表出した要素を、「収益モデル」というルールで連結（系列化）することで、シナリオに関連する欠けている要素を補い、シナリオとしての完成度を高めます。

⑧ソリューション実現のシステムのフロー図を描きます。要素表出化で導出したデータや分析技術、ステークホルダーを考慮しながら、データ利活用方法、変数から期待する分析結果を導くプロセスおよびシステムの全体像を策定します。要素表出化で表出した要素を、「システム」というルールで連結（系列化）することで、シナリオに関連する欠けている要素を補い、シナリオとしての完成度を高めます。

⑨ソリューション実現までのプロセスの時系列を描きます。要素表出化で導出したリソースやステークホルダーを考慮しながら、ソリューション実現までの段階と各段階に関わるステークホルダーやリソースを策定します。要素表出化で表出した要素を、「時系列」というルールで連結（系列化）することで、シナリオに関連する欠けている要素を補い、シナリオとしての完成度を高めます。

図5.2 戦略的シナリオのAPシート記入方法

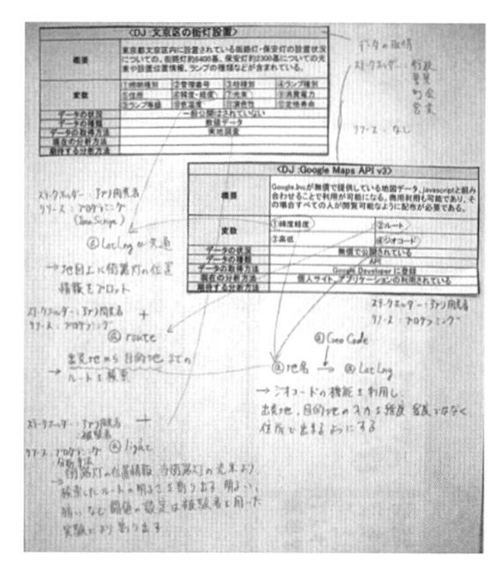

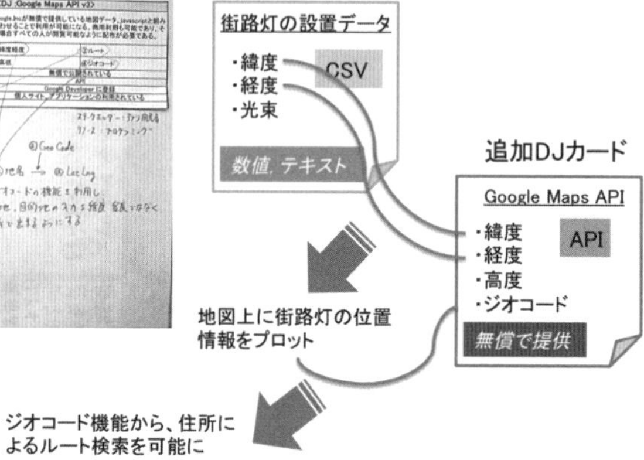


図5.3　分析シナリオ作成例

# 5.3 非単調な推論による発見とシナリオ修正

データによる既存のビジネスの付加価値向上や新ビジネスの創出といった実際の行動に繋げるためには，データ分析だけでなく，関連するさまざまな要素(コスト，ステークホルダー，潜在的リスクなど) を考慮した事業計画，すなわちシナリオの生成が必要であることは前節で述べた．本節では，人間の推論プロセスに着目し，論理的に関連要素を結合しながら気づきを得てシナリオを改善する行動について説明する.

## 5.3.1 非単調推論

IMDJで創出され，APで精緻化されたデータ利活用案に，「地図上に街路灯データをマッピングすることによって，夜間に安全・安心に帰宅するルートを提示するアプリケーションを開発する」というソリューションが過去に提案された．参加者はさまざまな要素を検討し，論理的に無矛盾なシナリオを生成した．そこでもし，「調べてみたところ，行政機関から街路灯データは入手できない」という新しい知識・事実が発覚したとしたら，先ほどまでは成立していたこのシナリオは，破綻してしまう．なぜなら，このシナリオを成立させる条件である「行政機関から街路灯データは入手可能である」という前提が否定されてしまうからである．

このような事例は実社会のさまざまな現場で見ることができる．2020年開催の東京オリンピックに向けた新国立競技場建設計画で，2012年に決定した計画が総工費と財源確保の問題から，2015年7月に白紙に戻ってしまったということがあったことは記憶に新しい．この時の計画（シナリオ）の甘さについてはさまざまな指摘や見解が示されているが，白紙化への決め手となったのは増額する総工費であった．当時の情報を振り返ると，2012年当初のシナリオはいくつもの大前提で成立していたことが分かる．「建築資材の費用が確保できる」，「消費増税による影響はほとんどない」，「特殊なデザインが実現可能である」といった前提である．当時は「建築資材の費用が高騰する」ことや「消費増税が影響する」こと，そして「特殊なデザインが実現困難である」ことが盲点となっていたのである．つまり，計画当初の情報では，論理的に矛盾のないシナリオであったはずが，社会情勢の変化などの別の新しい現象によって前提条件が成立しなくなってしまった．その後，いくつかの修正案が提示されたものの，2015年に本件は白紙化してしまった．計画の段階で盲点となる前提条件に気づいていたら，別のシナリオもありえたかもしれない．このように，ある問題に対して論理的に導かれた解決方法が，別の新しい知識や事実，事象によって否定され，成立しなくなってしまうということは実社会において頻繁に起こりうるのである．

このようなシナリオの破綻および矛盾発生の原因は，現実世界の問題解決は，完全な知識だけでなく不完全な知識を仮定して推論を進めるプロセスを有していることにある．推論とは，すでに知っている事柄を元に未知の事柄を明らかにする論理的プロセスを意味する．

論理的な推論の基本に，演繹推論（三段論法）がある．例えば，

(1)「鳥ならば空を飛ぶ」

(2)「カッコウは鳥である」

(3)「ゆえに，カッコウは空を飛ぶ」

という，(1) (2) から (3) を導くものである．この論理が正しいとして，「ペンギンは空を飛ばない」という新しい知識が追加されたとしよう．すると，もし「(2)' ペンギンは鳥である」という知識があったなら，前提となる (1)「鳥ならば空を飛ぶ」という知識と矛盾してしまう．このように，ある知識やデータから矛盾の

ない結論を導いたとしても，新たに別の知識やデータが追加されることによって，以前の結論部の間に矛盾が生じ，論理の撤回もしくは修正が必要となってしまうのである．このように，推論していくうちに知識の真偽が変わってしまう推論体系は「非単調推論」と呼ばれる[13]．これは，新しい事実の追加に対する結論集合が非単調に増加する（途中で減る）ことに由来している．現実における問題解決では，知識の完全性を前提とした議論は成立しないのである．そのため，知識は不完全であることを前提とした仮説推論のプロセスが重要となる．仮説推論とは，ある事実の説明や目標を達成する仮説を，矛盾なく求めるような推論手法である．上の例でいえば，「ペンギンは空を飛ばない」という事実を説明するという問題があったとき，「(2)'ペンギンは鳥である」は知識ではなく仮説として扱い，事実と反するという理由で却下するのである．正確にはペンギンは鳥類の一員であるのでこの却下は不適切であるが，飛翔する動物としての常識的な鳥ではない例外的な扱いをとるきっかけにはなる．

APのシナリオ生成過程は，まだ問題解決方法が存在しない問題に対する解決策を提案し，それを実現するためのシナリオを創出するという点で一種の仮説推論であると考えることができる．実際のAPのシナリオ生成プロセスでは，シナリオ生成プロセスにおいて矛盾が生じた場合，今までの仮定を棄却・修正するという矛盾解消行動が観察されている[14]．図5.4は簡易版APシートを用いて，あるシナリオ作成者の筆記プロセスを追跡して可視化したものである（日立製デジタルペンを用いた）．図中の番号㉒から㉓は要素系列化から表出化に手戻りが発生した部分である．また，番号⑫から⑬は内容からリソースの検討が行われた推移を表しており，番号⑮から⑯は次の段階を検討しているうちに，必要なリソースの存在に気づき，矛盾を解消する行動（ここでは新たな要素を追加）を行っていることが分かる．

さらに，図5.5は，経済産業省のプロジェクト（詳細は第6章で解説）におけるデータ利活用の現場で行われた五つのAPシートにおける議論を録音音声に基づいて時系列に沿って整理し内容の流れを可視化したものである．要素系列化の検討から，再び要求分析や要素表出化に戻る部分が複数箇所で観察された．このように，論理的な整合性を確認する系列化を行っている際に，矛盾に気づいた場合，以前のフェーズにまで議論をさかのぼり，仮定の再検討や矛盾を解消する行動が行われていることが分かる．

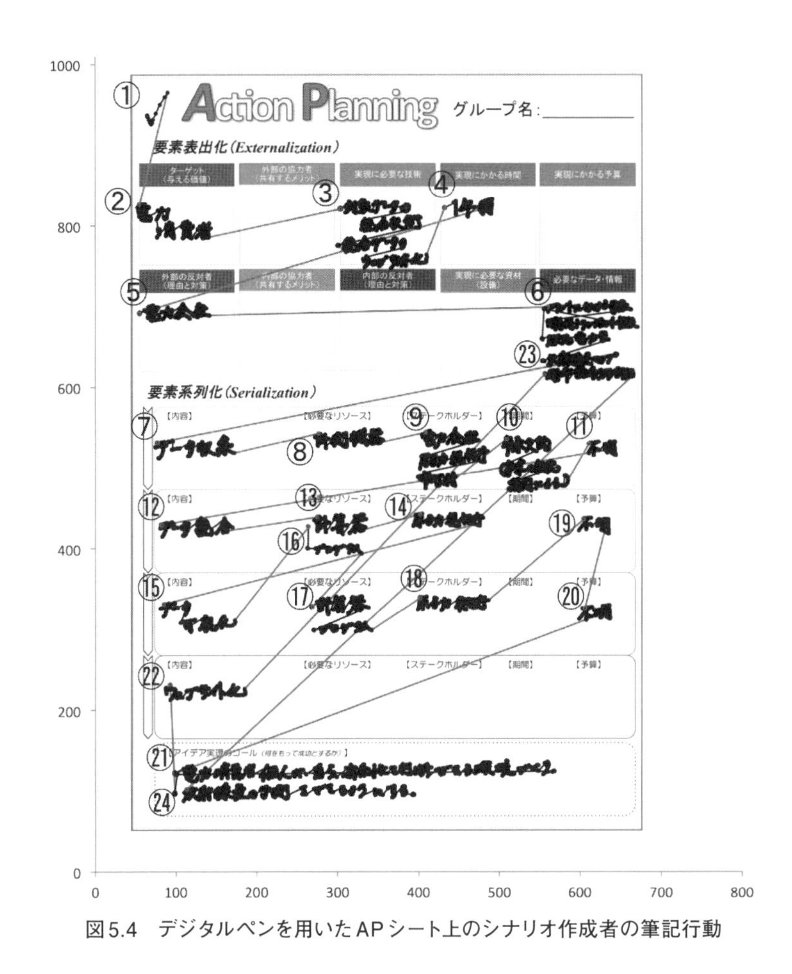


図5.4 デジタルペンを用いたAPシート上のシナリオ作成者の筆記行動

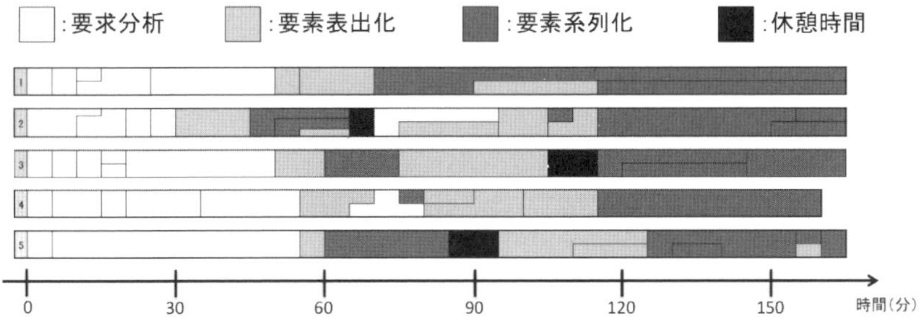

:要求分析 :要素表出化 :要素系列化 :休憩時間

0 30 60 90 120 150 時間(分)

図5.5 五つのグループにおけるシナリオ生成プロセスの推移図（推移中に分岐が起こっている部分はグループ内で二つの集団に分かれて議論を展開した部分である）

非単調推論の過程では，矛盾を解消するために今までの仮定を棄却・修正するために，以前に検討していた仮定まで遡って議論を行わなければならない．コンピュータにおいては仮定を棄却・修正するためにはバックトラックと呼ばれる手戻りが発生し，計算時間が膨大となってしまう．そのため，手戻りは時間的コストと議論参加者の負担増大と認識されてしまう．しかし，シナリオは実行動におけるリスクの低減するものであるから，むしろ，シナリオ生成プロセスにおける手戻りは，矛盾が発生したことへの気づきであり，奨励される．

開発初期段階，つまり計画策定のフェーズでコストや技術リスクを考慮しないような不適切な設計によって，実際の生産における矛盾や衝突が生じることが指摘されている[13]．計画段階でシナリオが十分に検討され，矛盾がなければ後の実行動におけるリスクを減らすことができるのである．

## 5.3.2 シナリオデザインモデルによるシナリオの精緻化

シナリオに含まれる知識やデータが多ければ多いほど実現性が高くなるように直観的には思えるかもしれないが，実はそうではない．シナリオに含まれる要素の量がシナリオの評価に必ずしも影響を与えないことが著者らの実験により分かっている[14]．APは，知識要素の論理的な「表出化」と「系列化」を行うことで，シナリオに欠けていた知識または矛盾を解消する新たな知識の存在に気づきを与え，意思決定における盲点を低減させるというモデルに基づいて設計されている．このプロセスを，「シナリオデザインモデル」と呼ぶ．

表出化はある行動に対して関連する可能性のある要素を可能な限り多く導くという発散的思考（divergent thinking）によって行われる．一方，系列化は表出化した要素間の関係性を「あるルール」に基づいて見出す過程である．あるルールとは，実現までの時系列や収益モデル，システムフローなどである．これらのルールは発散的に表出した要素に対して，シナリオ作成者に新たな関係性の探索と考察を促す制約として機能する．系列化のプロセスでは矛盾を解消するために以前に議論した箇所に遡って要素を削除したり，欠けている新しい要素を追加するという行動が見られる．これは発散的思考に対し，収束的思考（convergent thinking）によるものと考えられる．シナリオに関係する知識要素を表出化と，知識要素同士の論理的な関係性を見出す系列化によって，シナリオ内の要素同士の不整合を整合させる知識の存在に気づきを与え，シナリオとしての完成度を向上させるのである．

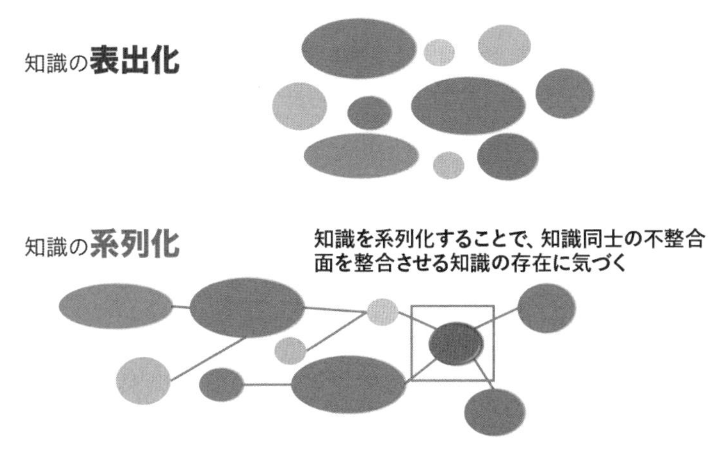


図5.6　シナリオデザインモデルにおける表出化と系列化

### 5.3.3 シナリオ生成のためのコミュニケーション

データ利活用シナリオの生成のみならず，創造活動においてもコミュニケーションは不可欠な要素である．特にアイデアを具体化し，実現性を高める段階においては，元となるアイデアをさまざまな角度から吟味し，ステークホルダーを考慮し，価値を策定していくプロセスが重要である．データ市場あるいはデータ分析案を議論する参加者間の対話により，個人では気づかなかった視点や知識を得ることができる．

思考活動は個人的なものと考えられることもあるが，集団の中でも行われるものであり，産業界においてもブレーンストーミングやシネクティクスはいずれも集団的創造性を引き出すための手法として発展してきたものである．また，第4章の4.3.5項で述べたように，適切にデザインされた方法によって集団でのコミュニケーションは創造的になり，アウトプットの質を向上させることができる．「三人寄れば文殊の知恵」といわれてきたように，個人よりも集団による創造および問題解決のメリットは大きいということが示されてきた．このような例から見ると，アイデア発想および精緻化においては，数人で共同して思考活動を進め，集団として結論を導くという集団思考が重要であると考えられるだろう．

APは，データ利活用方法検討ワークショップIMDJと同様に，シナリオ作成者同士の積極的な批判を奨励している．ここでいう「批判」とは，単純な否定ではなく，相手の意見の問題点を指摘し，反証したり，問題提起を行う発言を意味する．この建設的な批判と，「どうして（how）」，「なぜ（why）」といった互いに欠けている視点や知識を補い合うことができるのである．認知科学の観点から，三宅は二者における協働問題解決の過程において，理解していない側の人間の批判が，理解している人間の理解を促進することを報告している[15]．また，石井・三輪は，創造活動においてアイデアに対する評価活動（肯定，中立，批判）の中で，特に肯定と批判を行うペアのアイデアが高く評価される傾向にあることを報告している[16]．

暗黙に前提となっている知識やデータ利活用に関わる各ステークホルダーの潜在的な意図に対して疑問を投げかけるコミュニケーションによって，APでは非単調な推論が実現し，矛盾を引き起こしうる要素に対して気づきを与える．つまり，データ利活用に関連するステークホルダーやリソースの検討によって，IMDJだけでは気づきえなかったデータの利用価値に気づき，データの共有動機を深めながら情報交換を行ってゆく場を実現することができる．

## 5.4 シナリオの実行と評価

シナリオは人間の意思決定を支援する行動計画であることは前節で述べた．しかし，シナリオは実行されなければ意味がなく，「絵に描いた餅」なのである．

しかし，生成したデータ利活用シナリオとシナリオを元にした実行動には，どうしても隔たりが生じてしまう．例えば，分析時に必要なデータが入手不可能であることが発覚するなど，矛盾が生じた際に代替手段で目的を達成しなければならない．また，シナリオには矛盾がなくとも，実際に手に入れたデータが想定したものではなく，シナリオを練り直すなどの手戻りが発生することが考えられる．

シナリオを元にした行動によって，新たな課題発見が促されたり，ステークホルダーからフィードバックが得られるなどの効果があることが分かっている．本節では，本章にて度々例として用いている「地図上に街路灯データを入れ，明るいルートを検索する防犯アプリケーション」を用い，実際にシナリオを元にデータの入手，分析，そして評価する方法について説明する．

### 5.4.1 シナリオの具体化と実施

「地図上に街路灯データを入れ，明るいルートを検索する防犯アプリケーション」は，構造計画研究所（KKE）主催のMIT FUTURE SESSIONで行われたIMDJおよびAPによって生成されたものである．このワークショップには28名の参加者が集い，30件のデータジャケット（表5.1）から，40件の要求と35件のデータ利活用案（ソリューション）を創出した（図5.7，図5.8）．

表5.1　IMDJに利用したデータジャケットの例

| データジャケットのタイトル |
|---|
| 地震発生時の屋内状況 |
| 災害時の避難行動 |
| バスの運行状況 |
| 店舗内の顧客行動 |
| ニコニコ動画閲覧履歴 |
| 老人ホーム従業員の業務環境に関するアンケート |
| 結婚を予定しているカップルに関するデータ |

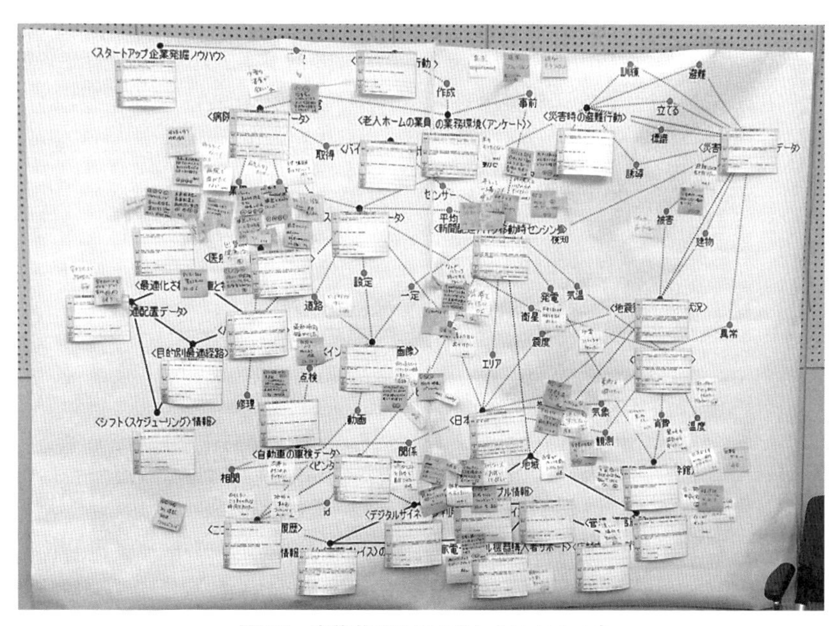


図5.7　実施後のIMDJのシナリオマップ

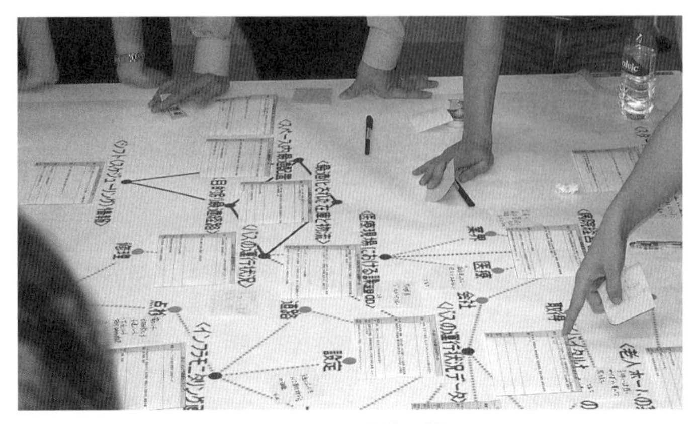

図5.8 IMDJ実施の様子

データジャケットの組合せから創出された35件のソリューションから，特に高く評価されたソリューションを14件選出し，APによって戦略的シナリオを生成した (図5.9)．それら14件の戦略的シナリオの中で，新規性・有用性・実現性を考慮して高評価を得たのが「街路灯データ」と「地図データ」を組合せて創出された「地図上に街路灯データを入れ，明るいルートを検索する防犯アプリケーション」であった (図5.10)．そこで，この戦略的シナリオを実現するプロセスを観察し，シナリオ実施による課題発見とフィードバックについて調査することとなった．以降，この戦略的シナリオをこの節では単にシナリオと呼ぶこととする．

図5.9 APの戦略的シナリオを評価する様子

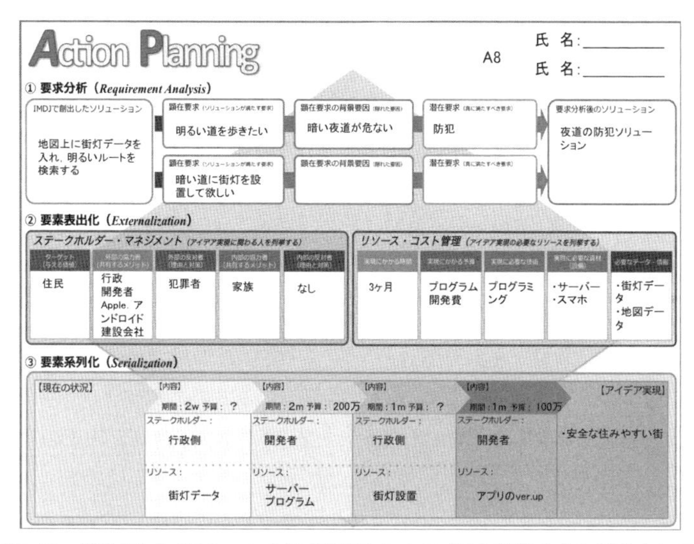


図5.10　創出されたAPシートを書き起こしたもの（個人情報を含む部分を加工）

### (ステップ1)

IMDJで創出されたソリューションと生成されたシナリオを整理する．IMDJのソリューションおよびAPによって精緻化されたシナリオの仮説は，「街路灯の多い場所は明るい．そして，明るい場所は安全である」というものであった．つまり，街路灯データの中に必要な変数は「緯度」，「経度」の情報のみである．

このシナリオを実現するためのステップとして，まずはオープンデータとして公開されている静岡県の道路照明灯データを利用した．当データは静岡県庁道路保全課がCSV形式でホームページにて提供しているものである．記載されているデータの変数名は「事務所名」，「路線名」，「管理番号」，「照明灯種別」，「設置位置」，「緯度」，「経度」，「X座標」，「Y座標」の9種類であり，静岡県庁が管理する県内の10, 832本の街路灯が記載されていた．そして，組合せる地図データとして，Googleが提供しているGoogle Maps API v3を用いた．前述の二つのデータをJavaScriptにより実装し，緯度と経度の情報から地図上にプロットしたものが図5.11である．この図にさらにルート検索機能を実装し，ルートの中で最も街路灯が多いルートを判断できるようにした．このアプリケーションの実装には約2週間を要した（表5.2のステップ1参照）．

本アプリケーションの評価を得るために，東京大学から最も近い行政機関の一つであり，シナリオのステークホルダーである東京都文京区役所の街路灯担当者にインタビューを行った．そして，本アプリケーションを評価してもらうとともに，文京区役所が管理する街路灯データの入手交渉を行った．すると，街路灯の維持管理は県，市，町がそれぞれ担当しているため，図5.11のプロットだけでは不十分であるという回答をもらった．つまり，図5.11に示すアプリケーションでは，県道にある街路灯のみが用いられており，実用的ではないというのだ．また，街路灯は光束によって明るさが異なっており，図5.11に示すアプリケーションではそれが反映されていないという指摘を得た．

一方，文京区役所は一般に街路灯データを提供していなかったが，街路灯データを用いたシナリオを担当者に見せたところ，交渉の末，本シナリオを実現することを前提とした研究目的の利用に限り，文京区内の街路灯データの提供を得た．

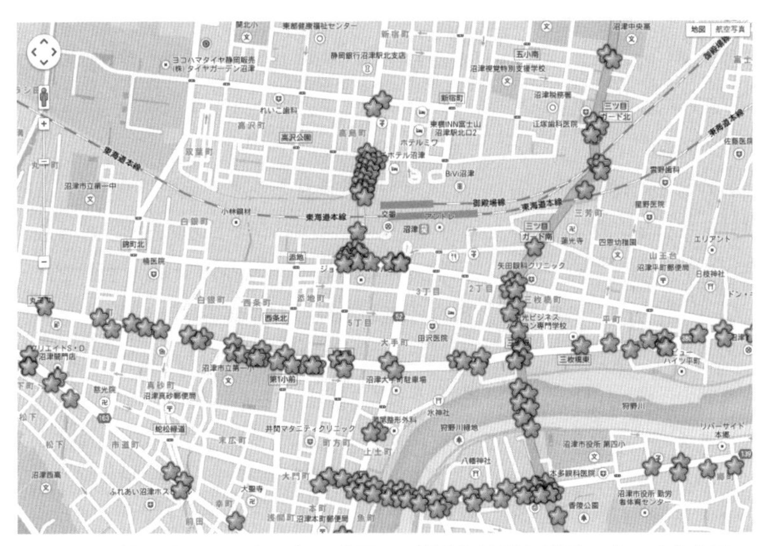


図5.11　静岡県のオープンデータを用いて街路灯情報を地図にプロットした図
（例として静岡県の沼津駅周辺を表示している）

## （ステップ2）

ステップ2では，ステップ1で行政の街路灯管理者からのフィードバックを踏まえ，開発者内で再度シナリオを検討した．ステップ1で開発したアプリケーションを利用するユーザの視点に立ったとき，ユーザがルート上に示される街路灯の本数を数え，明るいと判断したルートを決定することは現実的ではない．したがって，ルートを色によって明るさを識別可能なアプリケーションとするという改良案に至った（図5.12）．また，さらにアプリケーションの評価者としてステークホルダーに「市民」を加え，アプリケーションの改良と実験を行った．

文京区の街路灯データはCSV形式で提供されており，変数は「照明種別」，「管理番号」，「柱種」，「適合ランプ」，「町名」，「緯度」，「経度」の7種類であり，文京区内に存在する6,471本の街路灯データが記載されている（私道を除く）．ステップ1と同様にJavaScriptとGoogle Maps API v3を用い，「緯度」，「経度」および適合ランプの種類から光束の数値化を行ったものをマップ上に可視化した（図5.13）．

続いて，ステークホルダーである「市民」からのフィードバックを得るため，被験者を募り，GPS機能を備えた携帯端末を持って，夜間に特定の区間を歩いてもらう実験を行った．実験後に，明るいと感じたエリアと暗いと感じたエリアに関するアンケートを実施した．そして，GPSで被験者が移動したルートと明るさに関する主観評価の結果と実際の光束による明るさをサポートベクターマシン（SVM）および判別分析法で比較したところ，判別率は75%程度であった．被験者の行動およびアンケートによるフィードバックで，夜間は比較的大きな通りを利用する傾向があることが分かった．また，本ステップが完了するまでに約3週間を要した（表5.2のステップ2）．

図5.12 ユーザにとって有用な明るさ表示を検討する様子

図5.13 明るさを考慮して文京区東京大学本郷キャンパス周辺の街路灯情報をプロットした図（点の濃淡は街路灯の明るさの程度を表す）

## （ステップ3）

ステップ2の被験者からのフィードバックにより，大通りの明るさが重要であることが分かったため，本ステップでは，より精緻な分析結果を得るために都道に関するデータの取得の交渉を行った．ステップ2と同様に，東京都庁の建設局に街路灯データの利活用方法と分析結果を見せることで，データ入手の交渉を行った結果，一般的に共有可能となっていない都道の街路灯に関するデータの提供を得た．このデータには，文京区の街路灯データと同様に，「緯度」，「経度」，「光束」の情報が含まれているため，文京区の街路灯データとの粒度を揃える加工を施し，再度SVMおよび判別分析法を被験者のデータに適用した．その結果，判別率は約82%に向上した．つまり，新たなデータの追加により，より高い精度で明るい道を識別することができたのである．以上のプロセスを完了するまでにおよそ5週間を要した（表5.2のステップ3参照）．

表5.2 分析および行動の各ステップで関わった要素

| ステップ | 要素名 | 概要 |
| --- | --- | --- |
| ステップ1 | ステークホルダー | 開発者 |
| | | 評価者「行政」 |
| | ツール | JavaScript |
| | データ | Google Maps API v3 |
| | | 静岡県街路灯データ（緯度，経度） |
| | 期間 | 2週間 |
| ステップ2 | ステークホルダー | データ提供者「文京区役所」 |
| | | 開発者 |
| | | 評価者「住民」 |
| | ツール | JavaScript |
| | | Python |
| | | R |
| | | サポートベクターマシン |
| | | 判別分析法 |
| | データ | Google Maps API v3 |
| | | GPSによる位置情報（緯度，経度，時間） |
| | | 文京区街路灯データ（緯度，経度，光束） |
| | 期間 | 3週間 |
| ステップ3 | ステークホルダー | データ提供者「文京区役所」 |
| | | データ提供者「東京都庁」 |
| | | 開発者 |
| | | 評価者「住民」 |
| | ツール | JavaScript |
| | | Python |
| | | R |
| | | サポートベクターマシン |
| | | 判別分析法 |
| | データ | Google Maps API v3 |
| | | GPSによる位置情報（緯度，経度，時間） |
| | | 文京区街路灯データ（緯度，経度，光束） |
| | | 東京都街路灯データ（緯度，経度，光束） |
| | 期間 | 5週間 |

### 5.4.2 シナリオ実施における課題発見とフィードバック

IMDJによって要求を満たすデータの組合せから創出されたソリューションは，APによってステークホルダーや必要なリソースを考慮した戦略的シナリオとなる．しかし，実際にシナリオを元に行動すると，途中で仮説を修正したり，期待する結果が得られないといった理想と現実のギャップに遭遇する．しかし，ステークホルダーからのフィードバックにより，新たなステークホルダーの存在が明らかとなったり，必要なデータの存在について気づきが得られることが分かった．

また，文京区役所および東京都庁では，通常は一般に共有できないデータでも，当該データの活用方法を示したシナリオを提示すれば，範囲を限定してデータの共有が可能であるという重要な示唆を得た．この現象は，創出されたデータ利活用案（ソリューション）を見たデータ保有者は，該当データを共有するための有益な情報（所有者や入手方法など）を新たに提供する傾向が見られたという研究（第3章）の報告と合致するものであり，IMDJおよびAPが有効に作用したものである．

今回紹介した事例でお分かりいただけるように，データ利活用ではシナリオに基づく行動，分析，そして評価（フィードバック）のサイクルを回すことで，目的達成のための新たな課題が発見できる他，新たなデータ，データの変数，そしてステークホルダーが追加されることが分かった．また，ステップを経ることでステークホルダーや必要なデータ，分析ツールなどが増大し，目的達成までの期間は延長されるものの，精度の高い分析結果を得られる可能性は高くなりことが理解できる．以上のことから，行動しながら新しい知識を取り込み，シナリオを修正することが重要であることが分かる．

### 5.4.3 IMDJとAPから生まれたデータ利活用事例

IMDJおよびAPからは，今までにさまざまなツールやデータ利活用事例が誕生してきた．本節では，その一部を紹介しよう．まずは，前節で紹介した街路灯データによるアプリケーションである．この事例はいくつかの講演会や国際学会で話題となり，聴講者の多くが，一般に共有されていないデータの利活用とデータの入手交渉に対して意欲的になったとの反響があった．また，放射性物質の廃棄候補地を議論するために人口密度のデータと地震のリスクを地図上にマッピングすることで専門家の意思決定を促したり，給水情報と災害情報の組合せから得たソリューションが市民の災害時の用水備蓄行動を促進させたという報告がある．さらに，有給休暇の取得状況と株価上昇率の間に正の相関関係があることを発見するなど，興味深いデータの組合せと分析事例も報告されている．

また，IMDJおよびAPの結果から，いくつかの新しいツールが関連研究として誕生している．第3章で紹介されているTangled StringはIMDJ中に行われた議論から誕生した新しい分析ツールである（第3章参照）．現在では，当初の要求であった「話題の発端となる発言を抽出する」ツールにとどまらず，株価や地震の変化の予兆を捉えるツールとして発展してきている．また，同様ニーズから，新しい変化検知ツールも開発され，消費者のスーパーマーケットにおける購買行動の変化や高次元時系列データの解析などに応用されている．

さらに，IMDJおよびAPで創出された要求，ソリューション，そしてデータ利活用シナリオから，IMDJおよびAPを改善する分析事例やアプリケーションが作られるようになったのも注目に値する．次節では，その中でもIMDJおよびAPのデータ利活用支援のためのアプリケーションについて紹介する．

## 5.5 シナリオ生成を支援するアプリケーション

IMDJおよびAPからさまざまな分析事例，ツール，そして新たなデータが生み出されたことは前節で述べた．本節では，要求，ソリューション，そしてデータ利活用シナリオから，IMDJおよびAP自身を改良するようなアプリケーションおよび関連技術について説明する．

### 5.5.1 データ利活用知識構造化と検索システム：DJストア

欲しいデータを入手したいとき，データに関連するキーワードを入力して検索することは現在では通常の動作となった．しかし，専門性の高いデータや，新しく収集されたため適切なキーワードや説明文の付与されていないようなデータの場合，どのようなキーワードで検索できるのかという知識は確立しておらず，利用者の検索意図に合致したデータを発見することは難しい．この問題の原因として，人間にとって自分の関心事をデータ内の用語（変数名や概要など）で表すことは必ずしも容易ではないことが挙げられる．さらに，コンピュータにとって，人の関心事を理解することが難しい．したがって，文字やデータをただ羅列するのではなく，コンピュータに可読な記述と，人の関心を表す記述を結ぶように知識やデータの関係を構造化することは，利用者の検索意図に合致したデータに関する情報を検索するシステムを作る上で必須となる．すなわち，データのみならず多様な文脈とその背景にあるさまざまな人の観点から示されたIMDJのデータ利活用案である「ソリューション」および「要求」を構造化し，再利用することで，自分の要求に合うデータがどこにあるのか，そして，自分のソリューションがどのようなデータ，分析方法を用いることで実現し得るのかについて知ることができるだろう．

データジャケットストア（Data Jacket Store：DJストアと略）は，データジャケットに含まれる情報を羅列するだけでなく，過去のデータ利活用方法検討ワークショップIMDJにて検討された要求，データ利活用案（ソリューション）によって価値を認められたデータの関係をデータ利活用知識として再利用した検索システムである．本システムを用いることにより，データジャケットを利用する人が自分と異なる視点を持つ他の利用者が考案した該当データの使い道を発見したり，逆に，ある用途を検索しようとする人が過去の別の人が考案したデータ結合案から役に立つデータジャケットを探し出すことが可能となる（図5.14，図5.15）．

DJストアはすでに2015年1月からIMDJの支援ツールとして導入され，今では必要不可欠なアプリケーションとなっている．DJストアに用いられているデータ利活用知識モデルを用いた知識の蓄積はDJストアの情報ソースとして必要不可欠であるが，新しく実施するIMDJではシナリオマップ上のデータジャケットだけに縛られることなく，DJストアから検索されるデータジャケットを援用し，ソリューション創出を進めていくという方法がデータ利活用方法の検討を効果的に進める効果が見られている．

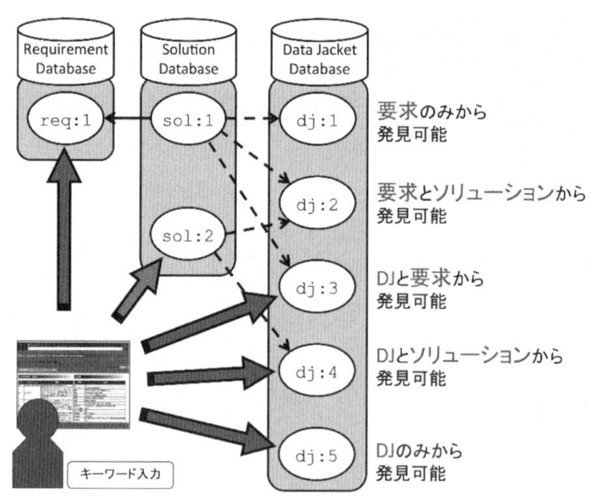


図5.14　ある入力キーワードに対する検索対象データベースとデータジャケットの発見例（参照するデータベースによって，発見可能データジャケットが異なる）

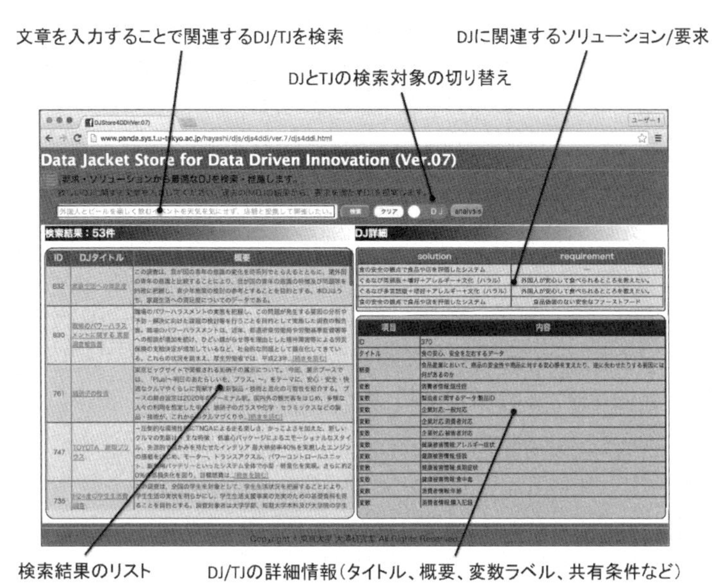


図5.15　DJストアのインタフェース（「外国人とビールを楽しく飲むイベントを開催したい」という入力に対し検索結果一覧を取得した例（画面左）. DJタイトルをクリックすると, データジャケット中の詳細情報を参照できる（画面右）.）

## 5.5.2 実行動におけるステークホルダーの表出化：リソースファインダー

前節では, データ市場におけるシナリオの創出は, すでに知識として確立した行動を策定するだけではなく, まだ知識として確立していない行動, 特にデータ利活用による新事業の創出におけるシナリオを対象としていることを述べた.

異なる分野のデータ交換や保有データの利活用に対する期待は高まっているものの, データの分析方法や欲しいデータの入手方法は知識として確立していないのが現状である. さらに, データ分析の結果などを実際のビジネスに活かすためには, 各段階でさまざまな障壁が存在している. 特に, 自組織内でさえデータの扱いについて方針が共有されているわけではなく, データ利活用に関わる社内外のさまざまなステークホルダーの検討の重要性が指摘されている[1]. しかし, 膨大な情報から自身の問題解決に必要な知識を発見することが困難であるように, 複数の領域にまたがって存在する全てのステークホルダーを考慮することは難しい.

また，ビジネス環境の複雑化に伴い，マネジメントする対象のステークホルダーの複雑性が増していることも，データ共有の複雑化に拍車をかけている．そのため，意思決定者は異なる価値観や関心を持つ多様なステークホルダーとの関係，つまり戦略的シナリオへの関わり方を明確にすることが必要である．しかし，ステークホルダーの関わり方は，ビジネスの文脈によって異なる．例えば，本章で度々登場する街路灯のソリューションを元に考えてみよう．「街路灯情報を地図上にマッピングし，夜間に明るいルートを提案するアプリケーションの開発」という事業シナリオの文脈において，住民はシナリオ実現に協力的な立場を取るかもしれない．なぜなら，子を持つ親であれば，自分の子供がもっとも安全に帰宅できるルートを知ることができるし，アプリケーションが普及すれば自分の住んでいる街の防犯にもつながるからである．しかし，APで見たように，このシナリオには反対者が存在しうる．例えば，アプリケーションによって暗い地域が明らかとなってしまうと，そのエリアの夜間の犯罪発生件数が増加する可能性は否定できない．夜間に暗い地域に生活する住民はシナリオ実現に反対する可能性もある．

では，シナリオを少し別の視点から考えてみよう．例えば，先ほどのシナリオを「街路灯情報から夜間に暗い地域を明らかにし，新たな街路灯の設置エリアを発見する」のように変えて，結果は街路灯を設置する行政関係者だけに見せることにするとどうだろうか．このシナリオの場合，暗い地域の住民は協力的な立場になるかもしれない．しかし，新しい街路灯設置と維持のコストから，行政関係者が反対するステークホルダーとして新たに表出するかもしれない．このように，同じステークホルダーでもシナリオによって，シナリオへの関わり方が変わってくる．つまり，ステークホルダーのシナリオへの関係はシナリオの文脈に依存するのである．

以上のように，新事業創出において，ステークホルダーが誰であり，シナリオにどのように関わってくるのかということは，シナリオ実現において検討すべき重要な課題である．しかし，異なる分野を横断したデータ利活用に関わるステークホルダーとその関係についての組合せは膨大となり，全てのステークホルダーを考慮して実現しうるシナリオを策定することは困難である．そこで，人間のシナリオ創出の支援として，新事業に関わるステークホルダーを推薦するシステムが必要であると考えられる．

リソースファインダーは，データ利活用による新事業創出という既存の知識では解決が困難な問題に対して，ステークホルダーを推薦するシステムである．知識ベースとして，APで創出されたデータ利活用シナリオを構造化したデータベースとDBpedia（RDFで構造化されたWikipediaの情報）を用い，シナリオに関連すると考えられるステークホルダーについての情報を表出化し，シナリオ生成時に気づきえない潜在的に関係のあるステークホルダーとシナリオにおける関係を推定するシステムとなる．リソースファインダーを用いることにより，例えば，「twitterのつぶやきデータから隠れた穴場となるスポットを抽出し，観光場所として推薦するサービス」という簡単なシナリオを入力すると，通訳案内士は協力者，ネットワークエンジニアは協力者，バスガイドがターゲットとして検索される．リソースファインダーはAPのステークホルダー表出の支援ツールとして2015年から導入されている．

### 5.5.3 分析シナリオ生成における変数ラベル推定

データ利活用案検討の中で特に重要となるのがデータに含まれる変数についての議論であることは第3章および第4章で述べられた．データジャケットでは，データに含まれる変数は，「変数ラベル（Variable Label）」としてメタデータ化されている．変数ラベルとは，データに含まれる変数の意味・名前を意味する．データ利活用方法の検討では，DJの変数ラベルの組合せから適用する分析ツールや期待する分析結果に関する議論が行われる．

しかし，データジャケットでは，メタデータとしてデータのタイトル，データ概要，変数ラベル，共有条件，データの保存形式などを記述する項目があるが，データジャケット登録者にすべての情報を入力することは強制していない．つまり，データジャケット登録者(データ保有者）が公開したい情報のみがデータジャケットに記述されるため，DJには必ずしも変数ラベルが含まれているとは限らないのである．そのため，変数に関する情報の不足により，本来結合する可能性のあるDJ同士が未結合となってしまうという問題がある．新たにデータを取得したい人がどのような変数を取得すると意思決定に役立つのか，という情報は蓄積されてこなかった．

変数クエスト（VARIABLE QUEST）は，変数に関する情報を含まないデータの概要情報から，そのデータに含まれる可能性のある変数ラベルを推定する方法である．例えば，「日本のある地域における年ごとの人口の推移を表すデータ」と入力すると，変数クエストのシステムは，このデータに含まれる可能性の高い変数ラベルを推定してくれるのである．現段階のシステムでは，「年齢区分（5歳毎）」，「人口（女）」，「人口（男）」，「人口（総数）」，「出生数」，「死亡数」，「転入者数」，「死亡者数」，「転出者数」，「人口」，「年月日」，「世帯数」が出力される．これは直観的にも人間の感覚に近いように思えるだろう．

変数クエストの基本的なアイデアは，変数ラベルには，同時に取得される頻度が高いペアが存在し，変数ラベルの共起度を用いることで，欠けている変数ラベルを補えることが可能となるというものである．

つまり，「緯度」と「経度」は位置情報を持つデータで同時に登場する頻度が高い．また，「性別」，「体重」，「身長」は健康診断のデータなどで同時に取得される可能性が高い．このように，変数ラベルにはデータ内で同時に登場する性質（共起性）を持つものが存在しており，この性質を用いれば，片方が欠けていても変数ラベルを推定できるだろう，という仮定によって作られている．以上のアイデアを用いて，変数ラベルの以下の二つの特徴をモデル化して構築した検索システムが変数クエストである．

・モデル1：データ概要の類似度が高いデータ同士は類似している

・モデル2：同じ変数ラベルの集合を有するデータ同士は類似している

モデル1は，データ概要の類似度が高ければ，データが保有する変数ラベルも類似しているという仮定に基づいたモデルである（図5.16）．例えば，「静岡県庁が提供する街路灯に関する設置データ（$DJ_x$）」というデータの内容を示す概要情報（変数ラベルは未知）がある．ここで，「東京都が設置した街路灯の位置情報（$DJ_1$）」と「東京都における年齢別の人口割合（$DJ_2$）」という二つのデータ概要があったとき，それぞれのデータ概要が$DJ_x$と似ている度合いを「類似度」と呼び，それぞれ similarity($DJ_x$, $DJ_1$), similarity($DJ_x$, $DJ_2$)とする．ここでは，$DJ_1$は街路灯の設置という共通のキーワードを有しているため，$DJ_2$と比較して$DJ_x$との類似度が高い(similarity($DJ_x$, $DJ_1$)>similarity($DJ_x$, $DJ_2$))と考えられる．そうすると，モデル1にもとづいて考えると，変数ラベルが未知である$DJ_x$は，$DJ_1$が保有する変数ラベルと同じ変数ラベルを保有している可能性が高いと考えられる．つまり，$DJ_x$は街路灯設置情報として街路灯の設置位置を表す「緯度」，「経度」および街路灯の明るさを表す「光束」という共通の変数ラベルを保有している可能性が高く，モデル1により変数ラベルが未知のデータ概要から，含まれている可能性の高い変数ラベルの集合が得られる．

続いて，モデル2を見てみよう．図5.17のように，例えば，「東京都内のバス

停の位置データ ($DJ_3$)」に含まれる変数ラベルは「緯度」,「経度」,「バス停名」であるとしよう．一方で，モデル1の例でみたように，「東京都が設置した街路灯の位置情報 ($DJ_1$)」に含まれる変数ラベルは「緯度」,「経度」,「光束」であった．すると，これらの二つのデータで共通しているのは，変数ラベル「緯度」および「経度」を含んでいることである．つまり，「緯度」と「経度」の変数ラベルは同時に取得される可能性が比較的高い変数ラベルの組みであるということができる．同様に考えて，変数ラベルとして「会社名」,「性別」,「年齢」,「人数」を有する「会社における男女の構成データ ($DJ_4$)」というデータと，変数ラベルとして「地域名」,「性別」,「年齢」,「人数」を持つ「東京都における年齢別の人口割合 ($DJ_2$)」のデータを比べてみる．すると「性別」,「年齢」,「人数」の変数ラベルは同時に登場する頻度が高い（共起度が高い）変数ラベルの組であることが分かる．

以上のモデルを実装すると，例えばデータジャケットとして登録されていないデータ概要である「日本のある地域における年ごとの人口の推移を表すデータ」または「岡山県が管理している街路灯設置情報」と入力すると，変数クエストのシステムは，表5.2と表5.3のように，このデータに含まれる可能性の高い変数ラベルを自動的に推定してくれる．表に見るように，データ概要の類似度（モデル1）だけでは関連の少ないと思われる変数ラベルが出てしまうが，変数ラベルの共起度（モデル2）を含めることでより関係のあると考えられる変数ラベルを得ることができる．

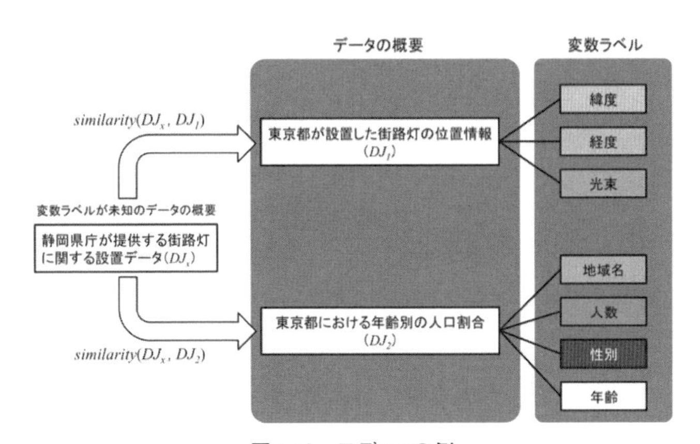


図5.16　モデル1の例

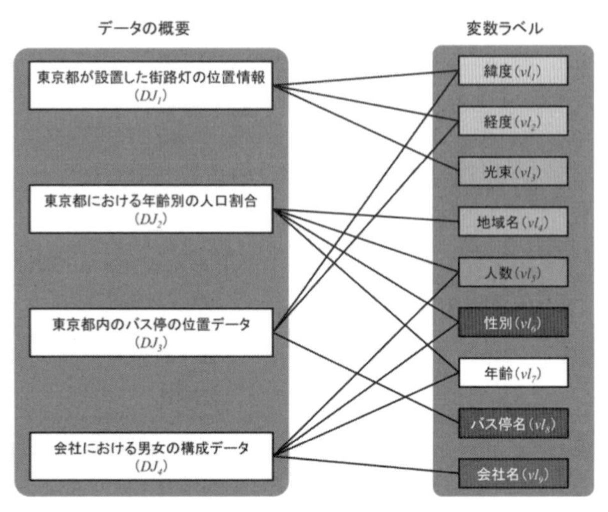


図5.17 モデル2の例

表5.2 「日本のある地域における年ごとの人口の推移を表すデータ」というデータ概要から推定された変数ラベル

| 提案手法<br>(モデル1と2の組合せ) | モデル1のみ |
|---|---|
| 年齢区分(5歳毎) | 人口(女) |
| 人口(女) | 人口(男) |
| 人口(男) | 人口(総数) |
| 人口(総数) | 農家総人口 |
| 出生数 | 農業就業人口 |
| 死亡数 | 農業就業人口(男) |
| 転入者数 | 農業就業人口(女) |
| 死亡者数 | 専業農家数 |
| 転出者数 | 兼業農家数 |
| 人口 | 年(5年毎) |
| 年月日 | 前回増減 |
| 世帯数 | 流入人口 |

表5.3 「岡山県が管理している街路灯に関するデータ」という
データ概要から推定された変数ラベル

| 提案手法<br>（モデル1と2の組合せ） | モデル1のみ |
|---|---|
| ランプ種別 | 漁協組合名 |
| 定格寿命 | 区別 |
| 色温度 | 読み |
| 照明種別 | 港名 |
| ランプ等級 | 漁協番号 |
| 演色性 | 種別 |
| 柱種別 | 経度 |
| 光束 | 緯度 |
| 消費電力 | ランプ種別 |
| 管理番号 | 定格寿命 |
| ランプ種別 | 色温度 |
| 照明灯種別 | 照明種別 |

## 5.6 本章のまとめ

元々，アクション・プランニングはIMDJの後処理あるいは最後のステップとして付随的に考案されたものであった．その理由は，IMDJで得られる提案（ソリューション）が雑駁なアイデアであることが多く，アイデア倒れを防ぐためには計画の論理化と，それによる改善が必要であったためである．すなわち，アクション・プランニングは，期待どおりの結果を生まないアイデアを全体から部分に至るまで再構築するという意味で非単調推論の応用であるというのが本章の一つの立場である．

この視点でアクション・プランニングを実施するための支援技術としてDJストアなどについても述べた結果，変数名や変数に関する情報が含まれていなくても，データの概要情報から変数ラベルを推定する技術（5.5節）も得られたことは自然な帰結であるといえよう．すなわち，想定した結びつきが却下された場合，想定されていない結びつきを発生させる必要がある．変数クエストによって，データ同士の潜在的な結合可能性を意思決定者に提示できれば，データ利活用を促すことが可能となる．変数クエストは2016年3月に開発され，現在アクション・プランニングの分析シナリオ生成に用いられており，さらなる開発も進んでいる．また，新たにデータを取得し，意思決定に役立てたいと考えるデータ市場のプレイヤーに対し，どのような変数を取得することが意思決定において重要であるのかという知見を示すことができると期待されている．このように非単調推論の実践的応用としてデータ市場を捉え，そこにおけるイノベーションを支援するという考え方は，第6章に継承される．

## 参考文献


[1] 経済産業省平成26年度経済産業省委託事業，我が国経済社会の情報化・サービス化に係る基盤整備（データ駆動型イノベーション創出に関する調査事業）調査報告書，2015 http://www.meti.go.jp/meti_lib/report/2015fy/001102.pdf，［最終アクセス2016年3月16日］

[2] 松原仁，山本和彦，フレーム問題について，『人工知能』，Vol.2，No.3，pp.266-272，1987

[3] Hayashi, T., Ohsawa, Y., Processing Combinatorial Thinking, Innovators Marketplace as Role-based Game plus Action Planning, *International Journal of Knowledge and Systems Science*, Vol.4, No.3, pp.14-38, 2013

[4] 西村行功,『シナリオ・シンキング』, ダイヤモンド社, 2003

[5] キース・ヴァン・デル・ハイデン,『シナリオ・プランニング「戦略的思考と意思決定」』(訳：西村行功), ダイヤモンド社, 1998

[6] 大澤幸生,『チャンス発見のデータ分析』, 東京電機大学出版局, 2006

[7] Katada, T., Asada, J., Kuwasawa, N., and Oikawa, Y., Development of practical scenario simulator for dissemination of disaster information, *Journal of Civil Engineering Information Processing System*, Vol.9, pp.129 -136, 2000

[8] Kushiro, N., Mastuda, S., Torikai, R., and Takahara, K., A System Design Method Based on Interaction Between Logic and Data Sets, *IEEE-ICDMW 2014*, pp.462-469, 2014

[9] Cropley, A.,*Creativity*, London, Longmans, 1967

[10] Finke, R.A., Ward, T.B., and Smith, S.M., *Creative cognition*, *Theory*, *research*, and applications, A Bradford Book, 1996

[11] McDermott, D. and Doyle, J., Non-monotonic logic I, *Artificial Intelligence*, Vol.13, pp.41-72, 1980

[12] Hayashi, T., Ohsawa, Y., Comparison of Conflict Resolution Behavior and Scenario Generating Process in Group and Individual by Handwriting Process Analysis,*Intelligent Decision Technologies*, pp.1-9, 2016

[13] Koga, T., and Aoyama, K., Product behavior and topological structure design system by step-by-step decomposition, *ASME 2004 Design Engineering Technical Conferences and Computers and Information in Engineering Conference*, pp.425-437, 2004

[14] Hayashi, T., Ohsawa, Y., Relationship between Externalized Knowledge and Evaluation in the Process of Creating Strategic Scenarios, *Open Journal of Information Systems*, Vol.2, No.1, pp.29-40, 2015

[15] Miyake N., Constructive Interaction and the Interactive Process of Understanding,*Cognitive Science*, Vol.10, No.2, pp.151-177, 1986

[16] 石井成郎, 三輪和久, 創造的問題解決における協調認知プロセス,『認知科学』, Vol.8, No.2, pp.151-168, 2001

# 第6章 IMDJプロセスによるデータ市場の社会実装

IMDJを用いたデータ市場創出とデータによるイノベーション創造の実例として，経済産業省の「我が国経済社会の情報化・サービス化に係る基盤整備（データ駆動型イノベーション創出に関する調査事業）」「先端課題に対応したベンチャー事業化支援等事業（データ利活用促進支援事業：データ駆動型イノベーションを実行するプラットフォーム・プロセス支援）」などの取組みを紹介する．

## 6.1 行政事業としてのデータ駆動型イノベーション

本章では，これまで論じてきたIMDJプロセスを社会実装した事例として，

平成26年度経済産業省委託事業「我が国経済社会の情報化・サービス化に係る基盤整備(データ駆動型イノベーション創出に関する調査事業)」(以下，平成26年度METI事業)

平成26年度補正経済産業省委託事業「先端課題に対応したベンチャー事業化支援等事業（データ利活用促進支援事業：データ駆動型イノベーションを実行するプラットフォーム・プロセス支援）」(以下，平成26年度METI補正事業)

の二つの取組みについて紹介する．

経済産業省では，各企業において取得・蓄積されている大量かつ多様なデータのビジネス活用を，当該企業やグループ内のみで閉じるのではなく，分野や組織の壁を超えてデータを利活用したイノベーション（以下，データ駆動型イノベーション：DDI）へと発展させることを目的に，平成26年6月にデータ駆動型イノベーション創出協議会（以下，DDI協議会）を立ち上げている．その協議会の中間発表で提示された課題の概要が表6.1である．

これらの課題が生じる背景として，データの取引方法やパーソナルデータの

取扱いなどが定まっていないという形式的な要因が挙がっているが，それらの要因については，本公募での議論や関連する検討を踏まえ，既にガイドライン等[2, 3, 4]が公表されている．本事業における論点は，そのような形式的な環境が整備された中でも，企業の利益を損なう可能性があるなどの理由から，データエクスチェンジに躊躇するという心理的な壁を乗り越える為の方法論を探し出すことにある．

**表6.1 分野・組織の壁を超えたデータの利活用によるイノベーションの促進に向けた主な課題**

| DDIに関わる組織 | 課題 |
|---|---|
| データ保有する組織 | ・データの所在・価値に気づいていない．データを提供する意義を理解していない<br>・データが，イノベーションのツールではなく，オペレーションのツールになっている<br>・データを提供する相手が見つからない |
| データを利活用する組織 | ・どこに，どのようなデータがあるのかわからない<br>・他社のデータを利活用することの便益・リスク，それらを管理する方法がわからない<br>・法制度が曖昧であり，消費者とのトラブルを懸念し，データの利活用を躊躇 |
| 異なる組織をつなぐプラットフォーム | ・データ取引の仲介を行う者は，新しいビジネスであるため信用が乏しく，データの保有者や利活用者から，取引相手として認めてもらえない<br>・現状の市場規模が限定的で，資金調達が困難<br>・契約，値決め，フォーマットなど，取引に必要な手続きが標準化されておらず，円滑な仲介が困難 |

（出典：データ駆動型イノベーション創出戦略協議会中間取りまとめ [1]）

これらの課題を解決していくためには，前述のとおり，データあるいはデータ概要を羅列するだけのデータマネジメント・システムが存在するだけでは不十分であり，データの中身をエクスチェンジする前に，データを利活用したアイデアを検討・具体化するコミュニケーションを経て，データエクスチェンジへと繋げていく，ダイナミックなプロセスが必要であると考えられる．これまで論じてきたように，IMDJ プロセスは，まさしくそのようなことを支援するためのものであり，上記の公募事業に採択されるに至った．

本章では，これらの取組みを紹介すると共に今後の期待などについても論述する．

# 6.2 データ駆動型イノベーションとIMDJプロセス

## 6.2.1 データ駆動型イノベーションを進める上での課題

前節では，データ駆動型イノベーションを推進するための公募事業にIMDJプロセスが採用されていることを示したが，本節ではそれらの関係性について，もう少し詳細に見ていくこととする．

前述の中間取りまとめの指摘の他に，これまでの各所におけるデータ利活用に関する議論などから，データ駆動型イノベーションを促進しようとした場合の課題は，以下の二つに大別することができる．データ駆動型イノベーションを社会に定着させていくためには，これらの壁を乗り越えることが必要となると考えられる．

- 分野・組織の壁を超えたデータ利活用の検討が始まらない課題
- データ利活用の検討の結果アイデア創出に至るも，実行に至らない課題（規制制度の問題除く）

表6.1にも記載のとおり，一般的にはデータが先にないと，データ利活用アイデアも創出できないので，データエクスチェンジが進まないとの理解がされていると考えられる．つまり，データ利活用組織は以下のようなデータ駆動型イノベーションの流れを想定しているものと考えられる．

- 自社の解決したい課題を明確にし，その課題解決に利活用できそうなデータ等を公開された情報から探し出す
- データ利活用によるビジネス戦略の具体的検討を進め，自社内で実施方法，データ保有組織との協業の在り方等について検討する
- 実現に向け，データ保有組織にデータ取引時の契約形態等について打診，自社内も含むステークホルダー間で，ビジネス検討や実施の合意形成を行う
- 分野や組織を超えたデータ利活用ビジネスの有用性や実現可能性を検証した上で，実行する

このような課題認識に呼応する形で，CKANなどのデータマネジメント・システムが構築されているが，データ駆動型イノベーションが急激に進んでいるという状況には達していないのが実情といえる．そのようなデータエクスチェンジ促

進戦略に対し，IMDJの基本プロセスは，下記のようなものである．

・ DJという形で，限られた範囲内でデータの概要情報を公開する
・ 課題解決のための議論の場を設定し，データ（概要情報）利活用によるアイデア創出を行う
・ 創出されたアイデアの具体的検討時に，ビジネス戦略的側面に留まらず，データ分析・利活用側面の詳細化（シナリオ化）も進め，その後のビジネス検証・実現をドライブさせる
・ 実現に向け，データ保有組織にデータ取引時の契約形態等について打診，自社内も含むステークホルダー間での合意を形成する
・ 分野や組織を超えたデータ利活用ビジネスの有用性や実現可能性を検証した上で，実行する

詳細は後述の議論を参照していただきたいが，IMDJプロセスの特長は，①データの中身を公開・共有せずとも，データの活用方法を議論検討できるようにすることで，その後のデータエクスチェンジを促す，②ビジネス検証や実行に向けたシナリオを議論・合意するプロセスを提供することで，ビジネスの実現や実行を促す，ことなどである．これらのIMDJプロセスの特長が，データ駆動型イノベーションの課題を克服するために適していると考えられる理由であるが，以降ではそれぞれの課題への対応につき，さらに詳細に見ていくこととする．

### 6.2.2 データ共有に至るまでの悪循環への対応

まず，前述の二つの課題のうち，前者について考えてみる．

顕在化している最大の課題は，データ保有組織がデータ利活用組織とデータエクスチェンジをしていない，あるいはそのための行動を起こしていないことである．この課題の主な背景として，データ保有組織を取り巻く以下の状況が考えられる．

① 既に当該データの利活用を実施，あるいはその目処が立っており，自社のみで保有することが，自社のビジネス展開上，重要であることが分かっている
② データを共有する環境が整っていない
③ 自社データを外部に提供することによるメリットが感じられない

①に該当する場合，データ保有組織のデータ利活用による事業戦略に基づき，データを外部に出さないことが明確であるならば，ここでの議論のフォーカ

スから外しても構わないであろう．世間には，データを無償でオープン化することがデータ市場であるかのような誤解があるが，本書で言及している真のデータ市場の創成にとっては逆効果でもあるため，注意を要する．

②に該当する意見は少なからず存在し，その意見の背景にはセキュリティやプライバシーの問題を含めてのデータ共有の環境を指摘していると考えられる．これらが真の課題であるなら，これらの環境整備により状況が改善される可能性が高いといえるが，そのような環境整備が進んでいる昨今でも大きく状況が変わっていない現状からして，副次的な要因であると考えられる．

③に該当する場合は，データ保有組織が，事前にデータ共有のメリットを感じることができれば，データを共有する可能性があると考えられる．しかし現状では，データ利活用組織は外部組織が持つデータの中身や概要が分からないため，データ保有組織にデータ共有意義（利用方法や創出価値）やメリットを示すことができない．よってデータが共有されないという悪循環（以下，この課題を「データ共有に際する悪循環」と表記する）に陥っているのが現状といえよう．

以上より，③の構造的な課題を乗り越えることができることが重要となるが，IMDJプロセスにおけるデータ概要情報の公開，およびそれに基づく関係ステークホルダー間のコミュニケーションによるビジネスアイデア出しで，その課題を乗り越えられると考えられる．

### 6.2.3 データ利活用アイデアが実現に至らない課題への対応

次に，前述の二つの課題のうち，後者について考えてみる．具体的には，仮にデータやデータ概要情報の提示がなされデータ利活用アイデアの議論が実行できたとしても，そこで提示されたアイデアが実行まで至ることが少ないという課題についてである．このような課題が発生する症状として，大きく三つの症状が考えられる．

- 思いつきのジャストアイデアを沢山出すことを重視してしまう
- 創出されたデータ利活用アイデアの可能性を十分検証せず，放置してしまう
- アイデア実現の検討をする際に，ビジネス戦略・展開上の議論ばかりしてしまう

ビジネスアイデア創出に関するワークショップでは，斬新なアイデアを思いつ

くことへの期待が大きくなりがちだが，各所で開催されているアイデアソン※1や
ハッカソン※2などの取組みにおいて，ジャストアイデアは豊富に創出されている
一方，それらのアイデアは放置されることも少なくなく，アイデアを実現したとい
う報告は非常に少ない．つまり，これまでにない意外なアイデアが出ないという
ことよりも，アイデアの実現に向けた具体的な活動が進展しないことのほうが
問題だといえる．

さらには，アイデア実現に向け，ビジネス戦略・展開上の議論ばかりしていて
も，データの利活用方法やその効果・意義が明確になっていないため，データの
入手交渉などが始まりにくいことが指摘できる．もちろん，新たなビジネスを成
功に導くためには，データや情報は資源の一つであり，データが鍵となるとは限
らない．資本，労働力，原材料，情報あるいはそれらのインプットを価値に変換
する組織力など，さまざまな資源の組合せやプロセス変革を通してイノベーショ
ンは達成される．そのような観点からすれば，ビジネス化の議論はもちろん重要
ではあるが，組織や分野を超えたデータ利活用を促進するためには，分析シナ
リオを構築・検証することが重要となる．分析シナリオの検討が十分に行われ
ないと，検討しているビジネスイメージと実際に必要となるデータやデータから
得られる知見に乖離が発生することが懸念され，データ入手交渉等に時間を要
することが想定される．つまり，図6.1の左側の状況から，IMDJプロセスを用
いることにより右側の状況に置き換えていくことが重要である．

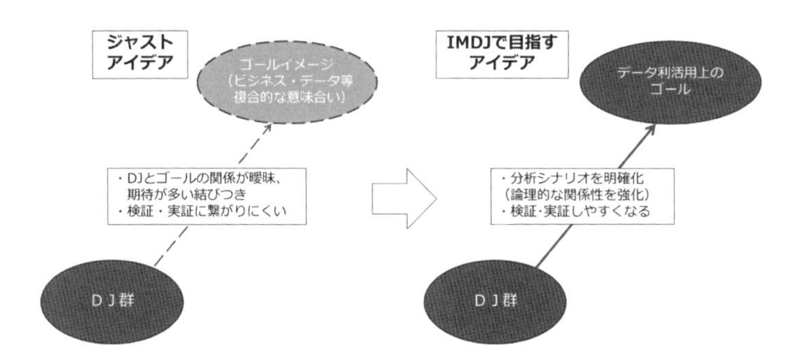


図6.1 DDIを実現するために創出すべきアイデア

※1 アイデアとマラソンを掛け合わせた造語．多様性あるメンバーの対話を通じ，新たなアイデア創出を短期間で行うイベント

※2 ハックとマラソンを掛け合わせた造語．チームメンバーが技術やアイデアを持ち寄り，短期間でプロトタイピングするイベント

では，具体的にそれをどのように行うかであるかであるが，特に何の制御もせずにワークショップを進行させると，シネクティクス（Synectics）等のアイデア発想法の影響の大きさからか，「二つのデータを組合せるとこのようなことができそうだ」という漠然とした期待に基づき，顧客に与える価値やそのデリバリー方法などのビジネス化に向けた議論が進んでしまうことも少なくない．

そのような状況に陥らないようにするための方法として，「要求の仮説化」と「DJの動詞化」が有効に働くことがある．あいまいなゴールイメージを明確にし，それに必要なデータに着目させる方法が，「要求の仮説化」である．これは，各ステークホルダーの要求や，設定したデータ利活用上のゴールを実現するためには，データからどのような知見を導出する必要があるのかを明確にする作業である（詳細および事例については，図6.2を参照されたい）．他方，各データでどのようなことができるかを考えることで，それらの組合せからどのような知見が導出されうるかに着目させる方法が「DJの動詞化」である（詳細および事例については，図6.3を参照されたい）．

以上の方法論も駆使して作成したアクション・プランニング・シートの記載例を図6.5に示す．このように，単なるジャストアイデアを論理的に整理することで，データの入手交渉やその後のデータ分析等をスムーズに進められるようなることが期待できる．

以上より，データを利活用したアイデアの実現可能性を高めるためには，データを用いて達成すべきゴールを明確にし，それをどのデータとどのデータを結合・活用することで実現できる可能性があるのかを論理的に考え，それを検証・実行へと進めていくことをサポートするIMDJを採用することで，「データ利活用アイデアが実現に向けて動き出さない」という課題も乗り越えられるものと考えられる．

## ❐ 要求の仮説化

### ■ 要求の仮説化とは

- DJを組み合わせた分析シナリオの論理性や実現性を高めるために、
  そのような要求が
  「なぜ、どこから、何が関わって出てくるのか」
  という要求が出された背景や本質に着目し、
  データから検証可能な仮説や知見を導くことを「要求の仮説化」と呼ぶ

### ■ ポイント

- 要求に関係する具体的なターゲット・ステークホルダーを考える
- 要求が提起される背景要因について考える
- 要求が満たされていないことによって起こる問題について考える
- 要求が提起される状況について考える

### ■ 事例

- サンプル要求

「都内の交通事故を減らしたり、道路の混雑を解消したりするために、自転車専用レーンを設けてほしい」

- 要求の仮説化例

| | |
|---|---|
| 仮説化 | 「自転車と車」より「自転車と歩行者」の事故発生件数が高い可能性がある |
| 検証方針 | 自転車が歩道、道路を通行していることによる事故発生件数を比較することで、検証できる |
| 利用変数 | 事故発生件数、事故の原因、加害者、被害者 |

| | |
|---|---|
| 仮説化 | 自転車人口を増やせば、自動車が減り、道路の混雑が解消できる可能性がある |
| 検証方針 | 自転車専用レーンを設けた国や自治体のデータから、混雑が解消したことを検証できる |
| 利用変数 | 道路名、混雑状況、混雑時間帯、車両数、車両密度 |

| | |
|---|---|
| 仮説化 | 車による交通事故よりも自転車による交通事故の方が少なく、事故の規模も小さい可能性がある |
| 検証方針 | 車・自転車による交通事故発生件数、事故発生率、事故の被害金額などを比較する |
| 利用変数 | 車による事故発生件数、自転車による事故発生件数、事故の被害状況・被害の程度、被害金額、加害者、被害者 |

図6.2 「要求の仮説化」例

## ❐ DJの動詞化

■ DJの動詞化とは

- 変数への着目度を高め、DJを組み合わせたアイデアを出しやすくするために、
  「データからどのようなことがわかるか、データを使うと何ができるか」というデータが持つ機能に着目し、
  DJを述語として捉え直すことを「DJの動詞化」と呼ぶ

■ ポイント

- 当該データが取得・保管されている目的を考える
- 変数の繋がりやキーとなる変数を様々考えることで、上記以外の使い方を考える

■ 事例

- サンプルDJ

| DJ | 固定資産税台帳データ |
|---|---|
| 変数 | 所有者の住所及び氏名又は名称並びにその所在、地番、地目、地積及び基準年度の価格又は比準価格、家屋番号、種類、構造など |

- DJの動詞化例

| 動詞化 | 各固定資産の所有者を**特定する** |
|---|---|
| 利用変数 | 物件の所有者の住所及び氏名、名称並びにその所在、地番 |

| 動詞化 | 各固定資産の価値を**追跡する** |
|---|---|
| 利用変数 | 物件の名称並びにその所在、基準年度毎の価格又は比準価格 |

| 動詞化 | 地域毎の土地の評価額を**推定する** |
|---|---|
| 利用変数 | 物件の所在・地番・地目、基準年度の価格又は比準価格 |

| 動詞化 | 構造種別、経年別の建物評価額を**モデル化する** |
|---|---|
| 利用変数 | 物件の種類・構造、基準年度の価格又は比準価格 |

図6.3 「DJの動詞化」例

この二つの思考方法を駆使することで，図6.4に示すような，データとデータから導きだすべき知見（ゴール）の関係性に関する仮説（分析シナリオ）を明確に示すことができるようになる.

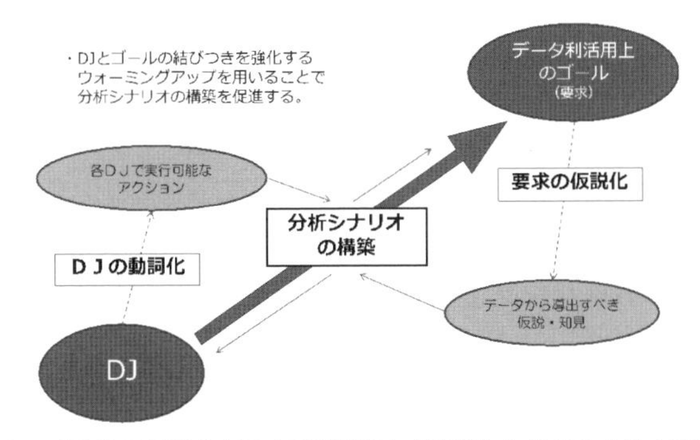


図6.4 「要求の仮説化」「DJの動詞化」を駆使した分析シナリオの構築

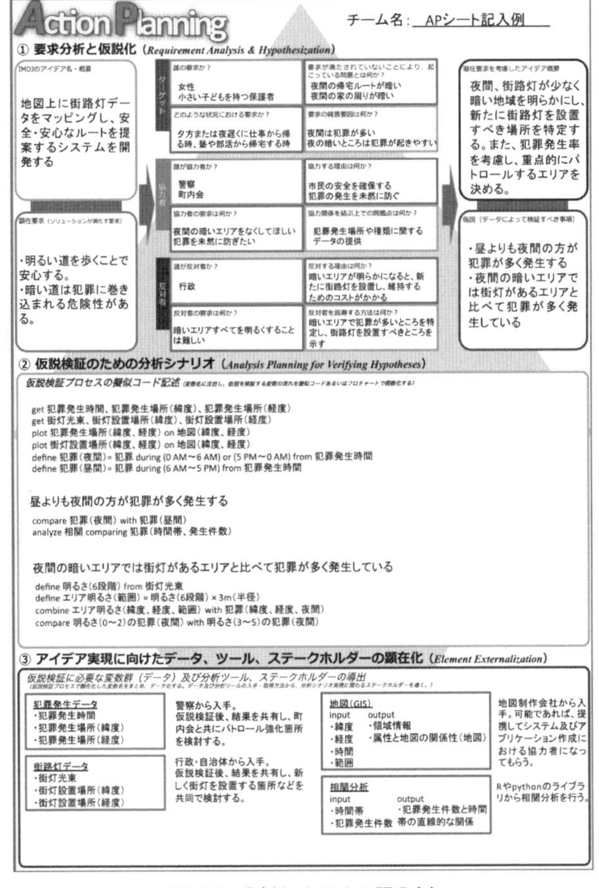

Action Planning

チーム名：APシート記入例

① 要求分析と仮説化（*Requirement Analysis & Hypothesization*）

IMDJのアイデア名・概要

地図上に街路灯データをマッピングし、安全・安心なルートを提案するシステムを開発する

顕在要求（ソリューションが満たす要求）

・明るい道を歩くことで安心する。
・暗い道は犯罪に巻き込まれる危険性がある。

ターゲット

誰の要求か？
女性
小さい子どもを持つ保護者

要求が満たされていないことにより、起こっている問題とは何か？
夜間の帰宅ルートが暗い
夜間の家の周りが暗い

どのような状況における要求か？
夕方または夜遅くに仕事から帰る時、塾や部活から帰宅する時

要求の背景要因は何か？
夜間は犯罪が多い
夜の暗いところは犯罪が起きやすい

協力者

誰が協力者か？
警察
町内会

協力する理由は何か？
市民の安全を確保する
犯罪の発生を未然に防ぐ

協力者の要求は何か？
夜間の暗いエリアをなくしてほしい
犯罪を未然に防ぎたい

協力関係を結ぶ上での問題点は何か？
犯罪発生場所や種類に関するデータの提供

反対者

誰が反対者か？
行政

反対する理由は何か？
暗いエリアが明らかになると、新たに街路灯を設置し、維持するためのコストがかかる

反対者の要求は何か？
暗いエリアすべてを明るくすることは難しい

反対者を説得する方法は何か？
暗いエリアで犯罪が多いところを特定し、街路灯を設置すべきところを示す

潜在要求を考慮したアイデア概要

夜間、街路灯が少なく暗い地域を明らかにし、新たに街路灯を設置すべき場所を特定する。また、犯罪発生率を考慮し、重点的にパトロールするエリアを決める。

仮説（データによって検証すべき事項）

・昼よりも夜間の方が犯罪が多く発生する
・夜間の暗いエリアでは街灯があるエリアと比べて犯罪が多く発生している

② 仮説検証のための分析シナリオ（*Analysis Planning for Verifying Hypotheses*）

*仮説検証プロセスの擬似コード記述*（変数名に注目し、仮説を検証する変数の流れを擬似コードあるいはフロチャートで簡略化する）

```
get 犯罪発生時間、犯罪発生場所(緯度)、犯罪発生場所(経度)
get 街灯光束、街灯設置場所(緯度)、街灯設置場所(経度)
plot 犯罪発生場所(緯度、経度) on 地図(緯度、経度)
plot 街灯設置場所(緯度、経度) on 地図(緯度、経度)
define 犯罪(夜間)= 犯罪 during (0 AM〜6 AM) or (5 PM〜0 AM) from 犯罪発生時間
define 犯罪(昼間)= 犯罪 during (6 AM〜5 PM) from 犯罪発生時間
```

昼よりも夜間の方が犯罪が多く発生する

```
compare 犯罪(夜間) with 犯罪(昼間)
analyze 相関 comparing 犯罪(時間帯、発生件数)
```

夜間の暗いエリアでは街灯があるエリアと比べて犯罪が多く発生している

```
define 明るさ(6段階) from 街灯光束
define エリア明るさ(範囲) = 明るさ(6段階) × 3m(半径)
combine エリア明るさ(緯度、経度、範囲) with 犯罪(緯度、経度、夜間)
compare 明るさ(0〜2)の犯罪(夜間) with 明るさ(3〜5)の犯罪(夜間)
```

③ アイデア実現に向けたデータ、ツール、ステークホルダーの顕在化（*Element Externalization*）

*仮説検証に必要な変数群（データ）及び分析ツール、ステークホルダーの導出*
（仮説検証プロセスで顕在化した変数名をまとめ、データ化する。データ及び分析ツールの入手・取得方法から、分析シナリオ実現に関わるステークホルダーを導く。）

犯罪発生データ
・犯罪発生時間
・犯罪発生場所（緯度）
・犯罪発生場所（経度）

警察から入手。
仮説検証後、結果を共有し、町内会と共にパトロール強化箇所を検討する。

街路灯データ
・街灯光束
・街灯設置場所（緯度）
・街灯設置場所（経度）

行政・自治体から入手。
仮説検証後、結果を共有し、新しく街灯を設置する箇所などを共同で検討する。

地図（GIS）
input
・緯度
・経度
・時間
・範囲
output
・領域情報
・属性と地図の関係性（地図）

地図制作会社から入手。可能であれば、提携してシステム及びアプリケーション作成における協力者になってもらう。

相関分析
input
・時間帯
・犯罪発生件数
output
・犯罪発生件数と時間帯の直線的な関係

Rやpythonのライブラリから相関分析を行う。

図6.5 分析シナリオの記入例

## 6.2.4 データ駆動型イノベーションを促進させるIMDJプロセス

これらを踏まえて，組織や分野を超えたデータ利活用によるビジネス創出に望ましいと考えられるプロセスを整理したものが以下である．図6.6のプロセスにおいて「P0:検討開始」段階は，データ利活用ビジネスに対する期待や方向性としてのビジネスイメージがあり，検討体制が構築されつつある段階である．

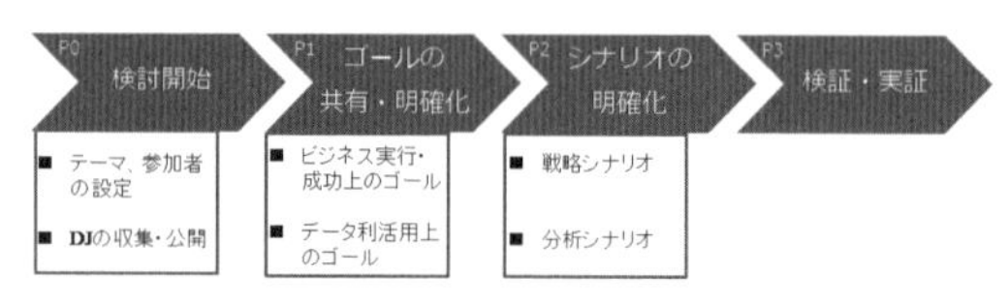


図6.6 データ駆動型イノベーションの創出プロセス

そこから「P1：ゴールの共有・明確化」に進むには二つのゴールを設定する必要がある．一つは「ビジネス実行・成功上のゴール」であり，もう一つは「データ利活用上のゴール」である．「ビジネス実行・成功上のゴール」は，新ビジネスを実現しようとする企業群にとって，当該のビジネスが十分魅力的であると合意できる共通の目標を設定することである．「データ利活用上のゴール」は，新ビジネスを実現するために，データからどのような知見が導出できればよいのか明確にすることである．アイデアをジャストアイデアで終わらせず，DDIの実現を促進するためには，この二つのゴールを区別し，ゴールとデータの関係を明確にすることが望ましい．

「P2：シナリオの明確化」は，設定したゴールを実現する方法やそのためのステップを明確にすることである．「P2：シナリオの明確化」でもP1で設定した二つの目標に対応してビジネスを実現するための戦略シナリオと，データを利活用するための分析シナリオの二つが存在する．

こうしてゴールとその実現方法がシナリオとして明確化されると，「P3：検証・実証」へ進み，実際のデータを用いた検証や実証が進めやすくなる．

これらを推進していくために，データジャケット，データ市場型ワークショップであるIMDJ，アクション・プランニング，「要求の仮説化・DJの動詞化」などの要素技術を，支援対象プロジェクトの目的や状況に応じて組合せ，支援プロセスをデザインすることでデータ駆動型イノベーションを強力に支援することが可能となる．

## 6.3 IMDJプロセスの実施事例

本節では，実験的IMDJの実施事例として，平成26年度METI事業[5]，実装的IMDJの実施事例として，平成26年度補正METI事業[6]を紹介する．

### 6.3.1 平成26年METI事業の概要

**<目的>**

本公募の目的は，分野・組織の壁を超えたデータ利活用に関する擬似的なデータ取引をゲーム形式で実施し，データ駆動型イノベーションが創出されるまでのプロセス，その実現に必要な条件や環境等の調査することである．なお，本調査における，検証ポイントは，以下である．

① 異業種との交流の場に対し，DJの提示が十分になされるか
② 提示されたDJから，ビジネスアイデアが十分に提示されるか

**<実施方針・内容>**

上記2点の検証を行うため，多種多様な業種・業界から調査事業に参画いただくことを目指した．具体的には，以下の三つのテーマを事務局側で設定した上で，DDI協議会メンバーに対し参加依頼を行い，計54社（表6.2），103名の方にご参加いただくことができた．

- 小売・物流に関するITやデータを活用した新ビジネスアイデアの創造（以下，小売・物流と表記する）
- 外国人誘致のための観光・サービスに関するITやデータを活用した新ビジネスアイデアの創造（以下，観光と表記する）
- 健康長寿を実現する新たなヘルスケアに関するITやデータを活用した新ビジネスアイデアの創造（以下，ヘルスケアと表記）

それぞれのワークショップの流れは，下記のとおりである．

- データ概要情報の収集・登録
- 第1回ワークショップ: データ概要情報を用いたアイデア創出
- 第2回ワークショップ: ビジネスシナリオ検討
- 第3回ワークショップ: ビジネスシナリオ共有・実現する際の課題抽出

### 6.3.2 成果と課題（平成26年度METI事業）

ここでは，IMDJプロセスを導入することで，①「データ共有に際する悪循環」がどのように解決されたのか，②データの中身を開示せずとも，有効なビジネスアイデアやシナリオを構築することができたのかについて報告する．

#### <DJ提示状況>

各企業・団体がどのようなデータを所持しているのかを本調査事業内のみで登録・公開できるような環境を整え，DJの共有を呼びかけた．その結果，今回のワークショップの参加を申し込んだ54の企業・団体のうち，41の企業・団体からワークショップ内での開示を条件にDJが登録された．これにより，データを公開するための適切な環境が整いさえすれば，多数のデータ保有組織がデータを開示することが確認できた（表6.2）．また，参加企業からは，多岐に亘る種類のDJを85個得ることができた（表6.3）．

| 業種<br>（東証企業中分類） | データ概要情報登録<br>企業・団体数 | 参考：ワークショップ<br>参加企業・団体数 |
|---|---|---|
| サービス業 | 15 | 22 |
| 情報・通信業 | 9 | 14 |
| 電気機器 | 5 | 6 |
| 製造業その他製品 | 2 | 2 |
| 大学・研究機関 | 2 | 1 |
| 精密機器 | 1 | 1 |
| 建築業 | 1 | 1 |
| 保険業 | 1 | 1 |
| 非鉄金属 | 1 | 1 |
| 医薬品 | 1 | 1 |
| 電気・ガス業 | 1 | 1 |
| 輸送用機器 | 1 | 1 |
| 小売業 | 1 | 0 |
| 食料品 | 0 | 1 |
| その他 | 0 | 1 |
| 計 | 41 | 54 |

表6.2 本ワークショップへの参加企業・団体

#### <ビジネスアイデアの創出状況>

第1回ワークショップでは，DJを組合せたアイデアが計82個創発された（表6.4）．ワークショップは前述の三つのデータで開催し，それぞれ異なるDJ，参加者で行われたが，いずれも限られた時間で一定数のデータを組合せてビジネスアイデアが生まれた．これは，データの利活用方法のアイデア創出が特定のDJや参加者に依存することなく，十分可能であることを示している（表6.5）．

表6.3　本ワークショップで登録されたDJ数

| 一般ユーザー情報 | |
|---|---|
| データ概要の種類 | 登録数 |
| 購買履歴データ | 8 |
| 会員データ | 7 |
| 使用ログデータ | 7 |
| アンケートデータ | 6 |
| 健康データ | 6 |
| 閲覧ログ | 5 |
| SNSデータ | 4 |
| モニター行動記録データ | 1 |
| 位置情報データ | 1 |
| 家歴 | 1 |
| 経路探索ログ | 1 |
| 検索ログ | 1 |
| 市場調査データ | 1 |
| 計 | 49 |

| 従業員情報 | |
|---|---|
| データ概要の種類 | 登録数 |
| 勤怠記録 | 2 |
| スキルデータ | 1 |
| 人事考課 | 1 |
| 計 | 4 |

| 業務情報 | |
|---|---|
| データ概要の種類 | 登録数 |
| 設置箇所 | 5 |
| 営業活動履歴データ | 3 |
| 広告配信データ | 3 |
| 販売データ | 3 |
| 車両計測データ | 2 |
| 車両情報 | 2 |
| カタログデータ | 1 |
| プローブデータ | 1 |
| 業務データ | 1 |
| 計 | 21 |

| それ以外 | |
|---|---|
| データ概要の種類 | 登録数 |
| 企業情報 | 2 |
| 特許情報 | 2 |
| 海事情報 | 1 |
| 危険度マップ | 1 |
| 気象データ | 1 |
| 住宅地図 | 1 |
| 商標情報 | 1 |
| 地価情報 | 1 |
| 地震履歴 | 1 |
| 計 | 4 |

表6.4　第1回ワークショップで創出されたアイデア数

| | テーマ<br>小売・物流 | テーマ<br>観光 | テーマ<br>ヘルスケア | 全体 |
|---|---|---|---|---|
| アイデア数 | 18 | 23 | 41 | 82 |
| DJ数 | 19 | 23 | 34 | 74※3 |
| 要求数 | 26 | 18 | 24 | 78 |
| 参加者数 | 23 | 24 | 36 | 81※4 |

※3重複除く，延べ個数，※4重複除く，延べ人数

表6.5 アイデア創出時に使用されたDJ

| テーマ:小売・物流 | | |
|---|---|---|
| ゲーム上で用意されたデータ概要情報数:19個 | | |
| データの種類 | データの系統 | アイディアに使用された回数 |
| SNSデータ | 一般ユーザ情報 | 9 |
| 使用ログデータ | 一般ユーザ情報 | 8 |
| 購買履歴データ | 一般ユーザ情報 | 8 |
| 気象データ | それ以外 | 6 |
| 企業情報 | それ以外 | 3 |
| プローブデータ | 業務情報 | 3 |
| 地価調査 | それ以外 | 3 |
| 閲覧ログ | 一般ユーザ情報 | 2 |
| 設置箇所 | 業務情報 | 2 |
| 危険度マップ | それ以外 | 2 |
| 広告配信データ | 業務情報 | 1 |
| カタログデータ | 業務情報 | 1 |
| アンケートデータ | 一般ユーザ情報 | 1 |
| 車両情報 | 業務情報 | 0 |

| テーマ:観光 | | |
|---|---|---|
| ゲーム上で用意されたデータ概要情報数:23個 | | |
| データの種類 | データの系統 | アイディアに使用された回数 |
| SNSデータ | 一般ユーザ情報 | 9 |
| 購買履歴データ | 一般ユーザ情報 | 9 |
| 経路探索ログ | 一般ユーザ情報 | 7 |
| 閲覧ログ | 一般ユーザ情報 | 7 |
| 車両計測データ | 業務情報 | 6 |
| 住宅地図 | それ以外 | 6 |
| アンケートデータ | 一般ユーザ情報 | 4 |
| 使用ログデータ | 一般ユーザ情報 | 3 |
| 会員データ | 一般ユーザ情報 | 3 |
| 営業活動履歴データ | 業務情報 | 1 |
| 健康データ | 一般ユーザ情報 | 1 |
| 海事情報 | それ以外 | 0 |

| テーマ:ヘルスケア | | |
|---|---|---|
| ゲーム上で用意されたデータ概要情報数:34個 | | |
| データの種類 | データの系統 | アイディアに使用された回数 |
| 健康データ | 一般ユーザ情報 | 13 |
| モニター行動記録データ | 一般ユーザ情報 | 7 |
| 購買履歴データ | 一般ユーザ情報 | 6 |
| SNSデータ | 一般ユーザ情報 | 5 |
| アンケートデータ | 一般ユーザ情報 | 3 |
| 勤怠記録 | 従業員情報 | 2 |
| 位置情報データ | 一般ユーザ情報 | 2 |
| 販売データ | 業務情報 | 2 |
| 検索ログ | 一般ユーザ情報 | 1 |
| 使用ログデータ | 一般ユーザ情報 | 1 |
| スキルデータ | 従業員情報 | 1 |
| 設置箇所 | 業務情報 | 1 |
| 閲覧ログ | 一般ユーザ情報 | 1 |
| 会員データ | 一般ユーザ情報 | 1 |
| 家歴 | 一般ユーザ情報 | 1 |
| 営業活動履歴データ | 業務情報 | 0 |
| 広告配信データ | 業務情報 | 0 |
| 地震履歴 | それ以外 | 0 |

| 全 体 | | |
|---|---|---|
| ゲーム上で用意されたデータ概要情報数:74個 | | |
| データの種類 | データの系統 | アイディアに使用された回数 |
| SNSデータ | 一般ユーザ情報 | 23 |
| 購買履歴データ | 一般ユーザ情報 | 23 |
| 健康データ | 一般ユーザ情報 | 14 |
| 使用ログデータ | 一般ユーザ情報 | 12 |
| 閲覧ログ | 一般ユーザ情報 | 10 |
| アンケートデータ | 一般ユーザ情報 | 8 |
| 経路探索ログ | 一般ユーザ情報 | 7 |
| モニター行動記録データ | 一般ユーザ情報 | 7 |
| 気象データ | それ以外 | 6 |
| 車両計測データ | 業務情報 | 6 |
| 住宅地図 | それ以外 | 6 |
| 会員データ | 一般ユーザ情報 | 4 |
| 企業情報 | それ以外 | 3 |
| 設置箇所 | 業務情報 | 3 |
| プローブデータ | 業務情報 | 3 |
| 地価調査 | それ以外 | 3 |
| 危険度マップ | それ以外 | 2 |
| 勤怠記録 | 従業員情報 | 2 |
| 位置情報データ | 一般ユーザ情報 | 2 |
| 販売データ | 業務情報 | 2 |
| 広告配信データ | 業務情報 | 1 |
| カタログデータ | 業務情報 | 1 |
| 営業活動履歴データ | 業務情報 | 1 |
| 検索ログ | 一般ユーザ情報 | 1 |
| スキルデータ | 従業員情報 | 1 |
| 家歴 | 一般ユーザ情報 | 1 |
| 車両情報 | 業務情報 | 0 |
| 海事情報 | それ以外 | 0 |
| 地震履歴 | それ以外 | 0 |

表6.6　第2回ワークショップで検討したビジネスシナリオの概要

| シナリオNo. | ビジネスシナリオ概要 | データ概要情報<br>（データの種類） |
|---|---|---|
| 小売・物流1 | 店舗の配送情報と，一般人の運転手の状況をマッチングするプラットフォームを構築して，一般の手の空いている運転手に業者の代わりに荷物を配送してもらえるような場を提供するサービス | プローブデータ<br>購買履歴データ |
| 小売・物流2 | 地域内のピザやそばなどの各店舗の宅配配送員のリソースの空き状況を把握し，他種店舗間で配送員がリソース調整できるようにさせて地域配送を最適化するサービス | プローブデータ<br>購買履歴データ |
| 小売・物流3 | ビールの本数をモニタリングすることができるスマートビールホルダーを無料で配布して，かく家庭に冷蔵庫に設置してもらい，消費者の生活スケジュールなどを基にビールがなくなりそうなタイミングで消費者にお知らせして発注できるサービス | 使用ログデータ<br>気象データ<br>購買履歴データ |
| 小売・物流4 | 小売店向けのプライベートCRMとして，天候予測情報とHEMSの生活情報などから，最適なタイミング・商品の買い物ができるようにするレコメンドするプロモーションシステム | SNSデータ<br>使用ログデータ<br>気象データ<br>購買履歴データ |
| 観光1 | 混雑状況を把握した上で，外国人各個人の好みにあった観光情報をリコメンドしてくれるサービス | 経路探索ログ<br>車両計測データ<br>住宅地図<br>【追加DJ】<br>プローブデータ |
| 観光2 | 外国人に対して，行動のデータを元にして，新しい観光スポットを発見して，それらの観光情報を旅行会社等に提供するコンサルティングサービス | 経路探索ログ<br>購買履歴データ |
| 観光3 | 外国人旅行客（富裕層）に宿泊先で（個人に合わせた商品サンプルで）日本の製品を試して購入できるようにするホテルのショールーム化サービス＆その利用・購入データの販売事業 | 使用ログデータ<br>営業活動履歴データ |
| 観光4 | 実際の外国人旅行者がどうゆうルートで旅行し，それによってどういった評価を得たかといった情報から，今までは出てこなかった新しい観光情報をフェイススケールで表現することで，多国籍間にサポートするコンシェルジュサービス | SNSデータ<br>閲覧ログ |
| ヘルスケア1 | 実健康な人にインセンティブを与える会社・社会の創生のために，健康モニタリングデータと疫学データを研究者に開放し，生活習慣から個人の将来の健康寿命（年齢）を診断するクラウドサービス | 会員データ<br>健康データ<br>勤怠記録 |
| ヘルスケア2 | 医師のスキルや設備，待ち時間などの情報を考慮した自分に合った病院を見つけるサービス | SNSデータ<br>スキルデータ |
| ヘルスケア3 | 自宅にどういうアレルゲンがあるかといった情報を提示し，アレルゲンに対する対処方法のレコメンド情報の提供や．自動的に家がアレルゲンを解消してくれるサービス | 【追加DJ】<br>アレルゲン情報<br>サービス |
| ヘルスケア4 | 高齢者の見守りサービスだけでなく，食事や日々の健康状態のチェックから高齢者へ健康で長生きするためのコーチングをするサービス | 購買履歴データ<br>アンケートデータ<br>モニター行動記録データ<br>閲覧ログ<br>位置情報データ |

**<ビジネスシナリオの検討状況>**

DJを用いて創出された利活用アイデアを，データ保有組織が提供メリットを判断する材料とするには，ビジネスシナリオとして具体化されていることが必要である．そのため，アイデアから具体的なビジネスシナリオの検討に進めていくことが不可欠であり，この実現可能性を確認するために第2回ワークショップを実施した．

82のアイデアから，運営の制約上12のアイデアを選んで具体化をすすめ，そのいずれにおいても収益モデルなどの具体的なビジネスシナリオを設計する段階まで進めることができた（表6.6）．

以上の検証結果から，IMDJ］プロセスにより，データ共有の悪循環を乗り越えられることが確認できた．また，このプロセスを経ることで，より具体的なビジネスシナリオの検討の段階まで進むことができ，DDI創出促進に有効であることが確認できた．

**<平成26年度補正METI事業に引き継ぐ課題>**

本公募の主たる目的は，個別具体のDDIの実現ではなく，多種多様なプレーヤーがDDIを促進するためのIMDJを実践することで，データ共有の悪循環を乗り越え，有効なビジネスアイデア・シナリオを構築できるかを確認することにあった．その意味ではIMDJの効果を十分示すことができたといえる．

ワークショップの参加者からは，異業種の方との出会いの場，刺激を受ける場として好意的な意見を多数得ることができた．しかし，下記とも関係するが，このような期待だけで終わらせていると，DDIの実現は難しい．

そもそもIMDJプロセスは，ワークショップ参加者間の都合や意図を調整することで，共通のゴールを設定し，共にゴールを目指すことを促すためのものであり，本来であればこのような取組みにより，DDIの実現まで到達すべきところである．

本公募において，異業種の方との出会いの場としての評価意見を多数いただくも，その先のDDIの実現まで至ることが少なかった背景には，以下のような要因があったと考えられ，後述する実装的IMDJの事例である「平成26年度METI補正事業」では，これらの要因を取り除くことで，DDIの実現を支援することとした．

### (1) ビジネス創出に向けて議論するテーマを事務局が設定し，多種多様な参加者を公募する形式をとったため

本調査事業では，多様な業種・業界の方の参加が必要であったため，議論するテーマは事務局側が設定の上，参加者を広く募る形とした．検討の際のチーム構成も事務局側が設定したため，各検討チームにおける各社の立ち位置が明確ではなかった．ビジネス実行の主体が事後的に決定され，実行に移されることもありうるが，その確率は低く，DDIの実現のためには，事前にビジネス実行主体や各社の立ち位置などが明確になっていることが望ましい．

### (2) 業界や分野を限定せず，かなり広い範囲の議論ができるようなテーマを設定したため

データ保有企業が，自社が持つデータの利活用価値を見出しやすく，かつ多くのデータ保有企業に参加して貰えるようなテーマを過去のIMDJ経験から設定した．このようなテーマ設定により，多方面の業種・業界からの参加者を得ることができ，データ保有企業がデータの利用価値に気づくことはできたものの，議論は多方面におよび，参加企業間で合意できるビジネスシナリオに落とし込むことは時間の制約上，難しい面があった．DDIの実現のためには，広すぎず狭すぎもしない，ちょうど良い規模のテーマ設定や参加者数が望ましい．

### (3) 参加者が集まり議論する機会や時間の制約などにより，検討事例によってはデータの分析シナリオを十分明確にできなかったため

あるビジネスアイデアを実現していくためには，ビジネスモデル等を考える戦略的ビジネスシナリオの構築は重要であるが，組織や分野を超えたデータの利活用が前提であるビジネス実行に対しては，さらにデータの関係性や意味付けを明確にしておく分析シナリオの構築が特に重要と考える．しかし，日々ビジネス戦略を考えていることの多い参加者によるワークショップでは，戦略的ビジネスシナリオ中心の議論となってしまうこともあった．

データ保有企業側が，提供したデータが想定外の使われ方をされるのではないかという不安や不信感を持った状態では，データ提供の交渉が難航することは間違いない．DDIの実現のためには，論理的かつ具体的に「社会やユーザーのニーズに応えるため，データから何を導き出す必要があるのか」「そのためにはどのようなデータが必要なのか」「どのような分析をすべきなのか」という点を

明確にし，それを実行に移していくことで，データ入手の交渉やそもそものビジネス実現の確率を上げるような行動が必要である.

### 6.3.3 平成26年補正METI事業の概要

**<目的>**

この公募の目的は，データ駆動型イノベーションを実現したいと考えるベンチャー企業（社内ベンチャー含む）に対して，ビジネス創出支援を行うことで，実際のビジネス創出の動きに繋げていくことにある.

異なる組織をつなぐプラットフォーマの支援の内容としては，データ保有企業とのマッチング支援，データ分析ツールの提供およびデータ分析のアドバイス・ノウハウ提供などである．このような実装的な活動を通じ，DDI創出のための条件の整理を行うことも本公募の目的である.

**<実施方針・内容>**

平成26年度METI事業でも効果が確認されたIMDJプロセスによる支援を基本としながらも，6.3.2項で取り上げた課題を克服するため，以下の3点を改善した具体的支援を行うこととした.

・ ビジネス実行意欲がある企業を選出し，当該企業が参加して欲しいと考える企業を集め，議論を行う.
・ 新ビジネス実行に向けて議論するテーマ・内容は，実行意欲の高い企業の意向や状況に合わせて設定する.
・ 実現したい新ビジネスを実現していくための分析シナリオを明確化するための支援を強化する.

以上の方針に基づき，組織・分野を超えたデータ利活用による新ビジネスを実行する意欲が高い企業（以下，コア企業）を主な対象とし，コア企業をデータの提供や分析等の側面から支援する企業（以下，サポート企業）に声をかけて，ワークショップ等を行うこととした．コア企業およびサポート企業は，DDI協議会メンバーに声掛けすると共に，それ以外からも参加を募り，コア企業9社を選出し，各社の意向や状況に沿った検討プロセスを構築し，1プロジェクトにつき，2〜4ヶ月間の支援を行った.

ツールやノウハウの提供としては，平成26年度METI事業で実施したIMDJ

プロセスを基本とするが，複数の関係者による知識デザインメソドロジー群である，IMDJプラットフォームの利活用プロセスを各社のニーズに応じて構築すると共に，実際の活用支援やワークショップのオーガナイズを実施した．

マッチング支援としては，事前に参加意思表明のある企業の設定の他，ビジネスの検討過程において事後的に重要と考えられるデータホルダーについては個別にリサーチを行い，マッチングを図ることとした．ここで重要なこととしては，非単調推論の過程で，重要なデータホルダーが後から明らかになってくることがある．検討の冒頭から関係者を増やす対応を取ると収集がつかなくなる可能性もあるので，必要な交渉相手が決まり次第，マッチング支援やデータ入手交渉を行うなどの工夫が必要となる．

さまざまな組織や事業化テーマからコア企業を選出するにあたって，企業の現実的なニーズを想定してみると，データやデータの分析技術を活用した新ビジネスを創出したい企業には以下のようなパターンが考えられる．

まずは，事業創出の検討プロセスでのパターンである．企業が置かれた状況によって，既にターゲットを定め想定しているビジネスを実現するためにデータ入手やデータ利活用の方法を具体的に考えたいというニーズと，明確なターゲット設定はまだであるもののデータや技術からビジネスを考えたいという2種類のニーズがあると考えられる．前者をマーケットインの事業創出，後者をプロダクトアウトの事業創出と表現することもできる．中には，そのどちらともいえず，ターゲットや利用するデータ・技術が曖昧で，事業テーマのみを定めて事業化創出の検討を始めた状態でのニーズもある．

また，他社とのコミュニケーションについては，まず自社内で検討した上で徐々に他社を巻き込んでいきたいと考える企業と，最初から関係する企業とビジネス検討を行いたいと考える企業とに大別できる．前者は，自社が持つデータや技術，ビジネスアイデアの流出等を恐れて他社との議論に慎重な企業である．後者は，別のビジネスによる密な取引関係があったり企業団体に加盟したりして事業創出を検討する以前から親密な関係を持つパターンと，そうではなく関係性が浅いながらも新規ビジネスの創出に必要と考えるステークホルダーに呼びかけてビジネスアイデア創出段階から一緒に検討を進め関係を構築していくパターンなどが存在する．

本事業における，コア企業の選択においては，当該企業のビジネス創成意欲以外に，このような事業検討タイプが異なるものを選ぶことで，データ駆動型イノベーションが進みやすい環境についても考察することとした．なお，明確なコア企業は存在しなかったものの平成26年度METI事業で実施した内容は，Ⅲ－Cに該当する．

以上の対応により，九つのプロジェクトに150名程度の方にご参加いただく形で，それぞれの支援事業を進めることとした．

表6.7 データ利活用支援事業のタイプ分け

| | | （初期の）参加企業の組合せタイプ | | |
|---|---|---|---|---|
| | | A：<br>単独企業の検討チーム | B：<br>複数企業で親和性が較的高い検討チーム | C：<br>複数企業で比較的オープンな検討チーム |
| 事業創成タイプ | Ⅰ：ビジネスイメージ優先型 | Ⅰ－A | Ⅰ－B | Ⅰ－C |
| | Ⅱ：データ・技術優先型 | Ⅱ－A | Ⅱ－B | Ⅱ－C |
| | Ⅲ：テーマ先行型 | Ⅲ－A | Ⅲ－B | Ⅲ－C |

## 6.3.4 具体事例における成果（平成26年度補正METI事業）

本公募は，選出したコア企業の実際の新規ビジネス検討を支援する内容となっているため，個々の支援状況を詳細に報告することはできないが，ここでは，具体事例においてどのようにIMDJプロセスが機能し，効果を上げたかにつき述べる．

### ＜事例1＞

### 支援対象企業の状況

一般社団法人信州オープンビジネスアライアンス（以下，SOBA）に加盟している企業らの農産物直売所向けのソリューション拡充の事例を取り上げる．SOBAは，長野県塩尻市が推進している「信州オープンソースソフトウェア推進協議会」の活動を起源とした，独立した長野県内IT企業の協業連合組織である．小規模企業が集まって協業できる場や枠組み（協働型受託開発，協働型ソリューション企画開発）を提供し，大手IT企業でしか成しえなかったITサービスを，小規模企業の連合体でも提供できることを目指している．

今回の中心となる企業は，SOBAの農産物直売所研究会・農産物直売所向けソリューション検討チームに所属するシステム開発会社等4社（以下，SOBA

チーム）である．検討メンバーのリーダーは，平成26年度METI事業のワークショップへの参加者であり，かつメンバーには農家兼業の個人事業主が含まれていた．メンバー構成として本事業での分析手法の経験者，対象市場の理解者もおり，儲かる農業を目指したソリューション実現に向けた参加者らのモチベーションも高かった．

一般的な農産物直売所は，農家への売り場の場所貸し形式となっており，欠品や売れ残りが頻繁に発生している．こうした課題に対し，SOBAチームでは需給状況を「見える化」するソリューションを，既に企画・構築し，販売を開始しようとしているところであった．本支援支持事業では，このサービスの二の矢，三の矢を放つため，サービス拡充の検討支援として行ったものである．

### IMDJプロセスを適用しなかった場合に想定される状況

以上のように，SOBAチームのビジネス実行の意欲は高かったものの，今後差別化されたサービスを展開するための主要なデータを持ち合わせておらず，またそのようなデータを用いたキラーコンテンツを作成していくような動きを取ることができていなかったと思われる．

事実，これまでもメンバー間の意見公開等で，ジャストアイデアは沢山出されていたが，それを具体的に実現しようとするような動きは，ほとんど取れていなかった．また，仮にアイデアを実現しようとすると，必要なデータがあれもこれもとなってしまい，期待だけは膨らむものの結局その先に進まないという状況に陥ってしまっていたのではないかと推察される．仮に全てのデータ入手交渉が成功したとしても，出来上がったソリューションが冗長的になってしまい，割高のシステムが構築されてしまった危険性がある．

### IMDJプロセスを適用した成果

本事例では，IMDJとAPを交互に行うことで非単調推論を行うことにより，データを用いてこのようなことをやりたいという少し漠然とした状況から，自分たちが目指すべきゴールイメージや必要なデータを徐々に絞り込みつつ，明確にしていくことができた．

具体的には，儲かる農産物直売所とするために単に需給のマッチングをするに留まらず，農産物の生産者や消費者にとって，「旬」という概念を軸とした販売促進が重要であるとの気づきを得ることができたこと；その「旬」という概念をどう捉えるべきか，そのためには地域の食文化に関するデータなどが必要であることを特定したこと；それをどのように入手すべきかなどの議論まで発展させ，IMDJで用いられたキーワードに基づいてデータ保有者として地域の食文化に関する先進的な研究を行う大学教員を探し出したところ，協業の合意を取りつけたこと；などを成果として挙げることができる．今後は，順次観光関連のデータホルダーにも触手を伸ばして協業関係を深めていく考えも生まれた．

ビジネス化の検討・実現に向けた動きは今後も継続してゆく．ステークホルダーが順次増えていく中で再度IMDJを実施することで，より高次の非単調推論を行うことができ，ビジネスの強化に繋げる活動が続いている．

**まとめ（本事例における成果）**

本事例では，地方創成を牽引する親和性の良いメンバーに対し，外部の知見やデータを利活用したビジネス検討を支援し，以下のような成果を得ることができた．

- 自分たちが実施したいと考えていたビジネスのイメージ（分析シナリオ）を明確にすることができ，ビジネスのキーとなる概念・コンセプトにも気づくことができた．
- その上で，新ビジネスの実現に必要となるデータや知見を明確にし，外部交渉も進め協業のネットワークを拡げていくことができた．

**＜事例２＞**

**支援対象企業の状況**

本事例のコア企業は，テレマティクス関連事業を推進している企業で，商用輸送分野に対する更なるサービス発展のために，組織や分野を超えたデータ利活用を推進したいと考えていた．なお，テレマティクスとは，自動車などの移動体と通信システムを組み合わせて，リアルタイムな情報提供を行うようなサービス全般を指す．

コア企業は以前より同社の商用輸送向けサービス利用企業（本事例の場合は，関係するユーザー：荷主，荷受人，運送会社，輸送設備メーカーなど）から更なるデータ活用・サービス向上の要請も受けていた．それらの企業は，同種のビジネスに関わりエコシステムを形成しているため，課題感の共有は比較的簡単にできるが，最終的には利害の衝突は避けられず，具体化な対応がなされていない状況であった. テレマティクスのようなさまざまな企業の協業が必要となる事業においては, 関連するステークホルダーが一堂に会し, 各社間の要望や都合あるいは利害の調整を経て事業検討を進めなければ実現が難しい. コア企業は, そうした機能をプラットフォーマが果たせること期待し, 本公募事業へ参画するに至った.

### IMDJプロセスを適用しなかった場合に想定される状況

既に商用輸送分野のテレマティクスに関し, 各社からコア企業には個別に打診もあり, それらの企業間には取引関係もあったため, 協業の議論はスムーズに進みそうであるが, 逆に関係者が一堂に会する場の設定は難しい状況のままであると考えられる. 各社が持つデータの共有は, それぞれの企業の手の内 (事業や収益構造など) を明かすようなことにも繋がる可能性があり, かつ将来的に価値を生むかもしれないデータの共有には, かなり慎重な立場が継続される可能性があった.

たとえ具体的なデータ利活用アイデアの検討にたどり着いたとしても, 既に取引関係があるため, 場合によっては各社間でのゼロサムゲームに陥ってしまい, 関係者間でさまざまなチャンスを取り込むような具体的な検討が前に進まない状況に陥る可能性があったと考えられる.

さらには, テレマティクスというテーマを取り上げようとした場合, 民間の一ビジネスの話に留まらず, 社会的な規制・制度の問題にも話題が拡がり, それに関係するステークホルダーを全て集めること・合意することができず, 結局結論が出ないまま話が前に進まないというような状況に陥ってしまうことも考えられる.

### IMDJプロセスを適用した成果

本事例では, 取引関係という強固な関係を背景に, 関係各社が持つデータの共有は前提とせず, データ概要情報可能な範囲で開示して貰うことで, 各社に議論の土俵に乗ってもらうことに成功した.

次に, ワークショップを設計・実施することになるが, IMDJは関係するステークホルダーがそれぞれ要求を出し, それを調整・解決していくプロセスでもあるともいえる. 本事例では, コア企業を中心とした取引関係があるさまざまな企業に集まって貰い, その企業内で解決したい, 解決すべき課題に絞った議論を進めることで，ゼロサムの利害調整から抜け出し，プラスサムになるような協業へと議論を誘導することができた．このような対応（テレマティクスのあり方を考えるのではなく，個別のビジネスを考えるような方向性）は，社会的なインパクトは小さくなる可能性はあるものの，範囲や影響は小さくとも，分野や組織を超えたデータ利活用が進み，より大きなテレマティクスに発展していく可能性もあると考えられる．

さらには，単なるアイデア出しやビジネス戦略シナリオを考えるに留まらず，分析シナリオの構築に十分時間をかけ，精緻化を図ることで，お互いのデータを持ち寄っての基礎分析や不足しているデータの新たな取得などの具体的行動に繋げることができ，新ビジネス創出に向けた協業が継続している．

**まとめ（本事例における成果）**

本事例では，既に関係性のある企業群において，さらなるデータ活用を進めたいと考えているが進めることが難しいという状況に対し，ビジネス検討支援を実施し，以下のような成果を得ることができた．

- 既に取引関係がある企業間で，データ共有や具体的な議論の開始に躊躇しているという現実的な状況に対し，IMDJを適用することで，各社が持つデータ概要や知見の共有や，それに基づく協業アイデアを検討することに成功した．
- 同時に，分析シナリオの構築をしっかり行うことで，お互いのデータを持ち寄ってのデータ分析や不足しているデータの新たな取得するなどの行動を促すことができ，ビジネス実現に向けた動きの加速化に成功した．

### 6.3.5 事業タイプ別の成果と特長（平成26年度補正METI事業）

以上，二つの事例につき，記載できる範囲で論述したが，本公募ではその他の支援事業も展開している．ここでは，その他の事例も含め，表6.7にて分類した事業タイプ毎に成果と特長を報告する．

**<事業創成タイプ別の成果と特長>**

**I. ビジネスイメージ優先型**

このタイプの事業では，コア企業のやりたいビジネスイメージがある程度見えているため，コア企業の関心はその実現に向けた具体的なシナリオが構築され，実証・実現または構築ができるかどうかにある．この状況では，コア企業の関心はビジネスモデルが確立できるかという点へのみ高まりがちとなる．

この事業タイプにおける，DDI創出に向けたポイントは，データからどのような知見や情報を引き出すのかというデータ利活用上のゴールの設定と，それを実証，実現させるための分析シナリオの構築を行うことである．

IMDJによる支援プロセスとしては，DJの組合せでさまざまなビジネスアイデアを考えるIMを最初に行うのではなく，APを先行させ，やりたい／やるべきビジネス実行・成功上のゴール（ユーザーはどんな情報が分かる必要があるのか，データから何を検証しないといけないのか）を具体化した上で，分析シナリオプランニングをしっかり行うことがDDIを創出させる上で重要であると考えられる．なお，分析シナリオプランニングを行う際には，論理的な仮説を構築するための素材として，DJ間の変数同士の繋がりを表現した関係性マップを用い，論理的な議論を行うという工夫も効果的である．

さらに，必要となるデータやステークホルダーを漏れなく抽出し，今後のタスクやスケジュールを明確化することで，DDI創出の蓋然性が高まることが期待できる．

### II. データ・技術優先型

このタイプの事業では，コア企業が保有するデータやデータ分析技術への着目度が高くなりがちで，思考がプロダクトアウトになり，市場視点が弱いまま議論や検討を進めてしまうことがある．

この事業タイプにおける，DDI創出に向けたポイントは，早期に市場の声も反映し，アイデアやシナリオの見直しをかけるなどの行動を行うことである．IMDJによる支援プロセスとしては，DJ収集の際に，コア企業が利用必須と考えているデータや技術に対し，変数名や何らかの文脈で関連がありそうなデータや技術のDJを異なる分野等からも広く集めることで，コア企業が考えているデータの利用可能性が示されるような関係性マップを作成すると良い．そのマップを用いて，ゲーム形式のIMを行うことで，データや技術の価値を最大化していくためのさまざまなDJの組合せやアイデア発想を支援できる．その後，実施したいビジネスイメージを参加者間で明確化・共有化し，更にはAP具体化するというプロセスを踏むと，DDIの創出に繋がりやすくなる．

### III. テーマ先行型

このタイプの事業では，上記二つのタイプと異なり，用いるべきDJやビジネス上のゴールイメージが明確に決まっていないため，それらを決めつつそれらを繋ぐシナリオを作成する必要がある．そのため膨大な時間を要することが少なくない．コア企業を中心とした参加者の希望に応じて，DJかゴールのどちらにの軸足を置くのかを早期に決め，分析シナリオ作りに早く行き着くようにさせることが重要である．また，早期にビジネス実現に到達するためには，データ・技術優先型でも言及したように，ゴールの共有・明確化を優先させることが効果的である．

IMDJによる支援プロセスとしては，設定したテーマに関連がありそうなデータや技術のDJを広く集め，ゲーム形式のIMを行うことで，実施したいビジネスイメージを参加者間で明確化し共有することが重要と考える．

ビジネスイメージを具体化し，共有化して行くプロセスとしては，データ・技術優先型と同じであるが，こだわりのデータや技術が明確でない分，ビジネスイメージを固めることに時間を要する可能性が高い．そこで，ターゲットの絞り込み早期に行うなどして，思考の範囲を限定しながら検討を進めることが，DDI創出に向けて有効となる．

なお，ここで示したDJの取得の際には，5章で紹介したDJストアやリソースファインダーを用いて，過去のワークショップで利活用されたDJやステークホルダーのデータベースから，さまざまなシーンで必要となる可能性があるDJやステークホルダーを検索・抽出した．これらの実証事例を通じ，本ツールは当初想定していたシナリオの実現性に限界を感じた際などに，新たな分析シナリオを考えるという非単調推論を行う際の強力な技術になり得ることが分かった．

### <参加企業の組合せタイプ別の成果と特長>

### A. 単独企業の検討チーム

このタイプの事業では他社に対する守秘義務等を気にすることなく，自由で活発な議論を行うことができる．そのような自社内での事前検討を進めた上で，必要とするサポート企業を徐々に加えていくことによって，コア企業の意向に沿った形でのDDI創出へつなげていくことができる．

このタイプの事業で注意しなければならないのは，必要以上に情報やアイデアの流出を気にするあまり，自社のみでの検討が継続してしまうことにある．また，自社内のさまざまな都合や力学に左右されやすいため，社内対応に追われてしまい，外部へ目が向かないことがある．強力なDDI推進者が不在だと，そのような障壁によって途中で頓挫してしまうこともあるので注意を要する．

オープンデータなどの活用で自社のみで斬新なビジネスが創出されるのであれば問題ないが，組織や分野を超えたデータ活用に期待するのであれば，市場やステークホルダーの動向等に関する情報収集も兼ね早い段階から他社との交流を図り，オープンイノベーションにも取り組む必要がある．

### B. 複数企業で親和性が高い検討チーム

このタイプの事業では，複数企業のデータや技術および人材というイノベーションの基盤が準備され，また信頼関係のある企業同士の集まりであるため，自由で活発な議論へと発展しやすく，DDI創出の環境としては望ましいチーム構成である．

一方，各参加企業の意向や都合が，複雑に入り混じってくることもあるため，ビジネス化に向けた方向性を一つに定めるためには，コア企業の意向を優先的させながら関係者の意向や都合を調整していくことが，ビジネスアイデア実現の近道となる．

### C. 複数企業でオープンな検討チーム

このタイプの事業では，Bと同様，複数企業のデータ等は集まる可能性は高いものの，情報流出に対する懸念からあまり積極的なDJ公開などがなされないことがある．また，目的合意という観点では，それぞれの参加企業の思惑がかみ合わない可能性も十分考えられる．その結果，お互いをけん制し合って活発な議論ができなかったり，調整が難しい状況に陥ったりすることもある．

DDI創出のためには，時間をかけて互いの信頼関係の構築を図ることも重要と考えられるが，それ以上にコア企業のビジネス推進に対する思いやリーダーシップが重要となる．

これらさまざまな事業タイプの支援をする中で，図6.6に示したように，ゴールイメージの想定を優先させることを目的に，IMDJプラットフォームの各パーツを柔軟に組合せて支援プロセスを構築してきたが，以下のように整理できる．

タイプIのある程度やりたいことが明確な「ビジネスイメージ先行型」の企業

を支援する場合，IMDJの標準的プロセスが上手く働かない場合がある．DJからさまざまな利活用アイデアを出すIMを実施したときに，コア企業が考えている方向とは異なるアイデアが提示されることで混乱が生じたり，そもそもコア企業が考えていることが提示されるだけの場になったりする．そのような場合は，支援対象企業で検討済みの内容を活かせるように，IMDJプロセスを組み替えて提供を行ったほうが良い．

プロセスを進めるためにはゴールの共有・明確化が必要だが，支援対象企業および事業創生タイプによって検討開始時の状況は異なる．そのため，やりたいイメージの具体度が低い場合はDDIのきっかけとなるデータ利活用アイデア・利活用価値の創出に力点を置き，使いたいDJが明確な場合などはDJの組合せに力点を置くべきである．他方，冒頭に挙げた既にやりたいことがある程度明確な「ビジネスイメージ先行型」では，既に検討している内容を活かすためにAPから実施し，その後，想定しているプランに欠けているデータやステークホルダー等に気づかせ，シナリオを強化する対応が望ましい．状況に合わせた支援手法の分岐図を，図6.7に示す．このように，DDIを推進したい当該企業の状況に合わせ，柔軟な対応を図ることで，データエクスチェンジを促し，新ビジネスの創出に寄与することが可能となる．

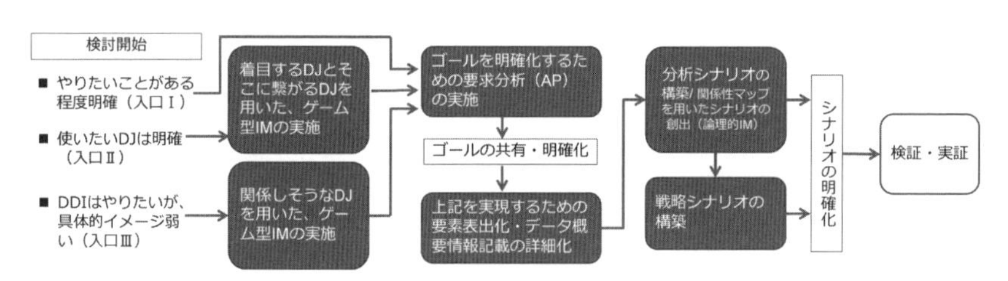

図6.7 さまざまな状況に対応したIMDJプロセス

以上に見てきたように，IMDJプロセスは，データ駆動型イノベーションの促進・実現に大きく寄与できることが示された．

一方でこれらの取組みの過程においても，異業種の出会いやシナジーにより，実現性は低いがインパクトの大きいイノベーションを漠然と期待するような声も少なくないのが実情である．しかし，真の意味でのデータ駆動型イノベーションを実現していくためには，社会のニーズを実現するデータ利活用の方法を論理的に考えることができる目的意識を持ったチームになるよう支援し，その目的や状況に応じた，適切なツールやコミュニケーションの方法を提供することで，イノベーション実現に向けたモチベーションを維持し，実行まで導いていくことが重要である．

## 6.4 データ市場の社会実装に向けて

### 6.4.1 データ市場の社会実装の意義と可能性

これまで言及してきたデータ市場の考え方やそれを支援するための方法論であるIMDJが普及していくことで，

・ 商品開発・サービスデザインの革新
・ 社会課題の解決に向けた基盤づくり

などへの貢献が進み，昨今何かと話題となっているビッグデータや人工知能への期待論（逆の反対論）を超えた，人間が主体的にデータを使いこなすことで望ましい社会を作っていくための考え方・基盤となっていくことが期待できる．

**<商品開発・サービスデザインの革新>**

他企業が保有するデータを利活用することで，自社事業のイノベーションを図りたいと考えるデータ利活用組織，適切な取引が可能であるならデータを提供しても良いと考えるデータ保有企業が存在することは，6.3節の実証事例で相当数存在することが分かっている．

これらの企業では，データ駆動型イノベーションへの期待が高いと考えられるが，漠然とした期待に呼応する形で開催されている異業種交流のような取組みに参加するだけでは，具体的なイノベーション創出が思ったように拡大していかないことが危惧される．

6.3節の農産物直売所の検討事例などから，まずはビジネス実行に際する利害が相反しない一企業やグループ内に限定した実装的IMDJを行い，検討した新ビジネスを実行・展開していく上で，不足しているデータや知見等を明らかにし，徐々にその検討に参画企業を増やしていくのが，結果的に早道であると考えられる．その過程においても，各社が持っている課題認識や，具体的期待あるいはビジネス実行上の都合などを表出しながら，各社にとって価値あり，実行可能なシナリオを考える，実装的IMDJを実施することが望ましい．

**<社会課題の解決に向けた基盤づくり>**

6.3節のテレマティクスの検討事例では，新ビジネス創出を目的としていたため，テレマティクスという分野の中でも限定した範囲におけるデータ駆動型イノベーションを推進するようにした．民間企業だけでデータ利活用を進めていくことが十分可能な場合にはその対応で問題はないが，多くのステークホルダーが関与することで，より大きな効果を発揮するようなテレマティクスのようなテーマに関しては，官公庁の政策担当者なども参加することで，有意義な議論ができる可能性がある．

日本企業は技術で勝ってもビジネスでは勝てないといわれて久しい．上記のようなより大きなシステム発想に基づく仮説形成や合意形成に繋げていくことができれば，その効果による期待は大きい．

6.3節では，経済産業省における取組みを中心に紹介したが，IMDJプロセスは，国土交通政策研究所の「国土交通行政に資するビッグデータの活用に関する調査業務」[7]でも採用されており，政策検討のツールとしての活用も始まりつつある．今後，このような動きも加速していくと，今後多くのビジネスチャンスを享受するための，あるいは一部の企業や市民や困ることがないようにするための社会システム・制度・ルールといったことも考えられるようになり，結果として個々のDDI実現の確率も上がってゆくものと考える．

### 6.4.2 データ市場の社会実装における課題

以上のように期待や可能性は膨らむものの，まだまだ誤解が少なくなく，今後も社会実装を進めていく過程での啓蒙は重要である．

- 「少数の民間企業によるデータの囲い込みは防ぎたい．」「データの公共性が高いものは国の施策によって運用すべきである．」など，公共性を優先するあまり場合によって企業の利益を損ないかねない発言が散見される．企業におけるデータ発生現場に足を運び，データの扱い一つがいかに微妙な問題であるかをよく考えるような教育・啓蒙が必要である．このように現場感覚が欠如した発言は，企業の成長に結びつく情報資産を脅かすことにつながりデータの利活用を推進する上では逆効果である．
- 「事前に準備するデータは公開を前提としたデータでなくてもよい」「途中か

らデータ(DJ)を加味しても良い」という前提で始めた議論が，データの入手可能性（オープンデータであるかどうか）によってアイデアを却下しようとする発言がなされることも少なくない．IMDJは，データ利活用上のゴールを実現するための分析シナリオの実現を阻害するような制約が見つかった場合には，別のパスを探す，その過程では新たなDJの存在に気づくなどの，アブダクション（第5章の仮説推論を含む発想的思考）を行うものである．そのような前提・認識を広く理解・共有することは，実効性あるデータ市場の創成に結びつく．

・ 特に，以下のような誤解が少なからず見られるので，(A)(B)(C)を含むがいずれに限定するのでもない，多様な参加者が構成する「市場」であることを徹底的に説明・共有していくべきである．
  (A) データを入手して分析できる，あるいは公共の利益は企業の利益より無条件に優先できるという思い込み（研究者，若しくはオープンデータという流行に感化されている人に多い誤解）
  (B) 逆に，データは簡単に入手できないので自分で収集するためのヒントを得るだけの目的に限定してしまおうとする思い込み
  (C) 発想が重要で実現可能性は重要ではないとする思い込み（アイデアソンや発想法セミナーなどに感化された人に多い誤解）．新しい発想を自由に行おうとする結果，KeyGraphの赤ノードに限定するような制約を受け入れられないことがある．原則としてKeyGraph上の語に関係する要求あるいは提案のみを出すという，創造のための「良制約」の重要さを理解できるようにする必要がある．

・ 上記のような誤解は経験上，領域を限定したがる研究者や開発者に起きる誤解であることが少なくない．これらの人はデータ分析経験が豊かであり，データ市場の創成にとって貴重な参加人材であるため，いっそう丁寧な説明を行い期待喪失感の起きないような準備をすべきである．

## 6.5 本章のまとめ：データ連携支援手法としての社会浸透

本章では，経済産業省の公募事業における社会実装事例を紹介したが，これらの公募事業は，調査と実証という目的で実施されている．

これまで見てきたように，IMDJプロセスを本格的に社会実装していくためには，まだ課題も多く公募事業における実証段階のように，全ての事象に対し設計論的アプローチで，データ駆動型イノベーションを実現していくことができる段階ではないのが実情である．

ビッグデータ，人工知能，IoTなどの流行を背景に，データ活用に対する関心は非常に高い一方，具体的な問題・目的意識を持たず，何か簡単にできるデータ活用の方法論を探しているような世間の風潮に対し，IMDJは根本的な考え方の変更を迫るような内容であるため，普及・浸透が想定以上に難しいためである．

なお，ここでいう，設計論的アプローチとは，目指すべき目標を明確に設定し，それを実現するための計画や工程表を作成し，それに従い実行していくものである．IMDJプロセス上で実現される，データ利活用アイデアの実現に当たっては，データに関して上記のような対応を考えましょうという提案をしていることになる．しかし，それを実現させるためのいわばメタプロセスであるIMDJプロセスについては，さまざまな状況や課題が考えられるため，同じような対応を取ることはまだ難しく，個別の状況に合わせた対応が必要な状況にある．事前規定的な目標設定として，「データ取引市場を実現するためのプラットフォームをこのように作ります」というような対応では，単に使われないシステムを生み出すことになってしまうかもしれない．

事前に説明を入念にしても，なかなかそれが理解されにくい現状では，時間をかけて組織文化や個人のマインドセットに働きかけていくという，いわば運動論的なアプローチが必要になると考えている．組織文化は，必ずしも明文化されているわけではなく，組織活動をする中で何となく共有されていくようなものであるといえ，個人にも大きな影響を与えている．このような環境を1回あるいは数回のワークショップ等で変えることは至難の技である．

著者らは，このような状況を打破していくために，各所との連携により，今後も啓蒙と実践を推進してゆきたいと考えている．

それに向けた一案として，各支援状況の結果としても効果の大きかった，「各地域の産業振興団体のような地域活性化の拠点に，プラットフォーマ的な役割を担って貰う」ことが考えられ，地方創生の取組みの一プログラムとして環境を整備していくことの波及効果は大きいと考える．

そのような場には，協働によるビジネス創出に意欲的な企業や自治体担当者がいることが多く，同時に課題や暗黙知が存在する現場に近いというメリットがあるため，データ駆動型イノベーションの実践の場としても意味が大きい．

## 参考文献


[1] データ駆動型イノベーション創出戦略協議会，『中間取りまとめ－分野・組織の壁を超えたデータ駆動型イノベーションへの挑戦』，2014
http://www.meti.go.jp/press/2014/11/20141105002/20141105002c.pdf

[2] 経済産業省，『データに関する取引の推進を目的とした契約ガイドライン－データ駆動型イノベーションの創出に向けて』，2015
http://www.meti.go.jp/policy/it_policy/it_yugo/keiyaku.pdf

[3] 経済産業省，『パーソナルデータ利活用ビジネスの促進に向けた，消費者向け情報提供・説明の充実のための「評価基準」と「事前相談評価」のあり方について』，2014
http://www.meti.go.jp/press/2013/03/20140326001/20140326001-2.pdf

[4] 経済産業省，『消費者向けオンラインサービスにおける通知と同意・選択に関するガイドライン』，2014
http://www.meti.go.jp/press/2014/10/20141017002/20141017002a.pdf

[5] 構造計画研究所，『平成26年度経済産業省委託事業，我が国経済社会の情報化・サービス化に係る基盤整備（データ駆動型イノベーション創出に関する調査事業）調査研究報告書』，2015
http://www.meti.go.jp/meti_lib/report/2015fy/001102.pdf

[6] 構造計画研究所，『平成26年度補正経済産業省委託事業，先端課題に対応したベンチャー事業化支援事業（データ利活用促進支援事業：データ駆動型イノベーションを実行するプラットフォーム・プロセス支援）報告書，2016
http://www.meti.go.jp/policy/it_policy/it_yugo/KKE26FY_HONPEN.pdf

[7] 上田章紘，磯山啓明，『ビッグデータ活用手法(IMDJ)の紹介』，国土交通政策研究所報第61号2016年夏季，2016
http://www.mlit.go.jp/pri/kikanshi/pdf/2016/61-5.pdf

# 第7章　データ市場と論理フレームワーク

データ分析には，必ずしも先端的なアルゴリズムが役立つわけではない．むしろ単純なグラフによる可視化や相関関係の比較が，有効かつ問題の本質を捉えた分析である場合も多い．データを利活用したシステムデザインの本質的な点は，既存のツールやデータ，および既存の技術を用いた設計を結合する論理的思考である．

本章では，古典的な論理的思考フレームワークを基盤としたシステムデザインの手法につき紹介する．

## 7.1　システムデザインにおけるロジックの重要性

IMDJワークショップから導出された要求シナリオに，再度データを活用した分析を加えることでシステム仕様へと精緻化していく．この際に，IMDJワークショップを通じ構築されたステークホルダーからの要求シナリオを，できるだけそのまま実現したいという思いは，デザイナーなら誰しもが持つ願望と考えられる．しかし，現実には下記の三つの思い込みがあり，この願望を実現することは困難である．

第1は，ステークホルダーは要求を知っているという思い込みである．システム開発時に，ステークホルダーに要求を聞くという行為は，一般的に行われている．しかし，ステークホルダーは課題を漠然とは認識するものの，要求を明示的に言語化できるということは希である．さらに，要求を仕様として精緻化するためには，その要求が抽出された前提や要求の実現に際し考慮すべき制約の獲得がきわめて重要である．これら前提や制約は，システムのアーキテクチャを選択するための評価指標となるからである．しかし，現実にはこれら前提や制約が，ステークホルダーから自発的に語られる可能性はきわめて低い．

第2は，要求を導出する際に用いた常識による推論が，妥当であるという思い込みである．常識を用いた推論は，日常の推論にはきわめて有効な方法である．一方で，常識は，文脈依存性が強く，限定された局面で妥当だとしても一貫性に乏しいという側面もある．これは，専門家の常識といえど例外ではない．さらに，デザイナーが，ステークホルダーの要求を理解する際にも常識を用いた推論を多用しており，ステークホルダーとデザイナーの常識の差異により，要求が誤って理解されてしまうことも多い．

第3は，データに裏づけられた設計は，常に妥当であるとの思い込みである．要求から，システム仕様へと具体化する道のりには，長い意思決定のプロセスが存在する．この意思決定のプロセスにおいて，多種・多様なデータが活用される．統計的手法や機械学習手法を活用した設計支援ツールも多く提案されている．また，昨今では，ビッグデータを設計データとして活用する試みも多くなされている．しかし，データの裏づけさえあれば，どんな意思決定も妥当であるとは必ずしもいえない．なぜなら，データ分析には，必ず主観性を伴うからである[1]．ここに，常識に基づく推論が入り込む余地がある．人はデータのある側面に注目し，仮説を構成することに長けている．ひとたび，データを用いて仮説が導かれると，単なる一仮説に過ぎなかったものが，いつのまにか確信へと変わる傾向が強い[2]．特にビッグデータにおいては，そのデータに種々の変数を含み，意図的あるいは無意識にデータのある変数群に着目し，しかるべき統計的手法や機械学習を行うことで，いかなる仮説をも妥当と判断することが可能となるため注意が必要である．

残念ながら，これらの三つの思い込みを打ち砕く，銀の弾丸は現存しない．思い込みリスクを回避するには，論理的思考をベースとする設計手法・設計プロセスを地道に遂行する必要がある．著者らは，仮想物理システム（Cyber Physical System: CPSと略）と呼ばれる多様なステークホルダーを対象とする大規模システム開発に長年携わってきた．本章では，これら開発経験で試行してきたデータの利活用と論理的思考フレームワークを用いたシステムデザイン手法を紹介する．

## 7.2 データとロジックを中心とする システムデザインプロセス

本章では，論理的思考フレームワークを用いたデザインプロセスを，下記の五つのステップにわけて説明する．

Step1 前提・制約を含む要求の獲得
Step2 要求の構造化と設計データの選択
Step3 製品・システム仕様の自然言語による記述
Step4 仕様書の単文化と仕様書の可視化
Step5 ロジックフレームを利用した仕様書レビュー

### 7.2.1 前提・制約を含む要求の獲得

前提・制約を含む要求を獲得するためにIMDJワークショップで獲得された要求シナリオに対し，ステークホルダーにヒアリングを行う．しかし，ステークホルダーからヒアリングで獲得できる要求は，不完全で曖昧なことが多い．また，要求自体も具体化の過程で変化する．これら特性を持つ要求を扱うために，ステークホルダーが前提・制約を含む要求を語りやすい場を作るための“問い”と，ステークホルダーとデザイナーの対話の中で，要求を発見していく要求獲得プロセスを導入する．

実際にインタビューをしてみると，ステークホルダーは，場合によっては意外に雄弁であることに気づかされる．一方で，デザイナーがステークホルダーの要求を正しく理解するためには，これらステークホルダーが語ってくれる要求に包含された前提や制約を含め理解する必要がある．しかし，これら前提や制約は，ステークホルダーにとってはいわば暗黙知であり，明示的に語られることが少ない．デザイナーが積極的に聞き出す努力が必要とされる．

ここでは，インタビューを通じ獲得すべき要求の構造として，システム目標論[3]をベースとした構造を想定した（図7.1）．

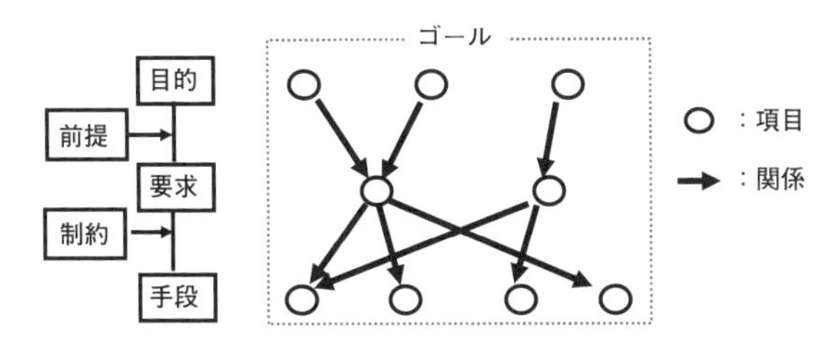


図7.1 要求の構造（システム目標論）（出典：設計工学 [23]，久代，2009）

図7.1において，目的とは，要求を満足することで達成できる“コト”，要求とは，目的を達成するために必要となる機能（機能要求）と性質（非機能要求），手段とは，要求を満足するための“モノ”，ゴールとは，これら“コト”と“モノ”の組合せによりシステム全体で達成される“コト”を示す.

インタビューでは，図7.1に示す目的・要求・手段，前提・制約とその相互関係を問う．これらを問う既知の手法として，マーケティングの世界で利用される要求に対し“なぜ”という問いを繰り返すラダリング[4]が有名である．ラダリングは，本質的な要求は何かを探るという文脈においては有効な手法である．しかし，システム設計に適用しようとすると，下記の二つの課題がある.

その一つは，人が持つ概念的説明[5]への傾斜への対処である．“なぜメガネが必要なのか？”という問いに対して“目が悪いから”の状況的説明[5]がこれにあたる．一見，まっとうな回答にも思えるが，設計要求としては不十分である．設計という文脈では，ものが良く見えない状態を見えるようにするため（目的）に，めがねを用いる（手段）というように，正しく因果関係を説明する要求を獲得する必要がある．もう一つは，前提・制約を含む要求獲得への対処である．設計は，換言すれば評価指標を用いて目的・要求・手段の組合せの最適解を選択する行為であり，前提や制約は，評価指標の設定に不可欠のものである．前述の例では，近眼や遠視の人が（前提），ものが良く見えない状態を見えるようにする（目的）ために，自分の度にあった（制約），めがねを用いる（手段）というような構造を持つ要求を獲得できるインタビュー手法が必要である．左記を満足するために目的・要求・手段とその前提・制約およびその相互関係を構造化された“問い”により語らせる2次元ヒアリング手法（図7.2）を用いる[7].

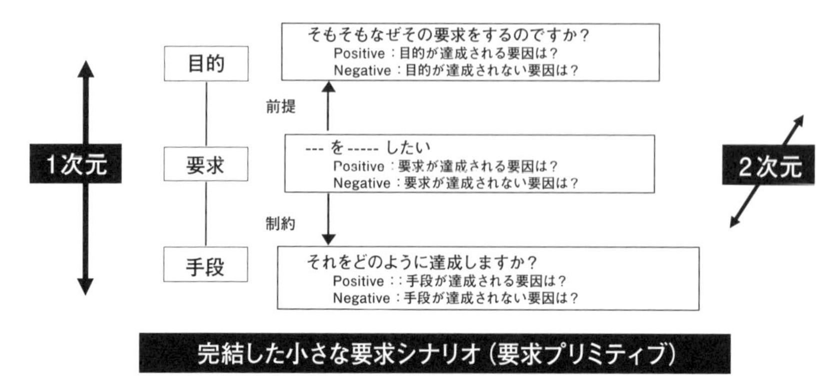


図7.2 2次元ヒアリング手法（出典：情報処理学会論文誌 [7]，久代紀之，2008）

2次元ヒアリング手法とは，目的・要求・手段を問う質問と，その前提・制約を獲得するためのPositive/Negative（以下P/N）な理由を問う質問を組合せたものであり，下記ステップで実施する．この結果得られた目的・要求・手段とその前提・制約からなる完結した小さな要求シナリオを，要求プリミティブと呼ぶ．

Step1 要求を主張するP/N理由を質問
Step2 目的を質問し，その回答に対しP/N理由を質問
Step3 要求達成手段を質問し，その回答に対しP/N理由を質問

やりたいことをやる（目的）ために，早起きをして（手段），健康になり（要求），という要求（図7.3）を例とし，2次元ヒアリングにより要求プリミティブが形成される過程を説明する．要求へのPositiveな質問“なぜ，早起きすることで健康になるのですか？”から，例えば，命題B：“早起きをする”→ 命題A：“健康になる”を成立させるために必要となる制約（命題B：“早起きする”∧ 命題B p1：“（ラジオ）体操をする”，または，命題B：“早起きする”∧ 命題B p2：“散歩をする”）が獲得される（図7.3）．

同様にNegativeな質問“早起きしても，健康にならないときはどういう場合ですか？”に対して，例えば，命題A：“早起きをする”．→ ¬命題B：“健康を害する”を成立させるために必要な（命題B：“早起きをする”∧ 命題B n1：“過度な運動をする”，あるいは，命題B：“早起きをする”∧ 命題B n2“不規則な生活をする”）が獲得される．ここで，“X∧Y”は“XかつY”，“¬X”は“Xではない”，

"X→Y"は"XならばY", を表す. B p1, B p2, B n1等のP/N双方の制約を獲得することで, 命題Bと¬命題Bを区分する制約 (例えば"健康を維持する運動としての適性"や"生活の規則性") を明らかにすることができる. 同様に, 要求: "健康になる" → 目的: "やりたいことをやる"に対するP/N質問から, A p1: "体力がある", A p2: "気力が充実", A n1: "金がない", A n2: "時間がない"という前提を獲得することで命題Aと¬命題Aを区分する前提条件 (例えば, "体力", "気力", "資産", "時間") を明らかにすることができる.

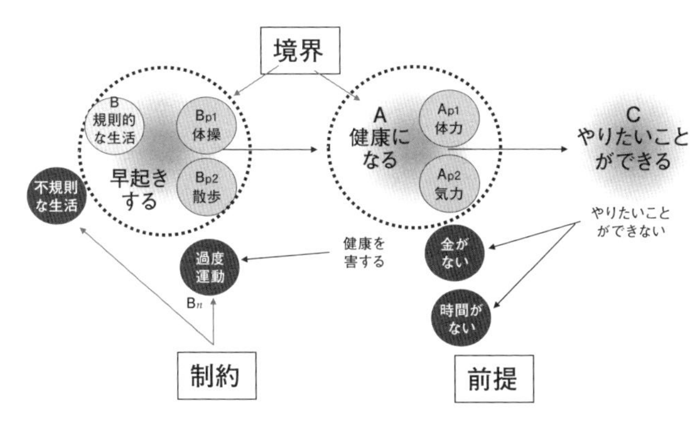


図7.3 2次元ヒアリング手法の適用例 (出典: 設計工学 [23], 久代, 2009)

面倒なインタビュー方法に見えるかもしれないが, 前提・制約を含めた要求を獲得できる他のインタビュー手法を管見では見つけることができない. さらに, 要求は, 要求自体を考えているときよりも, 制約や前提を検討しているときや他のステークホルダーとの要求の差異をネゴシエーションしている時に広がって行くことを指摘[6]する知見もある. 前提・制約などの要求の境界を明確にした上でのコミュニケーションは, ステークホルダー・デザイナー双方の要求への気づきや理解を促進し, 広がりとともに深さを持った要求の獲得が期待できる. また, なぜという質問に加え, その理由を問うことで, 人が陥りがちな概念的説明への気づきを促す効果も同時に期待できる.

## 7.2.2 要求の構造化と設計データの選択

2次元インタビューにより獲得した要求プリミティブでは, システムアーキテクチャの決定などシステム仕様策定のための入力情報として十分とはいえない. 獲得された要求プリミティブには，具体性のレベルのばらつきや相互の矛盾があり，これを整理・補完する必要がある．これら整理と補完のために，ゴールグラフによる要求構造の可視化と構造化インタビューを実施する．

ゴールグラフとは，システム目標論に則り要求をゴール，サブゴール，実現手段で構成されると見なし，ツリー状に可視化する手法である[8]．サブゴール間，実現手段間の相互関係を記述するために，AND（連言）・OR（選言）・Exclusive（排他）の関係を，ゴールとサブゴール，サブゴールと実現手段の依存関係を記述するために，貢献度（++, +, -, --等の記号）を付与する．

ゴールグラフを構成する情報の取得のために，下記ステップの構造化インタビュー（図7.4）を行う．

Step1　解決策（手段）を"展開"
Step2　手段間を"比較"し，手段間の共通性への気づきを促進
Step3　手段の共通性を目的・要求に"主題的に統合"し要求シナリオを形成
Step4　要求シナリオの検討を通じ，目的を再定義
Step5　再定義された目的から，手段を"展開"（Step1に戻る）

図7.4に示す議論の交番は，自然発生的には起こりにくいため，質問を用いファシリテーションを行う[9]．エリス（O.Eris）は，設計作業のファシリテーションに有効と考えられる12種類の質問を抽出した[10]．ここでは，これらの質問を展開・比較・主題的統合を促す三つのカテゴリに再構築し利用する．質問により手段の展開を促し（Step1），展開された手段を比較させることで（Step2），手段間にある共通の属性（評価指標）を抽出する．さらに，共通属性が，どういう目的を満足するために実施されるものかを問うこと（Step3）で，目的の再定義を促す（Step4）．

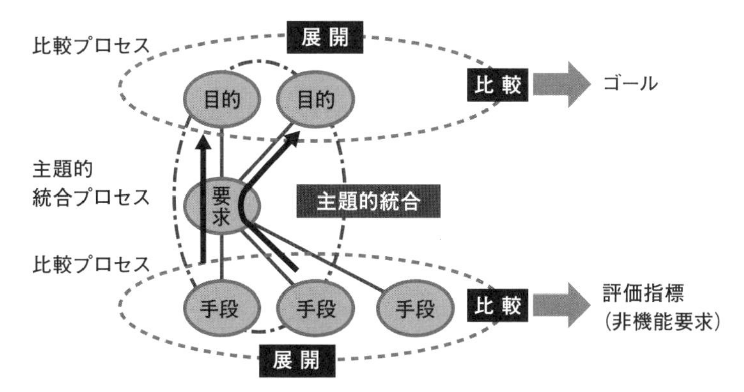


図7.4 構造化インタビュー（出典：設計工学 [23]，久代，2009）

| 質問分類 | 種類 | 例 |
|---|---|---|
| 展開 | Enablement | What allows you to measure distance? |
| | Method Generation | How can we keep it from slipping? |
| | Proposal | Can we use a wheel instead of a pulley? |
| 比較 | Interpretation | Will it slip a lot? |
| | Procedural | How does a clock work? |
| | Causal Antecedent | Why is it spinning faster? |
| | Causal Consequence | What happened when you pressed it? |
| | Expectational | Why is the wheel not spinning? |
| 統合 | Rationale/Function | What are the magnets used for? |
| | Scenario Creation | What if the device was used on child? |
| | Ideation | What can we do with magnets? |

図7.5 エリスによる設計のための質問集（出典：設計工学 [23]，久代，2009）

構造化インタビューにより，システムアーキテクチャを決定するための評価指標の抽出と目的の再定義を行うことができる．これら抽出された評価指標を用い，ゴールを達成するための手段の選択をゴールグラフ上で行う．ただし，この段階での手段選択は，手段を検討することにより要求の背後にある前提・制約を理解することを目的としており，必ずしもシステム実現のための最適な手段を選択することを目的としてはいない．

一般的なゴールグラフでは，評価指標の重み付けと各手段の評価指標への貢献度を記述できないため，なぜその手段が選択されたかという意思決定のプロセスをトレースすることができない．また，システムには，多様な価値観を持つステークホルダーが存在し，一般的に，ステークホルダー間で評価指標の重み付けや貢献度の評価に衝突が発生する．これら衝突にどのように対処し解決したかのプロセスついても，トレースすることができない．これら課題を解決する手段として，拡張ゴールグラフ（Extended Goal Graph: EGGと略）[11]を適用する．

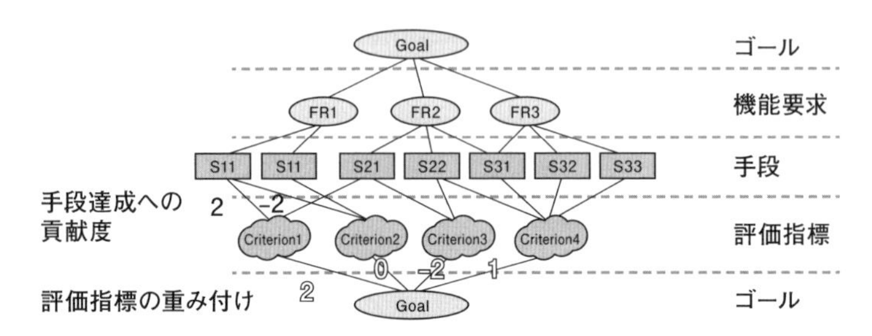


図7.6 拡張ゴールグラフ（出典：ICDM [11]，Kushiro.N, 2015）

拡張ゴールグラフでは，2次元ヒヤリング，構造化インタビューで獲得されたシステムへの要求を，システムが満足すべき“モノ”の構造を表す機能要求と，システムが実現する“コト”の評価指標を分割して，機能・非機能要求を含む要求全体を可視化することができる（図7.6）．拡張ゴールグラフをベースに，ステークホルダー間の評価指標の重み付け，手段の評価指標への貢献度の評価の差異を明示することで，要求間の衝突の発見を可能とし，前提・制約の具体化，および評価指標の詳細化を行う．拡張ゴールグラフの機能を以下に示す．

- ゴール，機能要求，手段，評価指標から構成される要求全体の構造を線対称の木構造で表現する
- 機能要求と評価対象を同一グラフ上に表現することで機能要求と非機能要求を同時に考慮した設計を可能とする
- 要求・手段間の技術的な衝突およびステークホルダー間の評価指標の衝突の発見を支援する
- 発見しにくい（暗黙的な）システム評価指標やその解決策の発見を支援する

ステークホルダーは，拡張ゴールグラフ上で評価指標の重みをスコアリングし，さらに各手段が各評価指標の達成にどれだけ貢献するか（貢献度）をスコ

アリングする．これら評価結果は，評価指標―手段―機能要求のリンクを通じて，各機能要求に伝搬される．これら2種のスコアリングにより，ステークホルダーが機能要求とその実現手段の選択において，どの評価指標に重点を置き，どの手段により機能が満足されるかと考えたかの道筋を表出化する．

拡張ゴールグラフでは，この表出化により，以下の3種類の衝突（トレードオフ）の発見を支援し，衝突解決の検討プロセスを通じ，ゴールの再定義，新たな評価基準，手段の発見を促す．システムのゴールとして，高性能なポータブルオーディオプレーヤの実現を設定した場合を例に説明する．

**衝突1**　評価指標間に技術的なトレードオフがある場合
**衝突2**　ステークホルダーによって評価指標への重みづけが異なる場合
**衝突3**　手段が評価指標を満足することを他手段が阻害する場合

図7.7に示すように，機能要求・手段・評価指標を定めたとき，ハイレゾ録音は高音質には貢献するが，低コスト化にはネガティブな貢献をするような技術的なコンフリクト（衝突1）が発見できる．高音質化と低コスト化がトレードオフの関係にあることから，これらを同時に満足する新規手段の検討，あるいは評価指標の重みを再考させることで衝突1の回避を促すことができる．

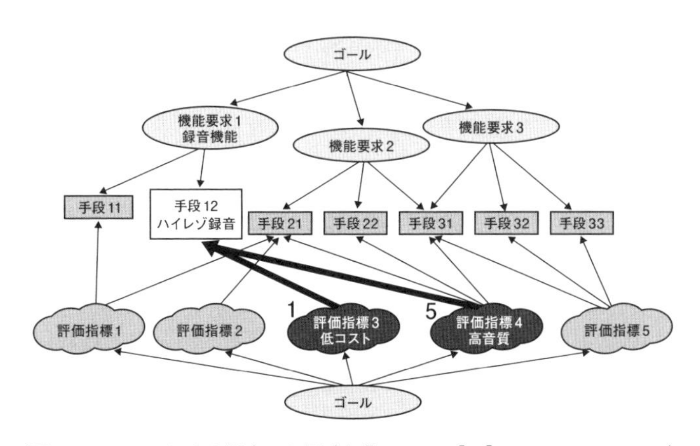


図7.7　EGGにおける衝突1の例（出典：ICDM [11]，Kushiro.N, 2015）

図7.8のように機能要求・手段・評価指標を定めたとき，10代の学生は高性能

を重視するが, 50代の男性はシンプルさに評価の重きを置いているなどのステークホルダー毎の評価指標の重みづけの相違 (衝突2) を発見できる. ステークホルダー間で重みづけの衝突があるため, 双方の評価指標を満足するような新規手段を検討する, あるいはゴールを再定義 (例えば, "若者向けのオーディオプレーヤの実現" 等) し, 重みづけを再考させることで, 衝突2の回避を促すことができる.

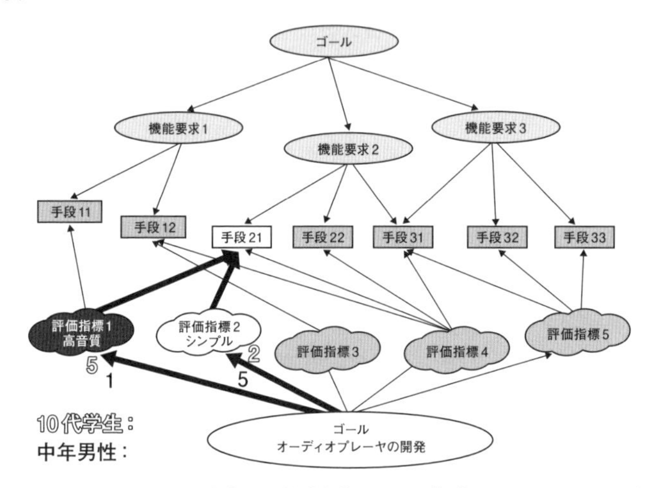


図7.8 EGGにおける衝突2の例 (出典:ICDM [11], Kushiro.N, 2015)

図7.9に示すように, 同一の機能要求に接続された複数の手段と評価指標があり, 各手段は, それぞれの評価指標を満足していたとしても, 機能要求により相互接続されることにより発生する衝突 (衝突3) を発見できる. 例えば, 製品の保護機能を満足する耐久性の視点では, 低反撥ウレタンは有効であるが, 音楽再生機能を満足する高音質の視点では, マイナスに働いてしまうなどの例がこれにあたる. 衝突1と同様に, 双方の評価指標を満足する新規手段を検討, あるいは評価指標の重みづけを再考させることで, 衝突3の回避を促すことができる.

以上示したように, 拡張ゴールグラフを用いることでゴール達成に目標を絞った要求会議を遂行し, システム仕様として有要な実現手段を選択することができる. ただ, この段階で選択された手段も, 最終的な実現手段とは必ずしもなりえない. なぜなら, 評価指標に対して (常識に基づいた) 直感的評価しか実施していないし, 手段の実現性についても, 技術的な裏づけが得られていないからである.

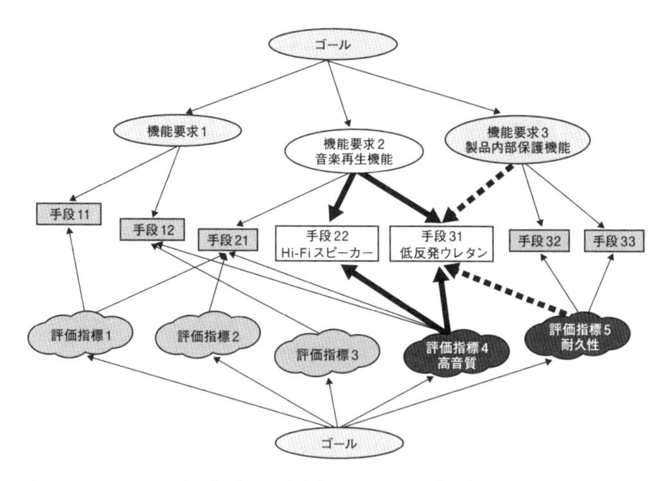


図7.9 EGGにおける衝突3の例（出典：ICDM [11], Kushiro.N, 2015）

評価指標の定量化と実現手段の技術的な裏づけを行うためのデータとアルゴリズムが必要である．これらデータおよびアルゴリズムの選定に，IMDJワークショップを活用する．すなわち，IMDJワークショップで構築した要求シナリオに対して，本章に記載した要求の構造化・精緻化手法を適用し，拡張ゴールグラフを得る．次に，拡張ゴールグラフに対し，再度IMDJワークショップを用い，システム設計の論理的な健全性を強化するために必要とされるデータとアルゴリズムの選定を行うことで仕様の精緻化を行う．IMDJとの連携のために，拡張ゴールグラフは，要求プレーンと設計プレーンの2階層の構造を持つ（図7.10）．要求プレーンは，既に説明してきた拡張ゴールグラフ，設計プレーンは，IMDJにより抽出されたデータジャケットとそのデータを処理するためのアルゴリズムが記載されたツールジャケットで構成される（図7.11）．アルゴリズムは，データジャケット上のデータを用い，評価指標を定量的に評価するためのメトリクスを算出する．

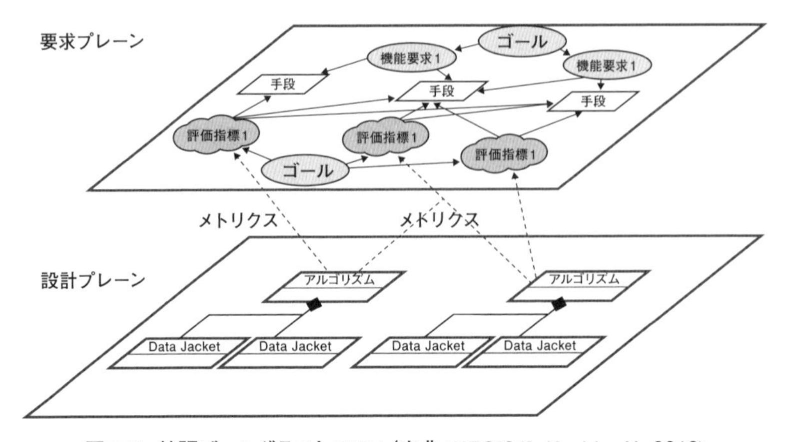


図7.10 拡張ゴールグラフとIMDJ（出典：KES[24], Kushiro.N, 2016)

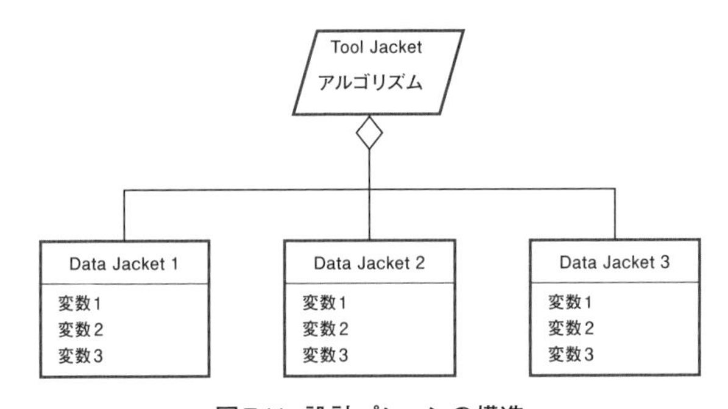


図7.11 設計プレーンの構造

拡張ゴールグラフにおいて，設計プレーンと要求プレーンは，メトリクスで相互にリンクされる（図7.10）．ここで，メトリクスとは評価指標を定量化した尺度を意味する．例えば，低コスト化であれば，イニシアルやランニングコスト，高音質化であれば，ラウドネス値やシャープネス値がメトリクスに相当する．これらメトリクスを，設計・要求プレーン間のリンクを通じ伝搬させ，拡張ゴールグラフをデータに基づき定量的に評価可能とすることで最適手段の選定を支援する．メトリクスは，IMDJワークショップにおいて，売買プロセスにおける発話を通じて獲得され，本章に記載する要求獲得・構造化のワークショップで洗練される．IMDJや要求獲得・構造化におけるワークショップでの発話データは，システムデザインのための有用なデータであることから，これら分析を支援するツール（共同設計支援環境）を利用する．

衝突の解消は，システムの実現において重要な検討事項である．できるだけすべてのステークホルダーがWin-Winの状態になるように解消されるべきである．なぜなら，Win-Loseの状態でシステムが交換された場合，Loseの状態になったステークホルダーは，システムに不満を持つことになり，システムを改修する必要が生じることが多いからである．衝突の解消にはWin-Win法[6]をはじめとしていくつかのネゴシエーション手法が提案されている．拡張ゴールグラフは，衝突箇所とその理由を明示的に示すことができるので，これらネゴシエーション手法と合わせ適用することが有効である．

図7.9に示す衝突の例において，評価指標“高音質”のメトリクスとして，“ラウドネス・シャープネス値”と“年代別楽曲嗜好度と楽曲の帯域・音圧・音素粒度分布の特性”を，評価指標“耐久性”のメトリクスとして，“振動の吸収特性”が抽出されたとする．次に，IMDJワークショップを通じ，これらメトリクスを決定するために必要なデータおよびアルゴリズムとして，図7.12，図7.13，図7.14に示すデータジャケットおよびツールジャケットが抽出されたとする．

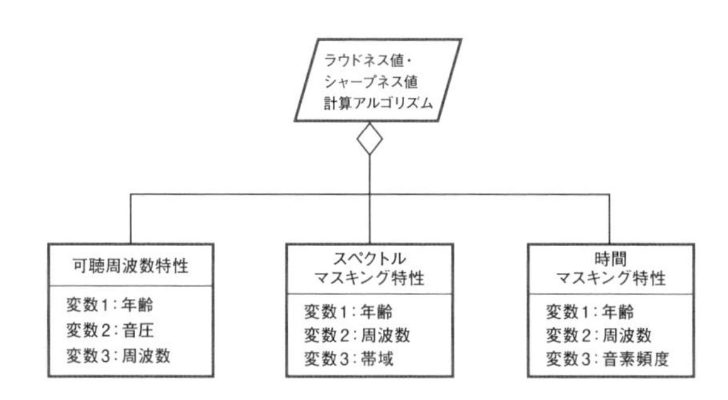


図7.12 データ・ツールジャケット選択例1

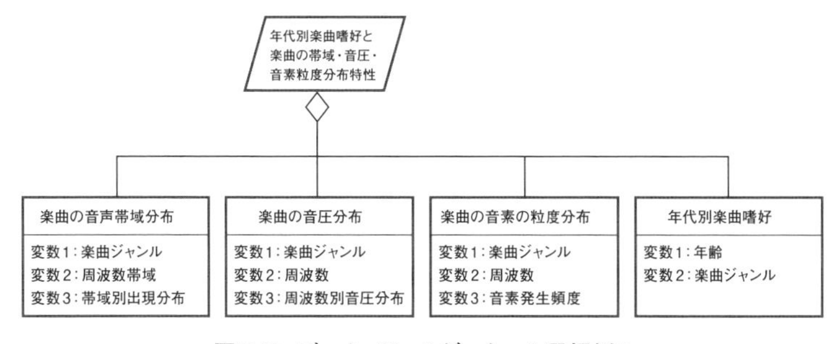


図7.13 データ・ツールジャケット選択例2

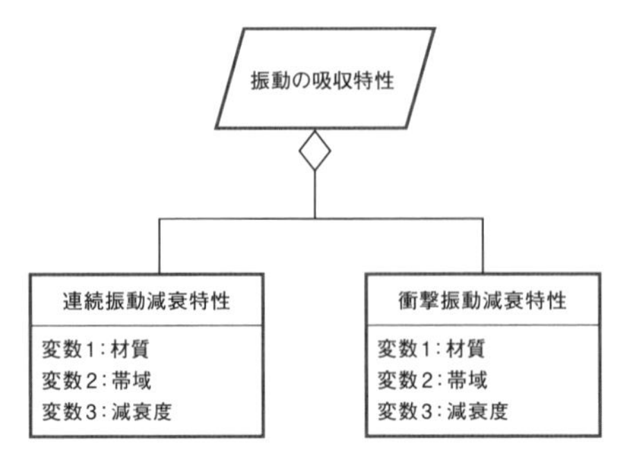


図7.14 データ・ツールジャケット選択例3

本音楽プレーヤーのターゲット層の楽曲の"帯域・音圧・音素粒度分布の特性"と低反発ウレタンの"連続振動減衰特性"をパラメータとして，データ"可聴周波数特性"，"スペクトルマスキング特性"，"時間マスキング特性"を用い，"ラウドネス・シャープネス値計算アルゴリズム"から得られた数値を最適化することで，"高品質"と"耐久性"を両立するポータブルオーディオプレーヤの設計解を定量的に検討することができる（図7.15）.

本例で示したように，IMDJと拡張ゴールグラフを用いたワークショップを通じ，あいまいな要求シナリオを，システム仕様へと精緻化する一貫したシステム設計方法論を提供する．また，要求プレーンと設計プレーンという2層の構造を持つ拡張ゴールグラフは，要求とシステム設計間のギャップを橋渡しする機能を提供する.

### 7.2.3 製品・システム仕様の自然言語による記述

拡張ゴールグラフを用いて精緻化したシステム仕様を図7.16のプロセスで文書化する．デザインロジックの健全性を評価するには，言語化が必須であることから，自然言語を用いて仕様を記述する．さらに，自然言語で記載された仕様書を形式的に変換し，表記揺れや曖昧な記述などの確認を行うとともに，設計ロジックを論理的思考フレームワークを用いて可視化し，システム仕様の健全性の評価を行う.

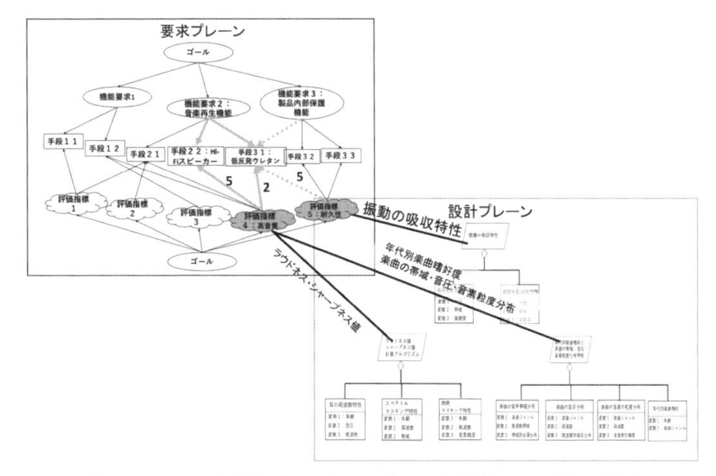


図7.15 IMDJと拡張ゴールグラフを用いた衝突の回避策の検討

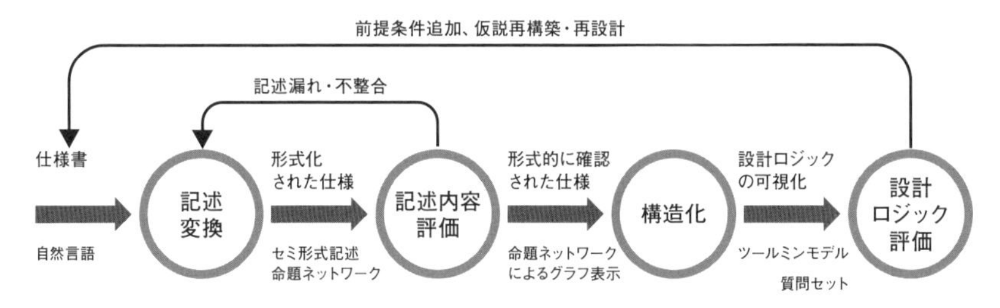


図7.16 仕様化のプロセス（出典：ヒューマンインタフェース学会誌 [22]，久代紀之，2015）

仕様化の初期段階では，仕様書自体に曖昧な点や矛盾点を含むことが多々あり，これら欠陥を，レビューを通じ，ステークホルダーとデザイナーが，相互発見的に補っていく必要がある．これらを勘案し，可読性の高いロランド（C. Rolland）の仕様記述方式[13]を採用した．ロランドの方式は，アクションあるいはステータスを表す節（以下，アトミック節）とアトミック節の間の論理的な関係を表す論理記号により構成される（図7.17）．

アトミック節は，“関係語（主体，対象）”の形式で記述される．例えば，“カードをATMに挿入する”，“カードは，正当である”という仕様記述は，以下のように表現される．

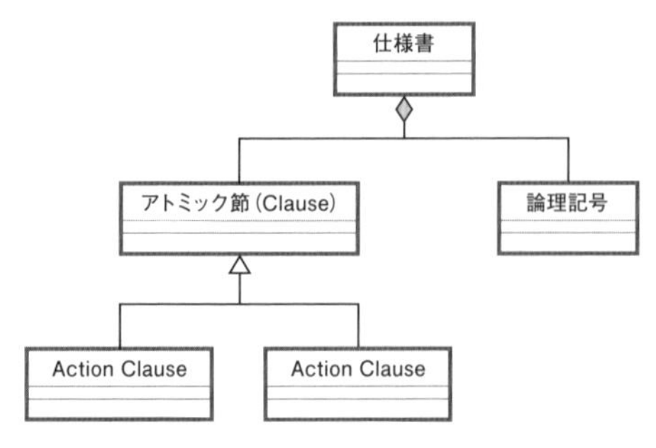


図7.17 ロランドによるセミ形式記述
(出典：ヒューマンインタフェース学会誌 [22], 久代紀之, 2015)

アクション節：挿入する (カード, ATM)
ステータス節：である (カード, 正当)

さらに，“カードをATMに挿入する”かつ“カードは，正当である”ならば，“ATMは，現金を排出する”という仕様記述は，以下のように表現される.

挿入する (カード, ATM) ∧ である (カード, 正当) ⇒ 排出する (ATM, 現金)

### 7.2.4 仕様書の単文化

システム仕様は，多数の文から構成され形式的に記述するには単文化が必要である．日本語では通常ある文から複数の単文候補が作成可能[14]で，計算機を使って機械的に単文化することは困難である．そこで，単文化は，係り受け分析器 (Cabocha) の分析結果を元に，人手で行う．具体的には，下記手順で実施する.

**係り受け解析**：係り受け分析器 (Cabocha) を用いて文章の係り受け構造を分析する

**述語・主語・対象語を検出**：述語 (関係語) を見つけ，左記関係語に対する主体と対象語を検出する．目的語を複数とるような関係語に関しては，二つの単文に分割する.

**修飾語の保持**：これらの語に対する修飾語を見つけ，情報として保持する

**能動態への変更**：受動態は，能動態に変更する

“我々は，ツールミンモデルを導入することで，仕様書の欠陥を抽出する”という仕様記述を対象に単文化の手順を説明する．上記例文の係り受け分析器の出力結果は，図7.18のようになる．

```
        我々は, ---------------D
ツールミンモデルを－D          |
        導入する---D       |
              ことで---D
          仕様書の-D |
               欠陥を-D
               抽出する.
```

図7.18 係り受け分析器による分析例

図7.18の結果から，述部として，“導入する”と“抽出する”を，この述部にかかる主語“我々”と対象語“ツールミンモデル”，“仕様書の欠陥”を抽出し，下記のような単文形式で記述する．

導入する（我々，ツールミンモデル）⇒ 導出する（我々，仕様書の欠陥）

## 7.2.5 仕様書構造の可視化

単文相互の関係を，RDF記述[15]を元にした図7.19に示す記法（以下，命題ネットワークと呼ぶ）を用い可視化することで，仕様書記述の漏れ，表記揺れを検出する．命題ネットワークは，以下のルールで相互に接続される．

図7.19 命題ネットワーク（出典：ヒューマンインタフェース学会誌 [22]，久代紀之，2015）

1. 命題ネットワーク相互の関連が，論理記号（否定，論理包含，選言，連言）で明示的に示されている場合には，図7.20に示す形式で接続する．
2. 命題ネットワーク間の関連が，論理記号で示されていない場合は，アトミック節中の主体と対象の関係により，下記ルールで接続する．

・節Aの対象語と節Bの主体語が等しいとき（図7.21）
・節Aと節Bの主体語が等しいとき（図7.22右）
・節Aと節Bの対象語が等しいとき（図7.22左）

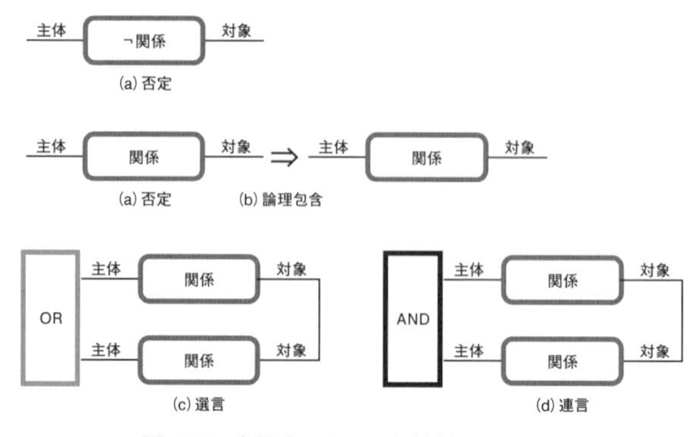


図7.20 命題ネットワーク接続ルール1
(出典:ヒューマンインタフェース学会誌 [22], 久代紀之, 2015)

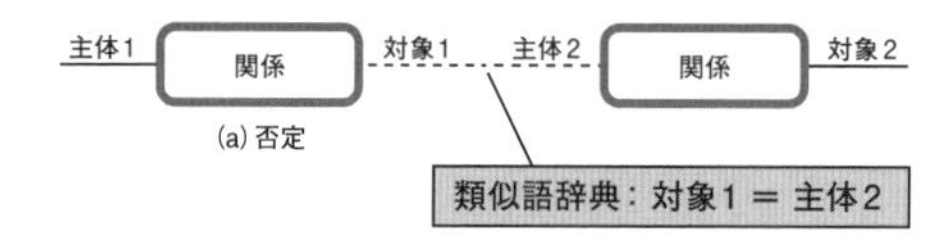


図7.21 命題ネットワーク接続ルール2
(出典:ヒューマンインタフェース学会誌 [22], 久代紀之, 2015)

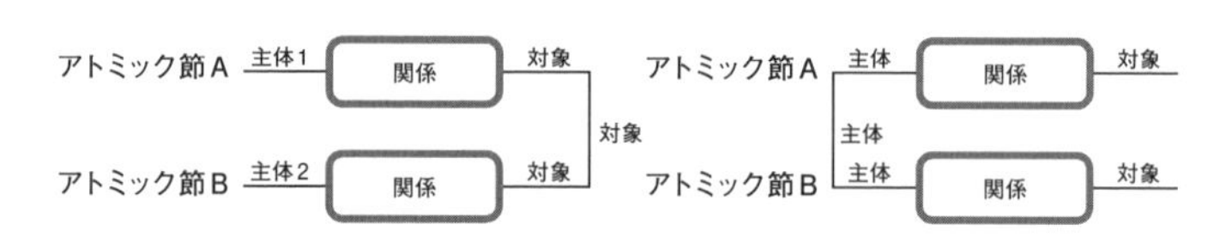


図7.22 命題ネットワーク接続ルール3
(出典:ヒューマンインタフェース学会誌 [22], 久代紀之, 2015)

後述する文章可視化支援ツール(節7.3.3)は, 類似語辞書を備えており, 予め類似語を登録しておくことで, 類似語間を破線で接続することができる(図7.21). 命題ネットワークの主体・対象語が, 他の命題ネットワークに存在しない場合には, 孤立したノードとして表示されるため, 表記揺れ・漏れ, 記述間の齟齬の検出を視覚的に支援する.

## 7.2.6 ロジックフレームを利用した仕様書レビュー

前節までのプロセスで, 仕様書記述についての形式的な評価はできるが, システム仕様の健全性の評価はできない. 前述したように, システム仕様のデザインロジックの健全性評価方法としては, 仕様書を対象に, レビューやウォークスルーのようなヒューリスティックな方法で実施することが一般的である．ただし，既存のレビュー手法には，監査するという仕組みは提供されているが，本来のReview（評価）するという仕組みの提供に乏しい．この結果，多くのレビューにおいて，形式的な指摘事項は多いが，内容に踏み込んだ評価が少ないと指摘されることも多い[16]．

デザインロジックの健全性評価のために，日常の議論（因果関係が必ずしも定義できない蓋然的な議論）の論理的思考フレームワークであるツールミン（S.Toulmin's）モデル[17]を，レビューのツールとして導入する．ツールミンモデルは，下記の六つのコンポーネントで構成される．

1. Data（根拠）：客観的な証拠資料
2. Claim（主張）：論理として構築される一つの主張
3. Warrant（論拠）：提示した根拠がなぜ主張する内容を裏づけることになるかという論拠
4. Rebuttal（反証）：論拠が成り立たない例外
5. Backing（裏づけ）：論拠が正しいことを支持する裏づけ
6. Qualier（限定語）：論拠の確かさを示す語

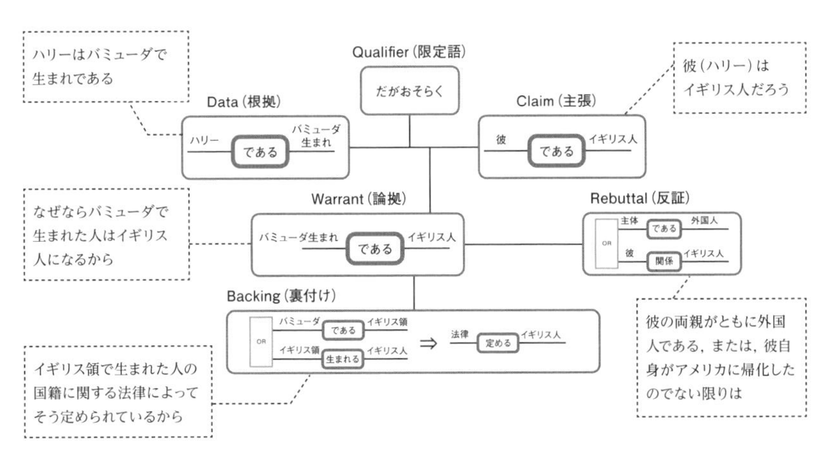


図7.23 ツールミンモデルの概要
（出典：ヒューマンインタフェース学会誌［22］，久代紀之，2015）

レビュー時には，仕様書に記載された命題ネットワークをツールミンモデル上のコンポーネント上に配置することで，デザインロジック上の位置づけを確認・評価する．ツールミンモデルでは，Warrant（論拠）に関する裏づけ（Backing）を常に求める．Warrantは，システム設計という文脈では，設計根拠に相当する．本来のレビュー（評価）視点として，設計根拠の妥当性・健全性の確認は，最重要事項の一つであり，ツールミンモデルは，デザインレビューのためのフレームワークとして有効に働く．レビューでは，デザインロジックの健全性を，以下のステップで評価する．

Step1 Warrantが成り立たなくなるケースにつき質問し，質問により抽出された命題（ネットワーク）を，Rebuttalに追記する．

Step2 抽出された命題は，必ずしも真であるとは限らない．真偽が疑われる場合には，この裏づけとなるデータを探索し，この命題の蓋然性を評価する．

Step3 真である蓋然性が高い場合は，デザインロジックの演繹的な成立に必要となる前提を質問する．質問により抽出された前提をWarrantに追加する．

以上，1から3のステップをWarrantの成立を阻む命題が抽出できなくなるまで繰り返す．Warrantが，成立しなくなるケースを質問することで，デザインロジックに揺さぶりをかけ，デザインロジックを演繹的に説明するために必要となる前提を強制的に抽出させることで，デザインロジックの健全性を強化していく．

このプロセスは，第1章に記載した非単調な推論プロセスの活用である．Warrantの成立を阻むRebuttalの探索を進めた結果としてデザインロジック全体の制約充足に失敗する．これにより，デザインロジックが想定する解空間を強制的に広げ，Warrantを成立させうる潜在的な制約の探索が促進されることを期待している．

要求シナリオの具現化・精緻化とともに，情報の粘着性は次第に強度を増す．元来，デザインは，第5章に記載したように蓋然性や不完全性な知識を元にした仮説推論により行われるが，要求シナリオからシステム仕様へと具現化のプロセスを経ることで，仮説が確信へと変化し，デザイナーの確信として固着してしまう．ひとたびデザイナーの確信として固着した情報を打ち壊すためには，アクションプランニングに加え，より強力な情報の粘着性を打破する仕組みが必要となる．この仕組みを本章に示したツールミンモデルと左記モデルを用いたレビューにより提供する．

拡張ゴールグラフの衝突3の事例（図7.9）を用いて具体的に説明する．自然言語で記載された仕様書を図7.16に基づき，命題ネットワークへと変換し，図7.24が得られたとする．

図7.24は，Datum（実現する（低反発ウレタン，内部保護機能）∧適用する（HiFiスピーカー，再生機能））⇒Claim（満足する（低反発ウレタン，耐久性）∧ 満足する（HiFiスピーカー，高音質））なぜなら，Warrant（吸収する（低反発ウレタン, 衝撃）∧ 再生する(HiFiスピーカー, 高音質））というデザインロジックを表している．

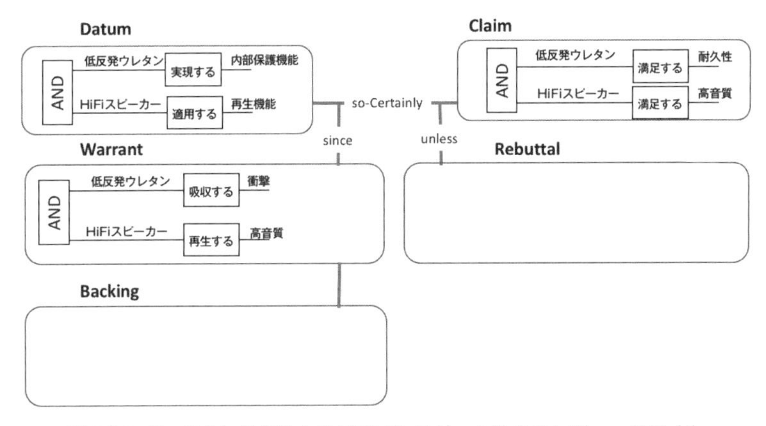


図7.24 ツールミンモデル上のデザインロジック健全性レビューの例（1）

このデザインロジックをベースに，上述のレビューにより，ロジックの健全性を強化する．まずは，Warrant（吸収する（低反発ウレタン，衝撃）∧ 再生する（HiFiスピーカー，高音質））が成立しなくなるRebuttalを質問する．この質問により，低反発ウレタンが可聴音振動を吸収してしまうことで，HiFiスピーカーの高音質を妨げてしまう可能性が抽出されたとする．左記の蓋然性を確認するために，データジャケットを探索し，低反発ウレタンの連続振動と衝撃振動の吸収特性のデータを得る．これらデータから，低反発ウレタンが可聴音振動を吸収し, HiFiスピーカーの再生機能に影響を及ぼす蓋然性が無視できないことが確認される.

このままでは, デザインロジックが破綻するため, このデザインロジックを成立させるために必要となる前提・制約を検討する. この作業は, デザイナーにとって決して楽な作業ではないが, 設計解に窮することで, 新たな発想が生まれることも期待できる. ゴールがポータブルオーディオということを考えると, “可搬性”という評価指標の重要性に気づき, より高いレベルで“可搬性”という評価指標を満足するためには, オーディオ本体にHiFiスピーカーを内蔵するのではなく, 外付けにするという発想が生じる. すなわち, 本体とスピーカーは分離することができるという前提を追加することで, 従来の発想の連続線上にはない (非単調) な発想を促す.

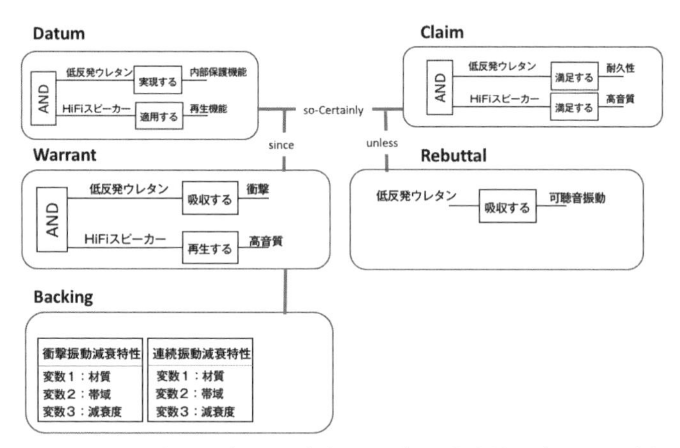


図7.25 ツールミンモデル上のデザインロジック健全性レビューの例 (2)

さらにこの発想の蓋然性を確認するために, ポータブルオーディオプレーヤの利用実態に関するデータジャケットを探索し (図7.25), ポータブルプレーヤの視聴形態として, スピーカーによる再生を行うことは希で, むしろヘッドホンによる再生の機会が多いことが確認できれば, 上記の発想の転換は, むしろ“可搬性”という評価指標をより満足するものとなる (図7.26).

このように, ツールミンモデルを用いたデザインレビューでは, Warrantの評価により, デザインロジックの健全性を確認するとともに, Rebuttalの検討により, デザインロジックの強化と, 時に従来の発想上の連続線上にはなかった新たな評価指標・手段の発想を促すことができる.

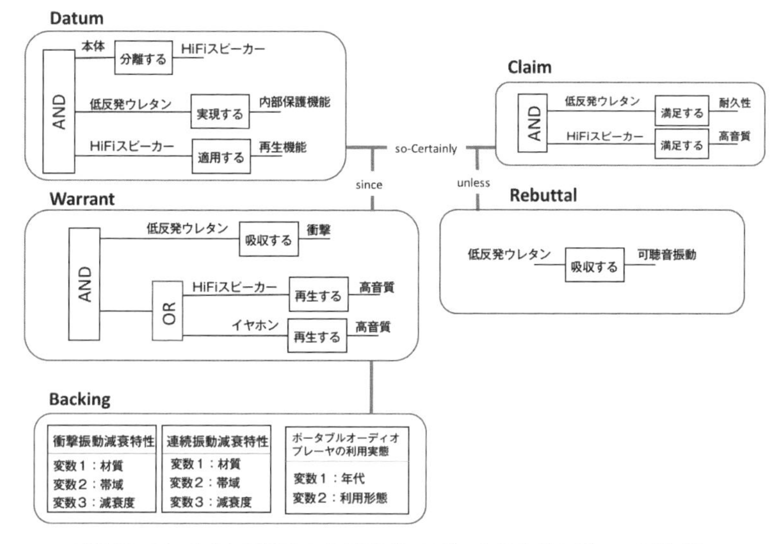


図7.26 ツールミンモデル上のデザインロジック健全性レビューの例 (3)

## 7.3 ロジック主導型設計のための 支援ツールおよび設計プロセス観察ツール

以上の設計プロセスを支援する支援ツールおよび設計プロセス観察ツールを開発した．本章では，共同設計支援環境，要求仕様獲得ツール（拡張ゴールグラフ），文章可視化・レビュー支援ツールの概要に関して説明する．

### 7.3.1 共同設計支援環境

トップダウンで目標を定めることが難しいシステム設計においては，ブレインストーミング（BS）やKJ法を用いて，システム設計を進めていくことが多い．一般にこれらの手法は，「ゲームストーミング手法」と呼ばれ，その遂行には，付箋とフリップチャートを用いることが一般的である[19]．頭の中にあるさまざまな考えやアイデアは，そのままではステークホルダー間で共有したり，体系化することは難しい．考えを付箋に記述し，これらをフリップチャート上で構造化する操作により，ステークホルダー間の協調作業を可能にしている．付箋とフリップチャートは，単純な道具であるが，単純であるが故に，考えるという本来の作業に集中できるという点で優れた道具であるといえる.

ゲームストーミングでは一般的に，拡散・収束のプロセスを繰り返すことにより，次第に発想をブラッシュアップしていく．この試行錯誤の中で，作業の場として用いているフリップチャートが，収拾がつかない状況になることも往々にして経験する．さらに，試行錯誤の過程を振り返ることは，思考パターンの発見やアイデアの展開において有効な方法であるが，これら振返りを積極的に支援する方法がない.

より複雑なゴール設定の課題に対応するために，種々の高度化されたゲームストーミング手法が適用されている．本書で示したIMDJも，高度化されたゲームストーミング手法の一つに分類される．IMDJにおいては，ゲーム開始初期段階において，データジャケットと呼ぶデータの変数を記述した情報とこれらデータジャケット間の関連を可視化したマップが用意される．このマップをゲーム盤として，要求，解決策など独自の役割を持った付箋を用いて，要求獲得・アイデア会議・要件定義に至るプロセスをゲーム形式で進行する（図7.27）．これら高度化されたゲーム手法を円滑に実施するためには，進行に応じゲーム盤に種々の情報を追加したり，ゲームの振返りを支援するツールが必要である.

図7.27 IMDJにおけるゲーム盤の様子
（出典：電子情報通信学会技報［20］，久代紀之，2015）

これら要求から，IMDJを含むゲームストーミング手法を用いたワークショップを対象とする共同設計支援環境を構築した[20]．設計支援環境は，図7.28に示す形態での利用を前提とし，図7.29に示す機能を提供する．例えば，IMDJ

のワークショップにおいては，これらの機能を用いてワークスペース上に，データジャケット間の関連を可視化したマップを投射したり，指さし操作を行うことで，データジャケットの組合せをワークスペース上でリンクさせたりすることができる．また，ワークショップ中のバーバル（発話回数，話者），ノンバーバル（付箋の貼付・移動，指さし操作）コミュニケーションは，すべて数値データとして保存され，IMDJワークショップの振返りを支援する．

設計支援環境は，付箋・手の位置・動きを検出する市販ビジョンセンサ（カラー画像：1920×1080pixels，深度画像：512×424pixels）5台とゲームボード上（図7.28）に，各種情報を提示するための2台のLEDプロジェクタ，およびこれら機器を制御するPC群で構成される．

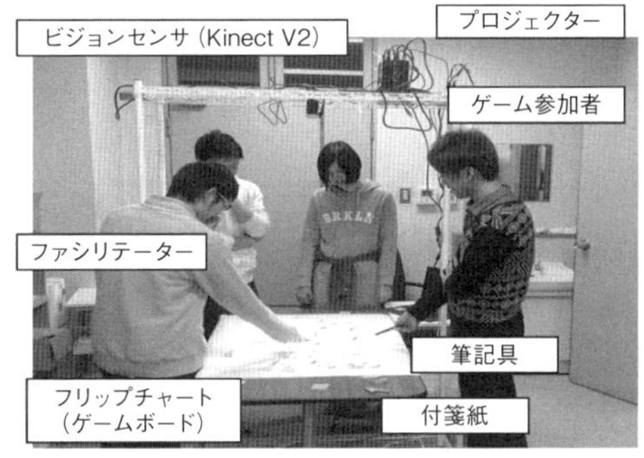


図7.28 設計支援環境の概観と使用形態
（出典：KES [24]，Kushiro.N, 2016）

設計支援環境では，ワークスペース上の手の動きや付箋の移動はビジョンセンサにより認識される．これにより，アイデア会議時の付箋の貼付時間・位置検出(図7.30)や，ジェスチャーによる境界線や関連線の描画(図7.31)を実現する．ワークショップにおけるバーバル・ノンバーバルなコミュニケーション（付箋・手の動き，発言頻度，発話者）の履歴を可視化（図7.32）し，会議プロセスの振返りを支援する．

| 機能 | 内容 |
|---|---|
| 付箋の検出 | 付箋を貼付した時間および貼付位置の検出 |
| 付箋の移動の追跡 | 貼付された付箋の移動軌跡の記録 |
| 指さし操作 | ワークスペース上の指さし行為の記録 |
| 手の動きによる描画<br>（線，マーカー，投票） | KJ法で用いるグループ化，グループの関係付けなどの作業の支援 |
| 発話回数 | 会議中の発話回数・時間の記録 |
| 話者特定 | 会議中の発話の話者特定 |

図7.29 支援環境機能（出典：電子情報通信学会技報［20］，久代紀之，2015）

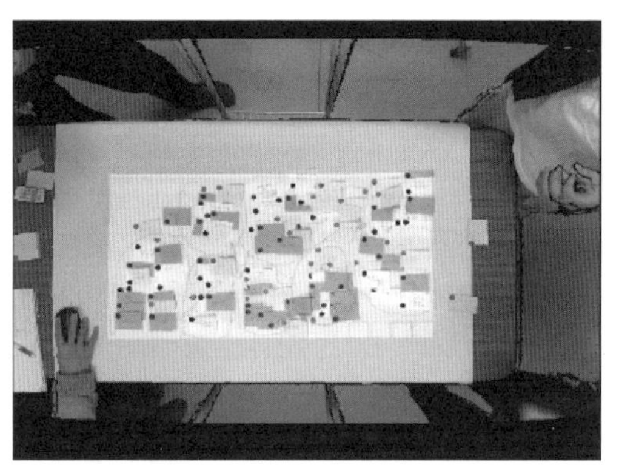

図7.30 付箋の貼付位置の検出（出典：ICDM［11］，Kushiro.N, 2015）

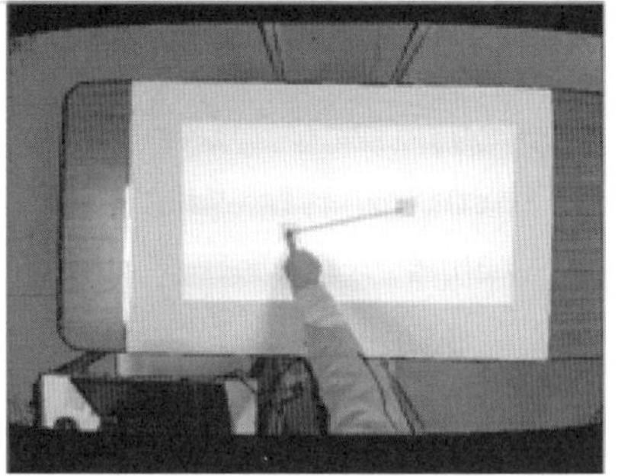

図7.31 手の動きの検出（出典：電子情報通信学会技報［20］，久代紀之，2015）

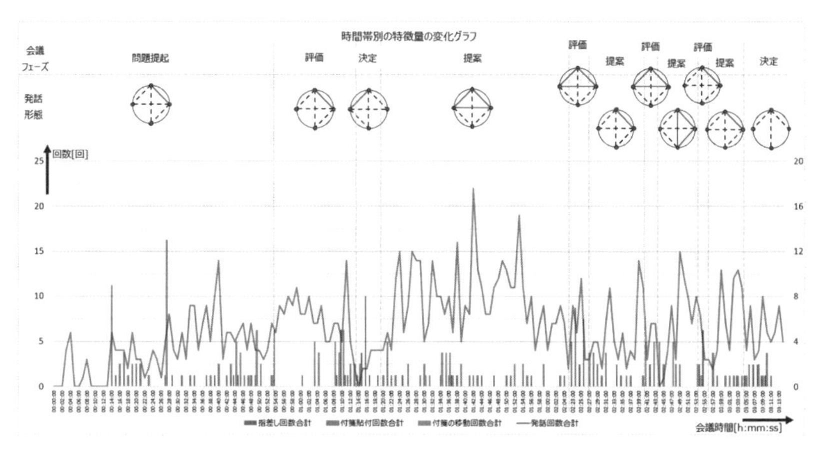


図7.32 設計支援環境における作業の記録

## 7.3.2 要求仕様獲得支援ツール（拡張ゴールグラフ）

拡張ゴールグラフの作成を支援するツールを開発した（図7.33）．要求仕様獲得支援ツールでは，以下の機能をサポートする．

1. ゴール・要求・解決手段の入力
2. 要求毎の評価指標の入力
3. ステークホルダー毎の評価指標の重み付けの入力
4. 拡張ゴールグラフ表示
5. 拡張ゴールグラフ上での衝突の提示

支援ツールへのゴール・要求・解決手段を入力することで，要求を図7.6に示す形式に可視化する．評価指標は，評価対象の機能要求の文脈に影響を受けるため，機能要求毎に適用する評価指標とその重みを設定できるようなインタラクティブな入力方式を提供する．さらに，評価指標は，ステークホルダー毎にその重み付けが異なるため，ステークホルダー毎に独立して入力可能とし，ステークホルダー間の重み付けの相違や貢献度の評価の相違を提示することで，前述の衝突の確認ができるようにした．支援ツールは，Webアプリケーションとして実装され，複数のステークホルダーでの同時作業を可能とした．

図7.33 要求仕様獲得ツール（拡張ゴールグラフ）

支援ツールにより描画した拡張ゴールグラフの一例を図7.34に示す．支援ツール上で手段をクリックすることにより，手段の選択に利用された評価指標とその重み付け，貢献度などがインタラクティブにフォーカスされる．これらインタラクティブな機能とともに，7.2.2項に示したインタビュー手法を用いて，ゴールグラフ上で衝突を発見し，暗黙的な前提・制約の獲得を支援する．

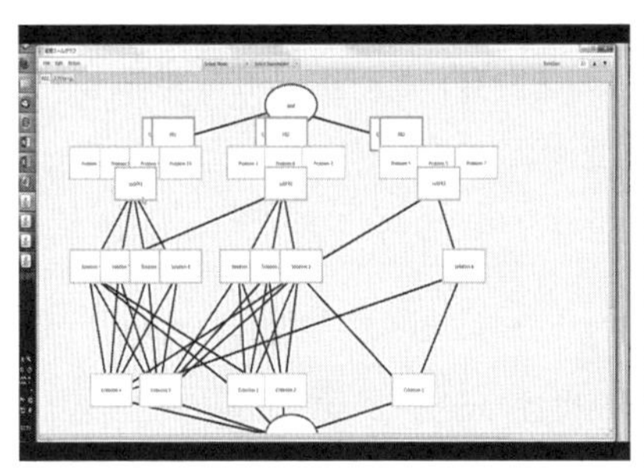

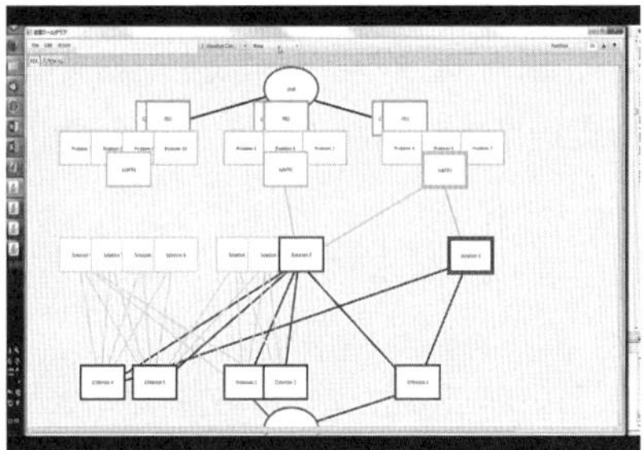

図7.34 要求仕様獲得支援ツールによる拡張ゴールグラフの表示例

## 7.3.3 文書可視化・レビュー支援ツール

文書可視化とレビュー支援を行うツールを開発した．文書可視化・レビュー支援ツールは，図7.35に示す機能を提供する．

| 機能 | 内容 |
|---|---|
| 形式記述への変換 | 単文化された節を命題ネットワーク形式に変換 |
| 命題ネットワークグラフ化 | 接続ルールに基づき，命題ネットワークを相互に接続しグラフ化 |
| 設計ロジックへの配置 | 命題ネットワーク各部を設計ロジックのテンプレート（ツールミンモデル）上に配置 |
| ロジックの形式チェック | タブロー法を用いた設計ロジックの妥当性検証 |

図7.35 文書可視化・レビュー支援ツールの機能
（出典：ヒューマンインタフェース学会誌 [22]，久代紀之，2015）

支援ツールを用いて，仕様書の単文化，命題ネットワーク記述および命題ネットワーク上でのレビューの支援を行う．組込みシステムの教育教材である"話題沸騰ポット要求仕様書（GOMA-1015型）第3版"[21]に，本ツールを適用した仕様書レビューを実施した例につき説明する[22]．

**Step1 仕様書の単文化** 仕様書（18ページ）を，人手を介し118個の単文に分割した．

**Step2 命題ネットワークの出力** 上記単文を文書可視化・レビュー支援ツールに入力し，命題ネットワーク形式で可視化した（図7.36）．

**Step3 ツールミンモデルを用いたレビュー** ステークホルダーとデザイナーの共同で命題ネットワークをツールミンモデル上のコンポーネントに配置した．ツールでは，命題ネットワークをツールミンモデル上に直接ドラッグドロップできるようにすることで直感的な操作感を実現した（図7.37）．

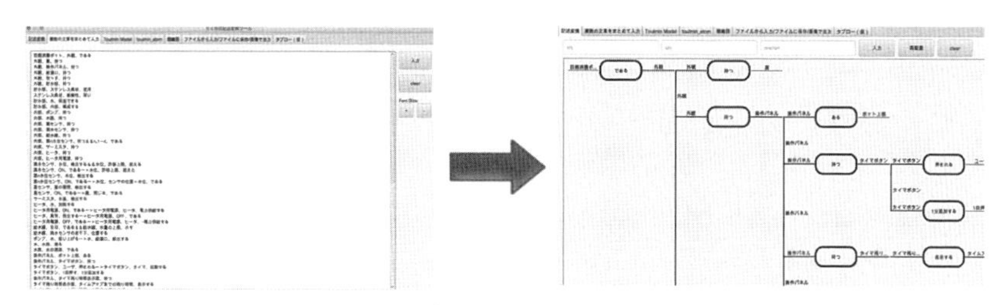

図7.36 文書可視化・レビュー支援ツールによる仕様書可視化例
（出典：ヒューマンインタフェース学会誌 [22]，久代紀之，2015）

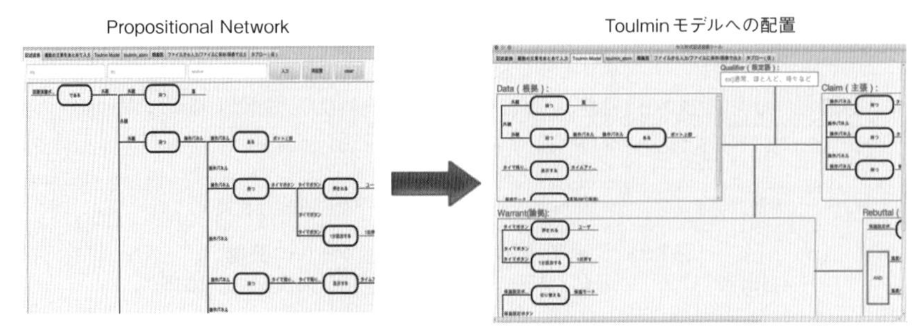


図7.37 文書可視化・レビュー支援ツールを用いたレビュー支援
(出典：ヒューマンインタフェース学会誌 [22]，久代紀之，2015)

文書可視化・レビュー支援ツールの利用により，表記揺れ，主語・対象語・関係語の欠如・省略，不用意な指示語の使用，記述漏れのエラーを検出することができた．また，ツールミンモデルを用いたレビューにより，論拠の欠落を補い，健全性の強化を行うことができることを確認した．

## 7.4 本章のまとめ

本章では，IMDJワークショップにより抽出された要求シナリオを具体化し，システム仕様として具現化していくプロセス，手法，支援ツールに関して述べた．

IMDJの非単調推論を活用した発想支援やステークホルダー間のコミュニケーションを通じ，ゴール，要求，手段からなる要求シナリオを発見的に行うというコンセプトを，具体的なシステム設計や製品設計に適用できるように精緻化したものである．一般的に，要求とそれを具現化するシステム設計の間には，数多くの意思決定のプロセスがある．この長い意思決定のプロセスで，上流で設定したコンセプトを一貫して保持することは，一般的に困難である．優れた要求シナリオが，必ずしも優れたシステムとして実現できない場合も往々にして経験することである．

IMDJと本章に記載したシステムデザインのプロセスは，図7.38に示すように，前提・制約を含む要求獲得と共有化，要求のシナリオ化，データ・アルゴリズムの選択・結合，データに基づくロジックの健全性検証からなるマクロなプロセスを共有しながら，相互に行き来きを繰り返しながら，スパイラルに遂行される．このプロセスを通じて，コンセプトレベルからシステム仕様レベルへの精緻化・具現化がなされる．

本章に示したIMDJにより創出された要求シナリオをデータとロジックに基づきシステム仕様化するデザイン手法が，IMDJと併せ，データ市場の活性化に貢献することを期待する．

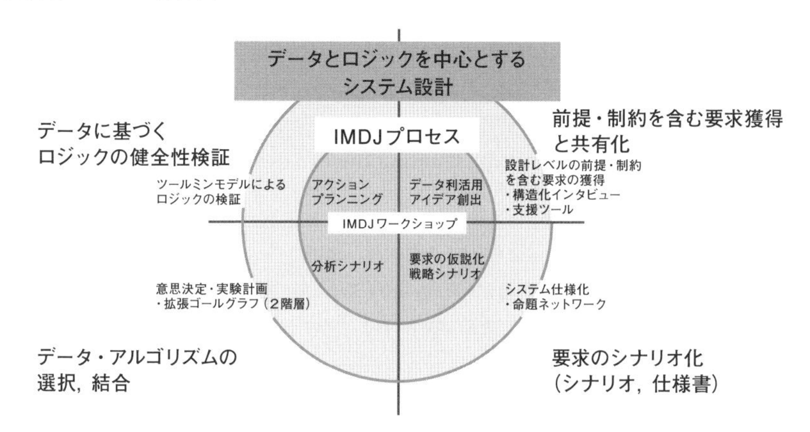


図7.38 IMDJプロセスと論理的思考によるデザインプロセスの関係

## 参考文献


[1] 西垣通，ドミニクチェン：情報は人を自由にするか，『現代思想 6月号ポストビックデータと統計学の時代』，青土社，2014

[2] ギロビッチ，T.：『人間この信じやすきもの迷信・誤信はどうして生まれるか』，新曜社，1993

[3] Loucopoulos, P. and Karakostas, V.: *System Requirements Engineering*, McGraw-Hill Book Company, 1995

[4] Corbridge, C. et.al.: Laddering: Technique and tool use in knowledge acquisition, *Knowledge Acquisition*, Vol. 6, pp. 315-341, 1994

[5] 杉山尚子：『行動分析学入門』，集英社新書，2005

[6] Boehm, B. et al.: Developing groupware for requirements negotiation: Lesson learned, *IEEE Software*, Vol.18, No.3, pp.46-55, 2001

[7] 久代紀之，大澤幸生：多次元ヒアリングと階層的シナリオ成長プロセスによる要求獲得手法，『情報処理学会論文誌』，Vol.47, No.10, pp.2909.pp.2916 Oct, 2006

[8] 山本修一郎：『ゴール指向による!!システム要求管理技法』，ソフト・リサーチ・センター，2007

[9] 久代紀之，大澤幸生：服属アーキテクチャの転用モデルに基づく質問プロセスによるコンセプト形成手法，『情報処理学会論文誌』，Vol.49 No.3 pp.1320-pp.1329, Mar. 2008

[10] Eris, O.: *Effective Inquiry for Innovative Engineering Design*, Kluwer Academic Publishers, 2004

[11] Kushiro, N. and Shimizu, T.: Extended Goal Graph -A Support Tool for Discover Con.ict among Stakeholders and Promoting Requirements Elicitations and De.nition with Goal Orientation, *2015 IEEE International Conference on Data Mining Workshop* (*ICDMW*), pp.714-pp.721, 2015

[12] Pohl, K.: *Requirements Engineering,Fundamentals*, Principles, and Techniques, Springer, 2010

[13] Rolland, C. and Achour, C.B.: Guiding the construction of textual use case specifications, *Data and Knowledge Engineering*, Vol.25, Issues 1, pp.125-pp.160, ELSEVIR, 1998

[14] 金谷武洋：『日本語に主語はいらない』，講談社，2002

[15] Allemang, D. and Hendler, J.: *Semantic Web for Working Ontologist E.ective Modeling in RDFS and OWL*, Morgan Kaufmann, 2008

[16] 菅野文友，山田雄愛：『おはなしデザインレビュー』，日本規格協会，1990

[17] Walton, D., Ree, C., and Macagno, F.: *Argumentation Schemes*, Cambridge Press, 2008

[18] リチャード・ジェフリー：『形式論理学その展望と限界』，産業図書，1995

[19] Gray, D., Brown, S., and Macanufo, J.: *Game storming A Playbook for Innovators, Rulebreakers, and Changemakers*, O'Reilly, 2011

[20] 久代紀之，江平達哉：ビジョンセンサを用いたゲームストーミング支援ツールゲームストーミング支援ツールの試作と評価，『電子情報通信学会信学技報』，2015

[21] SESSAME:『話題沸騰ポット（GOMA-1015型）要求仕様書（第3版）』，SESSAME, 2003

[22] 久代紀之，鳥飼諒一：システムデザインにおける論理的枠組みとデータ活用戦略，『ヒューマンインタフェース学会誌』，Vol17, No.2, PP.29-PP.36, 2015

[23] 久代紀之，大澤幸生：チャンス発見プロセスを用いた要求獲得手法，『設計工学』，Vol.44. No.10, pp.33.pp.40, Oct. 2009

[24] Kushiro, N., Shimizu, T. and Ehira, T.: *Requirements Elicitation with Extended Goal Graph*, *20th International Conference on Knowledge Based and Intelligent Information and Engineering*, pp.1691-pp.1700, ELSEVIER, 2016

# 第8章 論理的思考フレームワークを用いたシステムデザイン事例

論理的思考フレームワークを用いたシステムデザイン事例として，半導体製造装置の動作音に基づく故障予知システムの開発に関し紹介する．本開発では，ターゲットとなるシステムの設計仕様を第7章で説明したツールミンモデル（S.Toulmin's model）上に表現し，ツールミンモデル上の各命題の真偽を確認するために必要となるデータを抽出し，これらデータを実験あるいはフィールドデータから検証することで，設計を進めていった．

## 8.1 対象システムの概要

半導体集積回路の製造ラインは，稼働率向上のために終夜連続運転されることが一般的である．一方，製造ラインには，連続運転により摩耗性故障を生じる機器が含まれている．摩耗性故障を発する代表的な機器として，半導体製造装置を極低温に冷却する真空ポンプがある．真空ポンプの故障によるラインの突発的な停止は，ライン投入中の半導体素子の品質に致命的な欠陥を生じる他，生産計画の遅延など事業に大きなインパクトを生じる可能性がある．これらリスク回避を目的に，機器を停止することなく真空ポンプの摩耗故障状態の診断を行うことができる動作音による摩耗性故障の診断手法の開発を行った．

本事例では，実験室および3年間のフィールドデータに基づき，動作音の時系列変化から真空ポンプの故障進展モデルを構築し，動作音からの故障予知を実現した[1, 2]．

## 8.2 真空ポンプの構造と動作音発生のメカニズム

本事例の対象となる真空ポンプの断面図を図8.1に示す．真空ポンプは，コンプレッサにより圧縮された高圧の冷媒（He）をシリンダ内で断熱膨張させ，シリンダ内に設置したディスプレーサーにて熱交換を行う一連のサイクルにより，数Kの極低温を実現する装置である．構造上，冷媒の流路に配置されたインレット，シリンダ，グランドの各シール（図8.1）が摩耗性故障の対象部品に該当する．

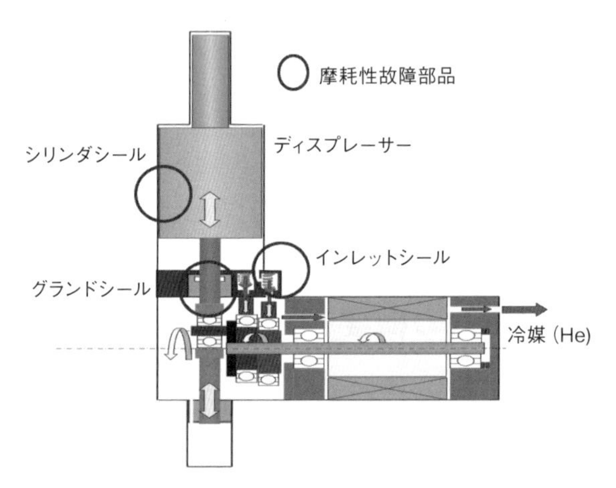


図8.1 真空ポンプの断面図（出典：電気設備学会学会誌 [1]，久代紀之，2013）

## 8.3 真空ポンプの動作と動作音の関係

真空ポンプの動作音は，前述の熱交換サイクルにおける冷媒（He）の吸・排気時に発生する冷媒自体の噴出・排出音，吸・排気の中間期におけるシリンダ内部での冷媒の移動音，およびモーター回転，シリンダの上下運動から発生する機械音で構成される．定常状態（十分に冷却されている状態）における真空ポンプ動作音の一例を図8.2に示す．

図8.2において，左図は，稼働開始初期の機器（正常品）を，右図は，長時間稼働後（約10万時間）の摩耗が進展した機器（故障品）の動作音を示す．正常品と故障品の動作音には，一見して，ピーク状の動作音が発生する位相および

ピーク数に差異があることがわかる．原理的には，これら動作音の差異を用い，真空ポンプの摩耗故障レベルを同定し，故障予知を行う．

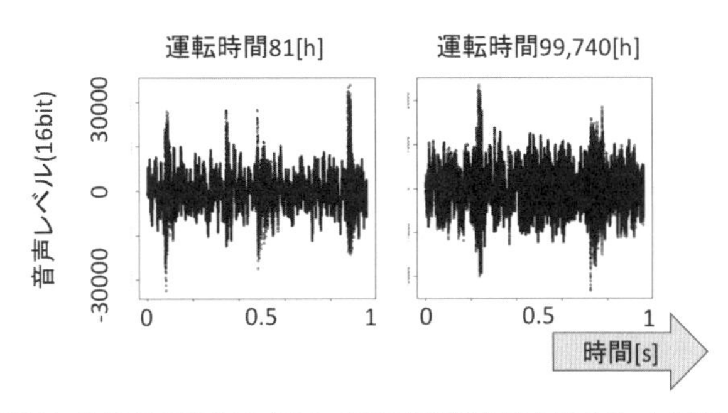


図8.2 正常品・故障品の動作音（出典：電気設備学会学会誌［1］，久代紀之，2013）

## 8.4 デザインロジックに基づく実験計画の立案

“動作音中の異音”から，“真空ポンプの故障（冷却異常）”を予知するという結論を論理的（演繹的）に導くために必要となる実験計画を，設計モデルに基づき立案する．設計モデルの記述には，第7章に記載したツールミンモデルを適用した（図8.3）．Datum（事実），Warrant（論拠）の成立をデータにより裏づけ，Claim（結論）の成立を演繹的に立証し，同時にRebuttal（反証）の蓋然性が十分に低いことをデータにより確認することで，故障予知の実現性の検証を行った．

# 8.5 実験計画

図8.3に示す設計モデルに従い，下記4種類の実験を立案した．

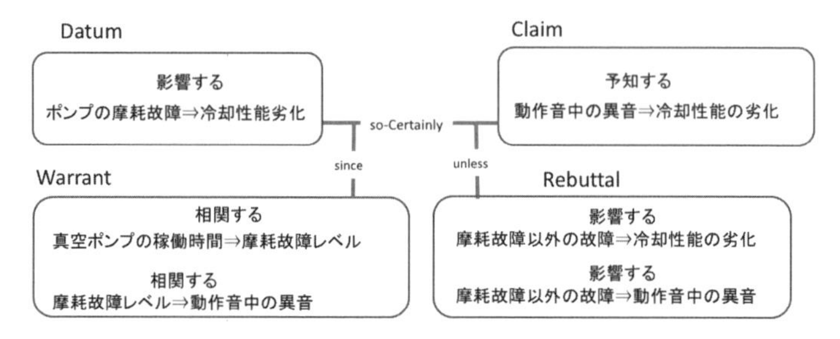


図8.3 故障予知システムのためのデザインロジック（出典：ICDM [2]，Kushiro.N, 2014）

1. Datumの確認：真空ポンプの摩耗故障レベルと冷却性能の劣化レベルの相関実験
2. Warrantの確認1：真空ポンプの摩耗故障レベルと動作音中の異音のレベルの相関実験
3. Warrantの確認2：真空ポンプの稼働時間と真空ポンプの摩耗故障レベルの相関実験
4. Rebuttalの確認：摩耗故障レベル以外の故障の異音の発生および冷却性能劣化の影響実験

すなわち，上記実験により得られたデータにより，DatumとWarrantに記載された命題の妥当性・健全性を確認し，Rebuttalの蓋然性が十分に低いことを確認することで，Claimに記載された“動作音中の異音”から，“真空ポンプの故障（冷却異常）”を予知することが可能であることを演繹的に確認する．

## 8.6 実験ツールの開発

前述のデータを収集するために必要となる実験ツールを開発した．解析の邪魔になる工場内環境雑音を遮音するため，マイク（audio-technica製AT9903）を，ゴム製のキャップでカバーした専用集音器を製作した（図8.4左）．集音器は，1.20［kHz］の周波数において30dB以上の遮音性能を有し，実用上十分な性能を有することを確認した[1]．集音器には，動作音の長時間連続収集のためICレコーダ（Tascam社製 DR-05）を内蔵した．解析ツール（パソコン）と集音器はUSBで接続し，解析ツール（図8.4右）にて動作音の特徴量抽出と可視化を行った．

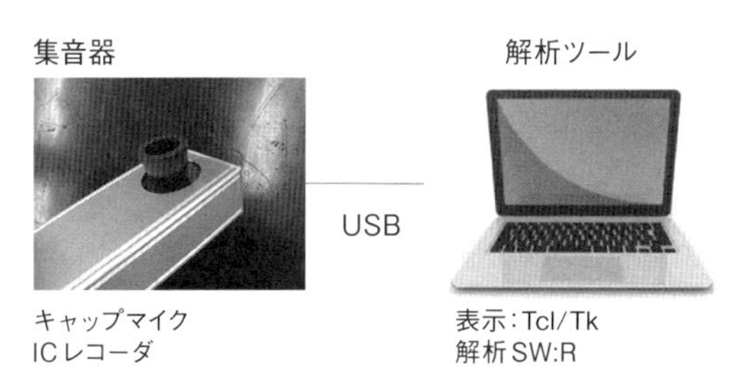


図8.4 実験ツール（出典：電気設備学会学会誌［1］，久代紀之，2013）

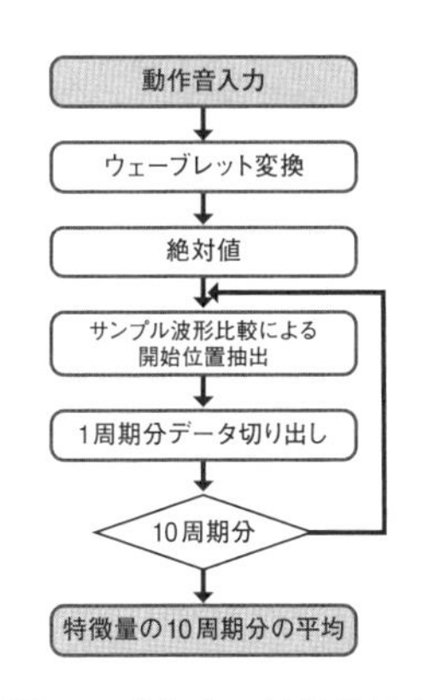


図8.5 動作音の特徴量抽出

装置全体の負荷状態により，真空ポンプの動作周波数は変動する．本影響を除去し，動作周波数に同期して動作音をサンプリングするため，解析ツールでは，図8.5に示す正規化・平均化処理を行った．

特徴量抽出には，Wavelet変換（1~20［kHz］，Wavelet母関数：ガウシアン，Maximum overlap discrete wavelet transform）を用いた．図8.4に示した解析ツールによる動作音の可視化結果を図8.6に示す．図8.6において，最上部は，生の動作音波形，中央は，Wavelet変換後の1~20［kHz］信号強度を色別に表示したもの，下部は，左記帯域における5kHz毎のWavelet変換後の信号強度を示す．

両者を比較すると，稼働初期状態の動作音（図8.6右）では，1周期（約1.2[Hz]）に2回観察された冷媒の噴出音，排出音のピークが，末期状態の動作音（図8.6左）では，1周期に1回しか観察されない，吸・排気中間期の冷媒の通過音が増大するなどの差異を直接的に観察できる．

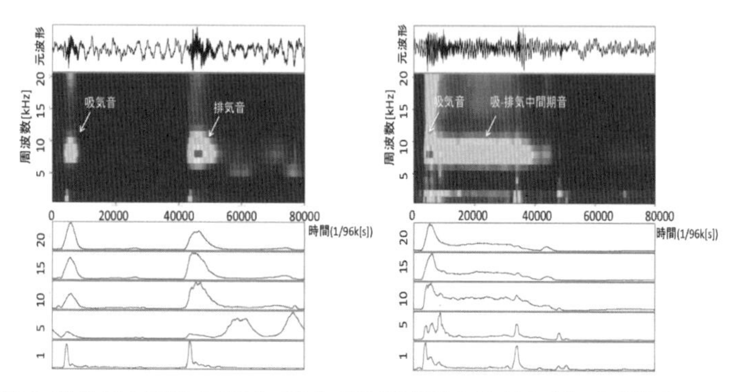


図8.6 動作音の特徴の可視化（出典：電気設備学会学会誌 [1]，久代紀之，2013）

## 8.7 故障予知の可能性検証

開発した実験ツールを用い，半導体製造工場に設置された真空ポンプ100台を対象に，2012年 9月より3年間のフィールドデータを収集した．本検証は，これら3年間で収集したフィールドデータおよび実験室における実験室データを基に行った．

### 8.7.1 Datum：摩耗と冷却性能の劣化の相関の検証

シール部材の摩耗レベルと真空ポンプの冷却性能劣化の関係を実験室にて評価した．摩耗部品を，実験室に設置した真空ポンプに組込み動作させることで，各シール部材の摩耗と真空ポンプの冷却性能の関係を観測した（図8.7）．計測には，シリコンダイオード温度センサ（LakeShore製 DT-670-BO-1.4D）と温度計（LakeShore製，測定確度：±38mK@1.4K）を用いた．グランドシールの摩耗から消失に伴い，冷却性能が大きく劣化している（図8.7上部）ことから，グランドシール摩耗と真空ポンプの冷却性能の劣化には相関があることが観察された．一方，インレットおよびシリンダの各シール摩耗では，摩耗により若干の冷却性能の劣化は観察される（図8.7下部）が，摩耗と冷却性能の相関は低いことが確認された．

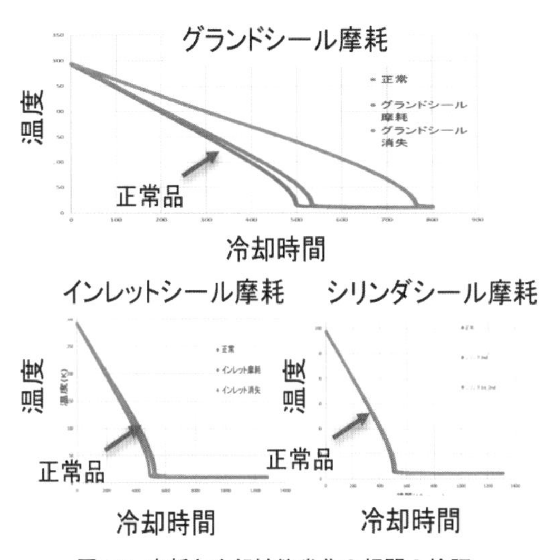


図8.7 摩耗と冷却性能劣化の相関の検証

### 8.7.2 Warrant 1：摩耗故障と動作音中の異音の相関

摩耗したシール部材を組み込んだ状態で真空ポンプの定常状態における動作音を取得し，動作音の特徴を可視化した．図8.8は，各摩耗部品を組み込んだ状態における1～20［kHz］の動作音の可視化結果を表す．

グランドシール摩耗時においては，10～20［kHz］帯域における吸・排気中間期の動作音に大きな変化が観察された（図8.8左下）．同様に，インレットシール摩耗時においては，20［kHz］近傍の動作音に変化が確認できた（図8.8右上）．また，シリンダシール摩耗時には，10～20［kHz］帯域の排気時に変化があること（図8.8右下）が観察された．以上より，真空ポンプの摩耗故障と動作音の異音レベルには，相関があることが確認された．

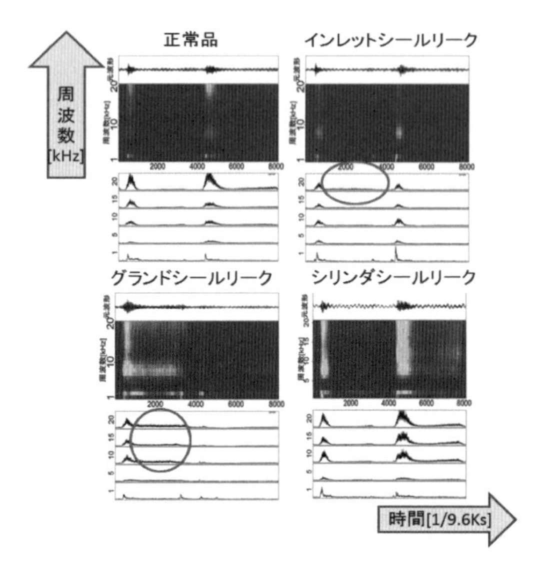


図8.8 摩耗故障と動作音の相関

一方で，各シール部材単体の摩耗では，冷却性能劣化との相関は見られるものの，実際に工場で冷却性能異常と見なされるレベルまでの冷却性能の劣化を再現することはできなかった．そこで，複数の摩耗シール部材を組み合わせた状態のポンプを試作し，冷却性能および動作音の特徴（20［kHz］）を観察した（図8.9）．

図8.9より，摩耗部位の追加に伴い，冷却性能劣化が進展していくことがわかる．インレット・グランド・シリンダのすべてのシール部品が摩耗した状態で，工場で定める温度に冷却できなくなる状態（冷却異常）を発生することが確認された．一方，動作音は，図8.8に示した各シール部材摩耗時の特徴を保持しつつ変化し，全対象部品の摩耗が進んだ状況においては，排気音の消失，吸・排気の中間期における冷媒の移動音の特徴が強く出ることが観察された．これら実験結果から，動作音の時系列的な変化を特徴量として故障予知が可能となることが確認できた．動作音の特徴が強く出る位相は，ポンプ内部に高圧の冷媒が注入された状態であり，ポンプの構造からも部品のリークによる影響が現れやすい状態であると動作原理からも肯定的に説明できる．

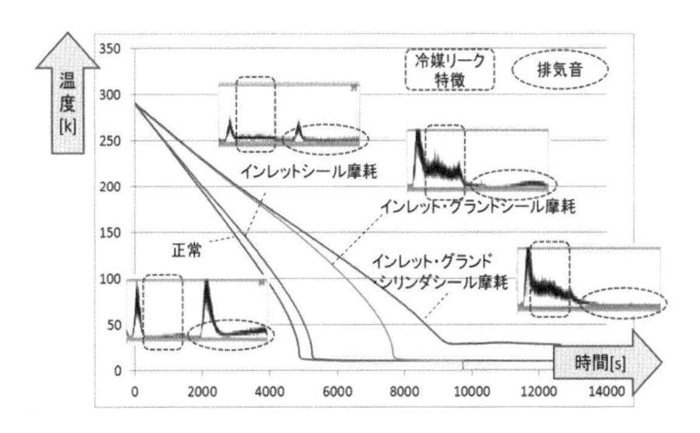


図8.9 摩耗故障と冷却性能の関係

### 8.7.3 Warrant 2：稼働時間と摩耗故障レベルの相関

実工場に設置された真空ポンプ約100台の動作音を開発した実験ツールを用いて1ヶ月毎に3年間定期収集した．実験室での実験結果に基づき，特徴量として全体的な部品のリーク状態を示す吸・排気中間期の動作音の積分値を用いた．図8.10は，真空ポンプ100台の3年間の動作音の時系列変化を示す．ポンプ稼働時間増加に伴い，中間期の動作音の積分値が高くなる（相関係数0.573）ことが観察され，ポンプ稼働時間と摩耗故障レベルに相関が有ることが確認された．

さらに，図8.11に実工場に設置された真空ポンプの動作音において，8.7.2項に示した摩耗部位のいずれの特徴が強く表れているかを可視化した．

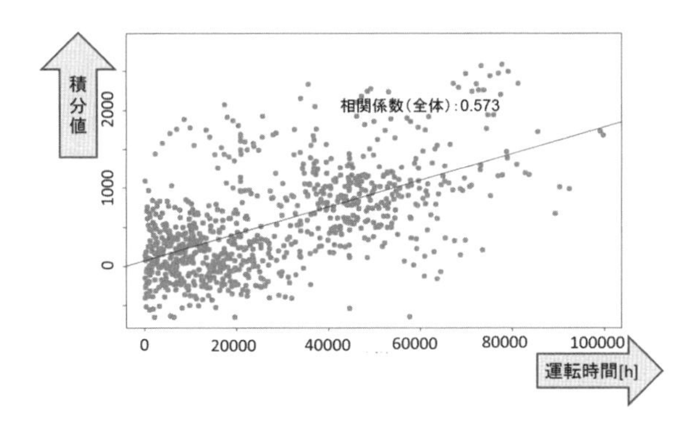


図8.10 稼働時間と摩耗故障レベルの相関

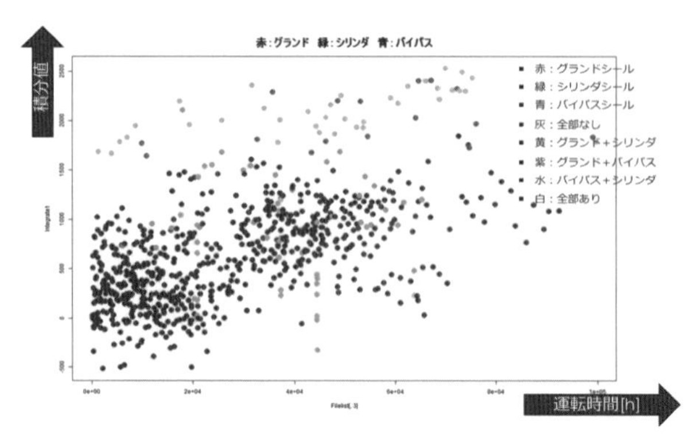


図8.11 稼働時間と動作音中の異音の関係

ポンプ稼働時間とともに，下記ステップで故障が進展する様子が観察された（図8.12）．これにより動作音から，真空ポンプが下記のどの故障進展ステップにあるかを同定することで，故障予知（冷却異常前のメンテナンス）を行うことが可能であることを確認した（図8.12）．

Step1 グランド，インレット，シリンダシール摩耗は，稼働時間と相関して進展し，吸・排気中間期の冷媒の漏洩音が増加する．

Step2 一方で，ポンプ毎に摩耗する部位の順序は異なり，グランド，インレット，シリンダそれぞれの摩耗特徴音が強く出るポンプが混在する状態が存在する．

Step3 やがて，グランドシールが完全に摩耗した状態（消失）になると，冷却性能が大きく劣化する．しかし，この摩耗状態では，工場で定める冷却性能異常までは，冷却性能が劣化しない．

Step4 最終的に，各部位が完全に摩耗してしまうことで，冷却異常を発生する．

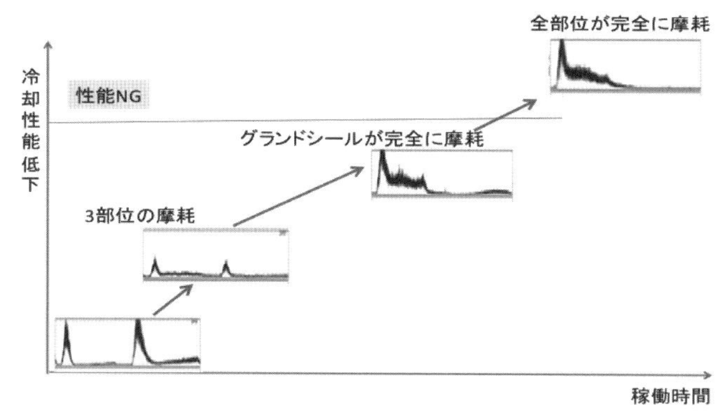


図8.12 真空ポンプの故障進展モデル

## 8.7.4 Claim：動作音中の異音からの冷却性能劣化の予知

図8.12に示した故障進展モデルに基づき，故障予知を行うアルゴリズムを実装した（図8.13）．アルゴリズムの実装には，Rを用い，判定部には，ANN(Arti.cial Neural Network)，K-means，決定木，SVM(Support Vector Machine) などの各種クラスタリング手法を故障の判別の適合度と再現度により評価した結果，もっとも高い性能を示したSVMを選定した．

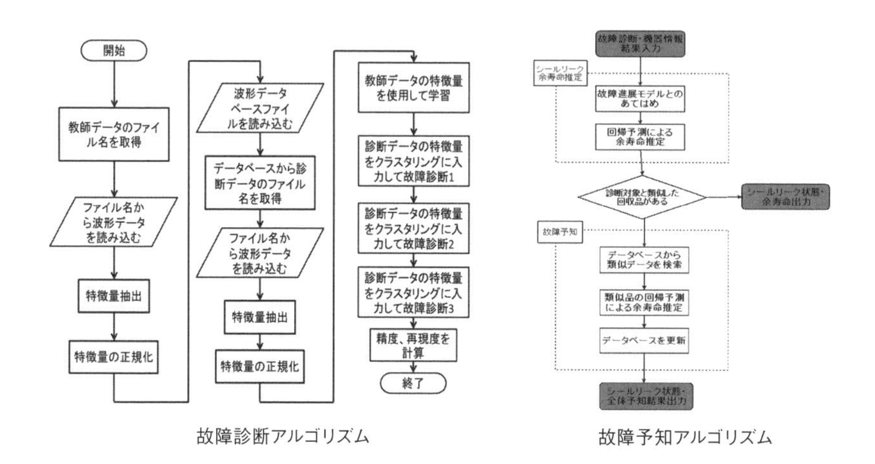


図8.13 真空ポンプの故障予知アルゴリズム

図8.14は，工場にて実際に冷却異常を発生した真空ポンプ動作音の過去1年間の時系列データを用い，故障予知を行った結果を示す．冷却性能異常発生の8ヶ月前に動作音の大きな変化を確認することができ，図8.12に示す故障進展モデルおよび図8.13に示す故障予知アルゴリズムに基づき故障予知が可能であることを確認した．

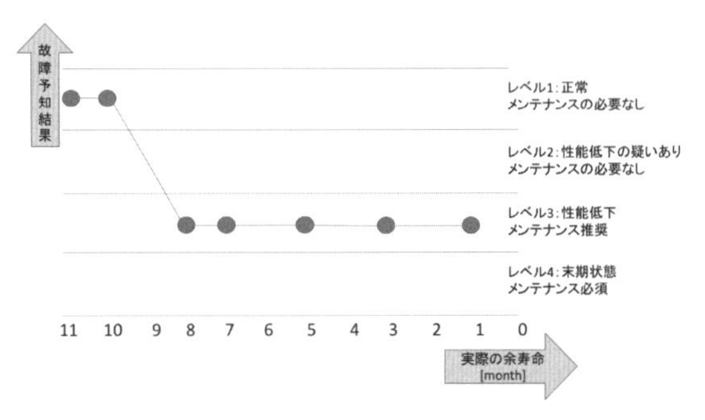


図8.14 真空ポンプの動作音からの故障予知結果

## 8.8 Rebuttal：摩耗性故障以外の故障の冷却性能劣化・動作音中の異音への影響の蓋然性の確認

以上の実験室データ，フィールドデータを用いた検証により，DatumとWarrantの妥当性・健全性が検証された．また，Claimについても，アルゴリズムの試作およびフィールドデータを用いた検証から，実現可能であることが確認された．（図8.15）

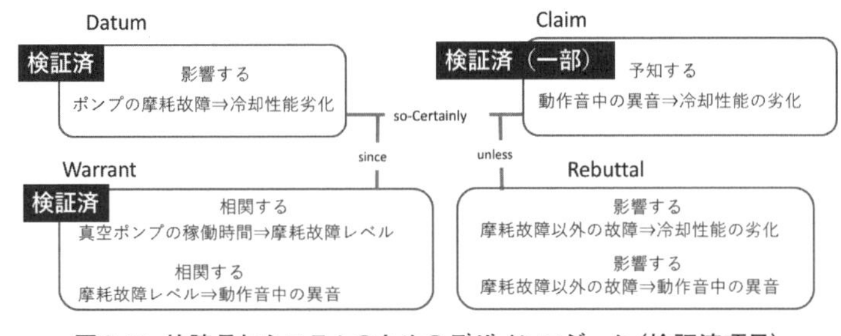


図8.15 故障予知システムのためのデザインロジック（検証済項目）

故障予知の実現性の検証には，以上に示したような演繹的な推論が成立するだけでは必ずしも十分ではない．図8.3に示したRebuttal（摩耗性故障以外の故障の冷却性能劣化および動作音中の異音への影響）の蓋然性が十分に低いことを確認する必要がある．上記蓋然性の確認のため，過去3年間に実際に工場で冷却性能異常を生じた真空ポンプの動作音を，試作した故障予知アルゴリズムにて解析した．この結果，これら真空ポンプのうち，76%の動作音が正常範囲にあること，さらに，実験室における再現試験においても，動作音，冷却性能が正常範囲にあることが確認された．

本結果から，摩耗性故障以外の故障が，冷却性能劣化に影響している蓋然性が高いことが示唆される．摩耗性故障以外の故障要因の冷却性能劣化への影響の検証のため，図8.16に示すように動作音の特徴量を細分化し，主成分分析を用い，真空ポンプを3次元空間上にマッピングした．

1. f1：中間期の積分量：吸・排気中間期の積分量
2. f2：中間期の標準偏差：中間期を複数区間に分解し，各区間のばらつき
3. f4：吸気部の積分値と排気部の積分値の差

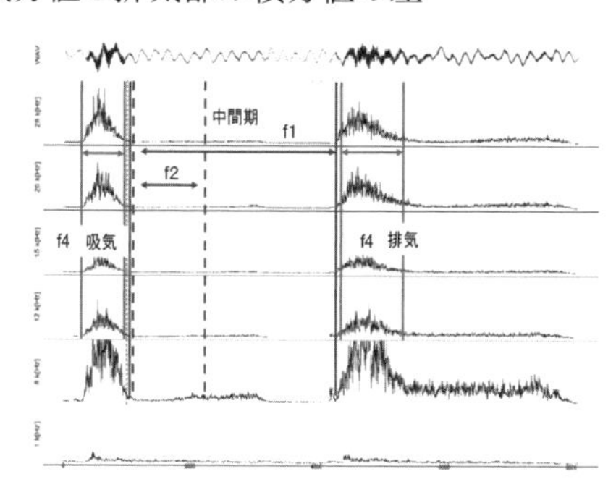


図8.16 主成分分析のための特徴量

これらの特徴量を用い，3年間に収集したフィールドデータを，真空ポンプの稼働時間毎に3次元空間上にマッピングした結果を図8.17に示す．稼働時間0～20000［h］では．正常と見なされる特徴量空間に多くのポンプの動作音が分布している．稼働時間20001～40000［h］においても，多くの真空ポンプの動作音は，正常状態に多く分布している．一方，稼働時間が40001［h］を超えると，正常と見なされる動作音のポンプが減少し，特徴量（f1）で示される磨耗性故

障や未知の特徴量（f2）を示す軸方向へ動作音が変化することが観察された．

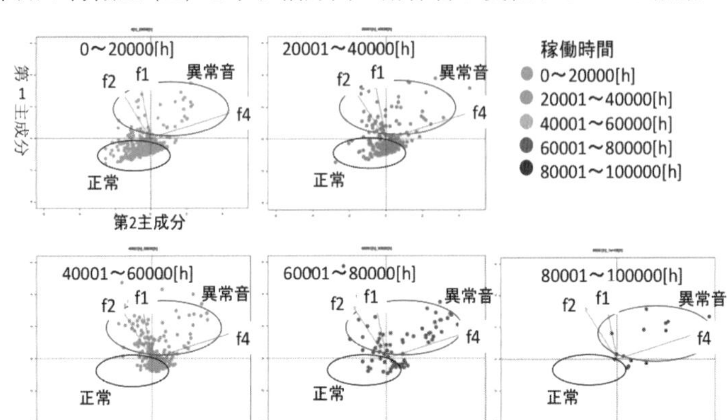


図8.17 主成分分析のための動作音の分類結果

真空ポンプの構成上，摩耗性故障以外に冷却性能に影響を与える要因として，冷媒（He）ガスの汚染とコンプレッサの能力異常が想定される．コンプレッサの能力異常（圧力不足等）の可能性については，半導体製造装置に設置された圧力センサにより直接的に検出できるため除外できることから，ここでは，未知の特徴量（f2）で特徴づけられる動作音の発生要因を，冷媒にHe以外の物質（例えば，$CO_2$やN）が混入してしまう冷媒ガスの汚染と仮定した．冷媒は，シリンダ内での熱交換のほか，流路を通過する際に，ポンプの回転源であるモーターの冷却を行っている．モーターには，回転部に潤滑油が使われており，潤滑油から揮発したガスや，各シール部材の摩耗粉が冷媒に混在してしまう可能性がある．これら，不純物が，冷却によりディスプレーサーに固着してしまうことで，熱交換を阻害し，冷却異常を引き起こすことが想定される．

冷媒ガス汚染の直接観察や実験室での再現は難しいため，真空ポンプ保守技術者が保有する下記知識を利用し，フィールドデータから間接的に本仮説を検証する．

- 同一の冷媒系統には，一般的に複数の真空ポンプが接続される．
- ポンプの冷却負荷が大きいポンプには，多くの冷媒が流れる．
- 冷媒汚染物質は，多くの冷媒が流れる冷却負荷の大きいポンプに局所的にトラップされることで，同一冷媒系統にある他のポンプへの影響を与えない．

これらの知識から，演繹的に推論できる下記仮説の成立を，フィールドデータを用いて検証することで，冷媒ガス汚染の可能性を確認する．

**仮説1** 稼働時間の長い真空ポンプは，シール部品の摩耗により冷却性能が低下し，冷却負荷が相対的に高くなる．したがって，冷媒ガス汚染による影響が強く表れる．

**仮説2** 真空ポンプが接続されるチャンバー毎に，冷却負荷が異なる．摩耗による冷却性能劣化が同程度のポンプの場合は，冷却負荷の大きいチャンバーに設置されたポンプに冷媒ガス汚染による冷却性能劣化が表れる．

3年間のフィールドデータから，冷媒ガス汚染が疑われる冷媒系統（14系統）に接続された真空ポンプ32台すべてにおいて，仮説1，仮説2の成立を確認し（図8.18），特徴量（f2）は，冷媒系統の汚染を示す特徴量である可能性が高いことを確認した．

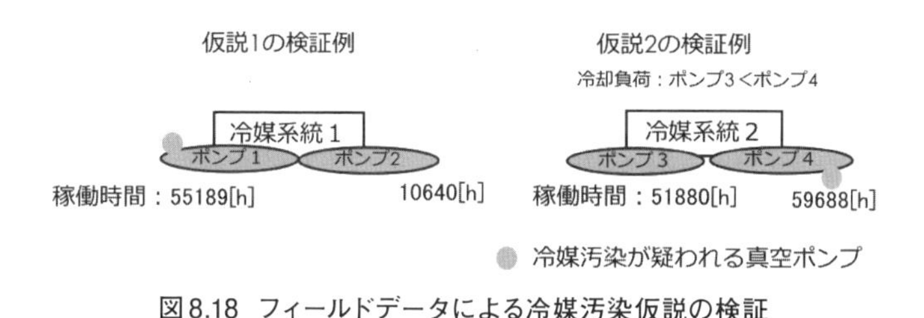


図8.18 フィールドデータによる冷媒汚染仮説の検証

## 8.9 Rebuttalの蓋然性に基いた 故障予知アルゴリズムの拡張

Rebuttal“摩耗性故障以外の故障の冷却性能劣化および動作音中の異音への影響”の蓋然性が高いため，当初想定した摩耗性故障だけを対象とした故障予知は現実的でない．このため，Rebuttalに記述された命題をDatumおよびWarrantに追記する形でデザインロジックを，拡張した（図8.19）．

図8.19のデザインロジックに基づき，故障予知アルゴリズムを冷媒ガス汚染による冷却性能劣化の影響を判定できるように拡張した．

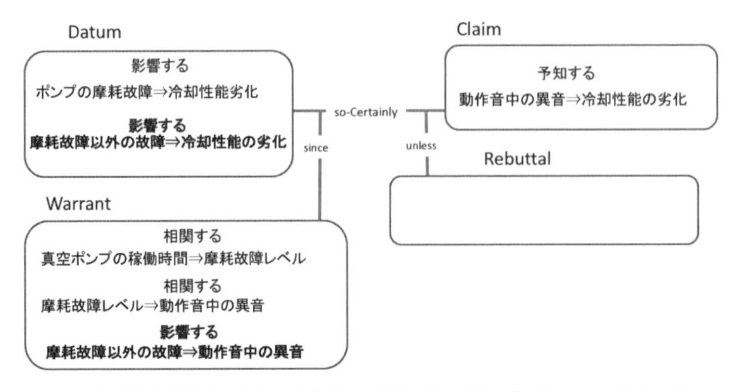


図8.19 故障予知システムのためのデザインロジック（Rebuttalを反映）

拡張したアルゴリズムにより，フィールドにて冷却性能異常を発生した真空ポンプの時系列動作音の変化を，下記四つのパターンに分類することができた（図8.20）.

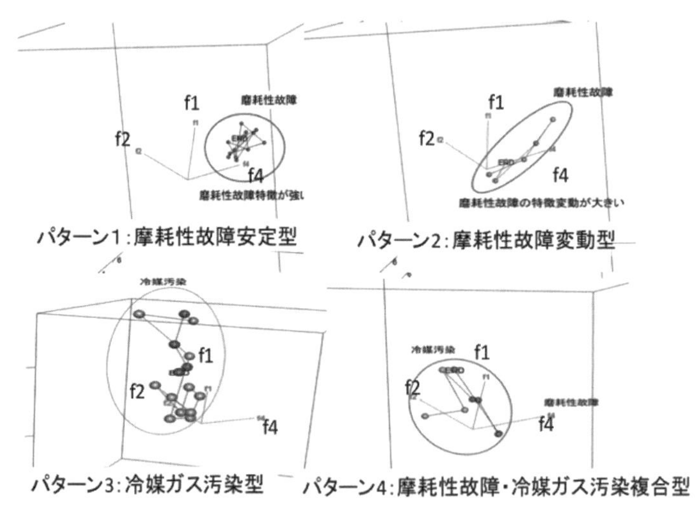


図8.20 冷却異常を発生したポンプの動作音の時系列的変化のパターン

予知対象の故障要因追加により，ポンプの故障進展モデルを，以下の3経路を持つモデルへと拡張した.

**経路1** 冷媒ガス汚染により冷却性能異常となる経路
**経路2** 部品摩耗により摩耗性故障・冷媒ガス汚染複合型へ進行する経路
**経路3** 摩耗性故障変動型から摩耗性故障安定型に進行する経路

拡張した故障予知アルゴリズムを用いて，フィールドデータ収集期間に，冷却性能異常を発生したポンプの動作音を分析したところ，経路1により冷却性能異常に至ったポンプの割合が70%，経路2をとった割合が21%，経路3をとった割合が9%と判定された．多くの真空ポンプが，ポンプ自体は，正常であるにもかかわらず，冷媒ガス汚染の影響により，冷却異常を発生していることを確認した．

## 8.10 本章のまとめ

ターゲットとなるシステムの設計仕様をツールミンモデル上に表現し，ツールミンモデル上に配置された命題を実験室データ，フィールドデータを用い真偽を検証することで故障予知システムを実現した．

実は，動作音による真空ポンプの故障予知システムの開発は，本開発に先立つ2年前から試行されていた．左記試行においては漸近的に故障予知の性能は向上できるものの最終的な目標性能を達成することができなかった．目標達成を阻んだ要因のひとつは，先端的なデータ分析技術や機械学習等のアルゴリズムの技術不足ではなく，有能な技術者が保有する豊富な現場経験と常識であった．

データを中心とした設計問題に，多用される方法論として，仮説演繹法（Hypothetico-defuctive Method）がある[3]．仮説に基づき，演繹的に予測を行い（仮説推論），この予測の真偽を実験により確認することで仮説を検証するという方法である．ここでは，専門家の知識をフル活用し，データを用いた検証を行うことで，帰納的にロジックの健全性の強化を行う．専門性の高い技術者であればあるほど強固かつ広範な知識を有し，必然それらを利用した仮説推論の結果は，健全性が高そうな予測が得られる．さらに，データでこの仮説の検証に失敗した場合にも，専門家の豊富な知識によりWarrantへの制約を簡単に追加できてしまう．これにより，データにより仮説検証が失敗した理由が，容易に説明することができ，元の仮説自体への確信はそのまま保持される．つまり，従前の開発では，7.2.6項に記述したように専門家に固着化した知識が，設計をミスリードしてしまっていた．

本章に説明した設計プロセスでは，ツールミンモデルを導入することでデザインロジックを常に明示的に示し，質問によりRebuttalを半ば強制的に検討させた．Rebuttalは，必ずデータによりその蓋然性を確認し，Rebuttalの蓋然性を回避するために必要十分な制約をWarrantに追加させ，Data ⇒ Claimの健全性を維持しつつ設計を進めていった．これにより専門家の知識を最大限に活用しつつ，一方で，データとロジックを用い，固着化した知識の過度な適用による設計のミスリードを打破している．このプロセスの導入が，本設計の成功に大きく寄与したものと考える．

## 参考文献


[1] 久代紀之，松田将大，高原邦夫，動作音を用いた真空ポンプの故障診断手法，『電気設備学会誌』，Vol.34，No.3，pp.209-214，2013

[2] Kushiro, N., Matsuda, S., Torikai, R. and Takahara, K.:A System Design Method Based on Interaction between Logic and Data sets, *IEEE International Conference on Data mining, Market of Data workshop*, Dec. 2014

[3] 戸田山和久『科学哲学の冒険サイエンスの目的と方法を探る』，NHKブックス，2014

# 第9章 定量的品質機能展開(Q-QFD)の導入

データ利活用には達成したい目的がある．定量的品質機能展開(Quantitative Quality Function Deployment: Q-QFD) は，主に製品開発を目的としたデータ利活用の仕組みとして，従前の品質機能展開 (Quality Function Deployment: QFD) を拡張する形で考案した．本章では，自動車産業を中心とする市場における新たな価値を生み出す可視化技法と，自動車事業からみたデータジャケットとそのデータ取引について概観する．

## 9.1 技術者と市場を結ぶQFD

これまでデータ市場という概念とその構成要件について概観し，特にデータジャケットを用いたデータ市場の構成について本書では述べてきた．データ利活用には当然のことながら個々の主体者の達成したい目的がある[1]．いうまでもなく，日本の産業競争力はものづくりを原点に技術力を高め，自動車や家電などの製品開発にしのぎを削ってきた．今後は大量のデータを高速に分析することによる業務効率化や，製品開発におけるデータ利活用，また一見関連しそうもないデータを連結することで，新しいアイデア創出といったイノベーション効果が期待されている．

ものづくりの現場ではよくいわれているQCD (品質Quality，コストCost，納期 Delivery) は，製品開発にとっての重要な3要素ではあるが，本章では製品開発における品質に照準を当てデータとその関連性について着目する．

品質と一言にいってもさまざまな意味があり，Wikipediaによると，「種々の本質的なひとまとまりの特質が要求事項を満たしている度合い (ISO9000シリーズ)」としている．ただ，お客様の要求する品質もあれば，製品を提供する側の目線にたった機能的な製品特性としての要求品質もある．実際，次の四つの種類に品質を分けることができる[5].

1 企画の品質: 製品で実現しようとしている特性に対する顧客の要求.
2 設計の品質: 企画の段階で検討された特性の水準や仕様.
3 製造の品質: 図面・仕様書などの設計文書.
4 サービスの品質: 調整, 据え付け, 消耗品の補給, 不良品などへの対応に対する顧客の要求.

上記はものづくりのプロセスに沿った区分けで品質をみているが, ものづくりにおけるコストの80%は設計段階まででほぼ決まってしまう[12]. 実際, 顧客ニーズの多様化への対応や開発期間の短縮を実現するために, 商品企画や先行開発段階などの源流に遡って対策を考えるフロントローディングが主流になってきており, 昨今では製品開発としていかに品質面での維持・向上をさせるかをも, フロントローディングでの役割として期待が大きくなってきている[4, 16]. このようなことから, 上流における品質, すなわち「企画の品質」と「設計の品質」に着目する.

品質に着目した製品開発の具体的な方法としては, 品質機能展開が半世紀ほど前から日本において提唱されてきた. それは, 世界初の製品開発の方法論であり, 産業界で既に広く普及しており, 製品開発を目的とするデータ利活用の仕組みとも考えられる. 本章では, まずこのQFDについて説明を行い, QFDが新たな価値を生み出していく可能性をもつことを示す. その上で, 特に技術関連データを扱うようなデータ市場におけるQFDの役割を実際の業務として考えられる場面, 即ちケースに当てはめて示す.

## 9.2 品質機能展開（Quality Function Deployment）

### 9.2.1 QFDとは

品質機能展開（QFD）は, その歴史が半世紀にわたることから, 実に多くの書籍もあり, また商品開発の事例も数多く紹介されている. したがって, QFDの詳細な仕組みを知るにはこれらの専門書などを参照願いたい. 本書ではQFDに触れながらもあくまで品質とデータとの関連を論じるのが狙いであるため, QFDを拡張的に解釈しつつデータ市場への適用に向けた手法としての展開を述べてゆく.

一般に製品を開発するにあたっては, さまざまなデータが必要であり, それは企画された商品に対する市場の期待や要求, それらに応えるための性能であり, 実験においては耐久性や信頼性を測り改善を重ねてゆく過程において必要なものである. さらには, 製品を構成する部品の特性, 価格や納期などのデータも必要である. このように設計開発をしていくためには多くのデータが不可欠であるが, なんらかの原理によって乱立するデータから選択して活用しなければ設計開発の過程に何らかの支障を来してしまうことになる. 図9.1は, 6面体の各ピースを製品開発に必要な造形, 性能, 市場要求, 生産, アフターサービスなどと業務に割り当てた状態を図示したものであり, QFDの役割は, その業務と業務とをつなぐ“のり代”の役目を果たしている. この“のり代”によるつなぎ役の役目は, ユーザーの要求する事項を“品質”という製品の特性に変換することに他ならない. このとき, 品質の特性は製品を構成する全てのシステムを対象とし, そのシステム構成する個々の部品やそれらを構成する個々の機能部品も対象となる. このようにそれぞれの関係性を系統的につなげて表現していくこと, すなわち展開することが, QFDのねらいである.

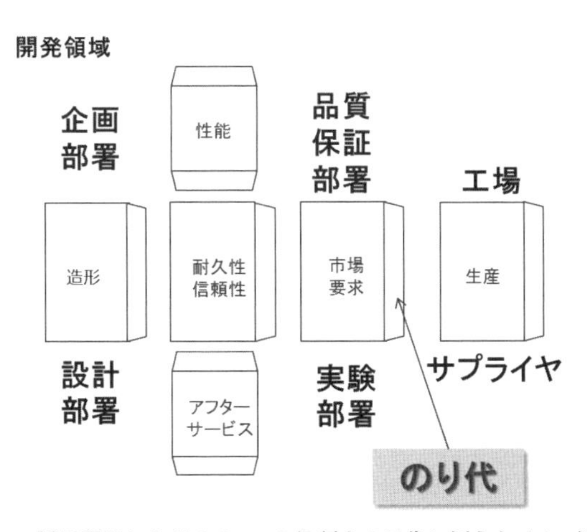


図9.1 製品開発におけるQFDの役割をのり代に例えたイメージ図

### 9.2.2 QFDの原理

次に，QFDの原理について触れる．大藤は，設計開発におけるQFDの原理を下記の四つに定義した[11]．

① 展開の原理
② 細分化・統合化の原理
③ 多元化・可視化の原理
④ 全体化・部分化の原理

展開の原理とは，企画品質から品質特性への展開，品質特性から部品・部品特性への展開，部品・部品特性から工程への展開，と系統的に上流から下流へと展開することを指しており，この展開を如何にもれなく正しく行うかということが，QFDを用いた製品設計を成功させるための重要なポイントとなる．

細分化・統合化とは，市場要求は曖昧な表現がされたり，抽象化された表現で示されたりするので，より細かく細分化して実態を明らかにすることである．一方，細分化されたままでは品質の全体像がみえないため，細分化された項目の統合化も行ってゆく．

多元化・可視化とは，品質，機能，機構，コスト，信頼性などさまざまな次元から設計を視ることで担当者が，細分化，具体化する時に生じがちなバイアスを排除することである．また，さまざまな次元やその関係についての展開を図として可視化することにより，利害関係者の理解と整合性の調整を行うことが可能となる．

全体化・部分化の原理とは，全体最適と部分最適のバランスをとることで，品質の水準を担保することになる．これは細分化・統合化と似ているが，細分化・統合化は展開に必要な「作業」であり，全体化・部分化は展開に必要なさまざまな設計要素の関係性を明示してくれる「枠組み」ととらえることができる[11]．

このようにQFDは非常に使い勝手のよい方法論のようであるが，QFDさえあれば設計開発における品質が担保されるわけではない．具体的なデータに置き換えて品質を担保するためには相当の知識とスキルが必要である．この点に関しては，次章で触ることにして，QFDをその使用目的に応じて次の七つに分類した[6]．

① 品質保証のためのQFD(Quality Assurance-QFD)
② 業務の革新のためのQFD(Job Function-QFD)
③ 問題解決のためのQFD(Taguchi method and TRIZ QFD)
④ 統計的方法と融合したQFD(Statistical-QFD)
⑤ 新製品開発のためのQFD(Blue-Ocean strategy QFD)
⑥ データベースとしてのQFD(Real-time Database-QFD)
⑦ 持続可能な成長のためのQFD(Sustainable Growth-QFD)

この七つのタイプのQFDはそれぞれ独立しているのではなく，戦略の検討，構想設計，Bottle Neck Engineering(BNE)※1の早期解決といった製品の開発ステージや目的に応じて位置づけられている．さらに，仮説の設計なのか，仮説の検証なのか，といった切り口で使い分けが区分されている(図9.2)．七つのQFDに共通した目的は，市場要求にもとづき，顧客満足を実現するための品質管理システムを構築することを狙いとしていることにある．

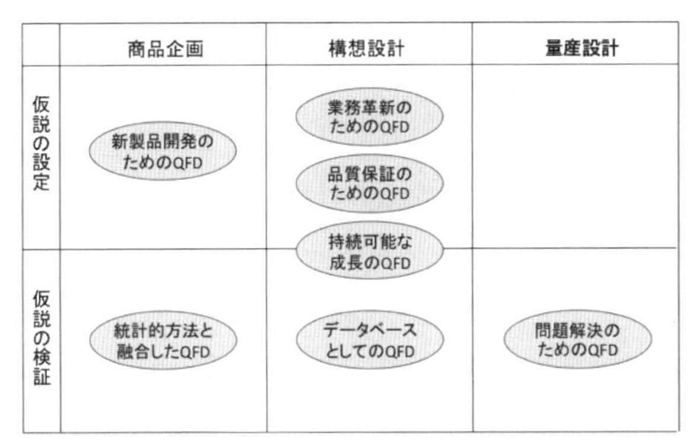


図9.2 使用目的に応じて七つに分類したQFD [6] p.23 図表1.2を参考に一部修正

ここでは，最も基本となる品質保証のためのQFDの原理を紹介する．基本的には二元表の作成をしていく手順となる．ある製品についての二元表とは，図9.3の一つひとつの正方形に相当する表であり，二元表の各行は要求品質，すなわちユーザーが求めるかもしれない品質(例えば車の場合の「速く移動する」)

※1 QFDの用語の一つ．ボトルネック技術．製品開発において困難が開発全体に及ぶと予想される技術課題．

を表す. 各行において横に並ぶセルには, それぞれの列に該当する品質特性（例えば「最高速度」）が要求品質に貢献する度合いを表す値が書き込まれる. すなわち, 二元表は要求品質の数だけの行数と, これらに関係するかもしれない品質特性の数だけの列数からなる表である. QFDでは図9.3のように, 要求品質から品質特性を抽出し, 品質特性はどういった機能となるべきかをマッピングしてゆく. そして, ある表において品質特性となっていた特性を要求品質として, さらにこれを実現する特性とペアになった表を作成し, 元の表に繋いでゆく. このようにして, 機構から部品への展開をしていく. どの展開ステップでも, 品質特性の課題, 機能を実現する上での課題, 生産技術的な課題なのか, などの検討が必要となる.

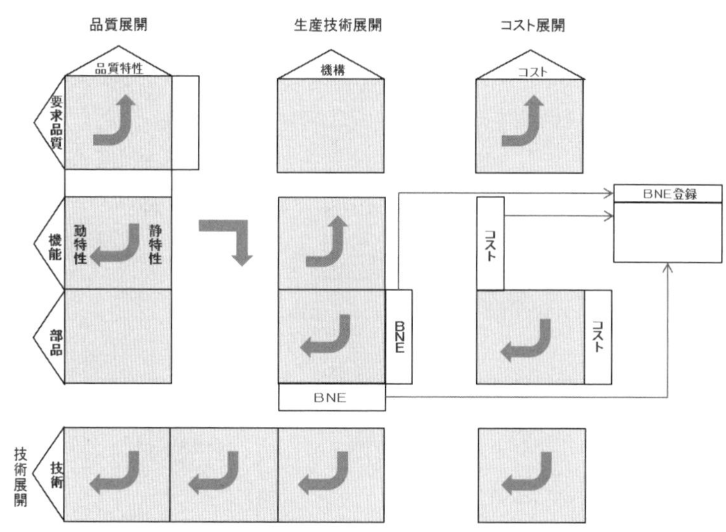


図9.3 QFDの展開図［11］p.27 図1.8を引用したもの

このように系統的に製品のさまざまな特性を展開し連結してゆくことが, 先に述べたQFDの四つの原理を実現する方法となる. 但し, 実際に展開をするにあたっては, 一般市場からの要求事項にありがちな抽象表現から, 製品開発にとって必要な具体表現へと示していくことが課題となる. 例えば, 下記のような粒度で表現された要求品質があったとしよう.

・ 使いやすいコンソールボックス
・ すわり心地のいいシート
・ できるだけ遠くにいける電気自動車

このような要求事項の表現で注意すべきは，「形容詞」や「副詞」である．使いやすい，とはどういうことか．すわり心地がいい，とは何をもってそういえるのか．遠くにいけるとは，距離だけの問題で片付けていいのだろうか．バッテリーへの充電時間も関係するのではないだろうか．このとき，どのような変数とすべきなのか，また，その閾値はどれほどが適当なのか，などは関連する製品開発の知識や経験をはじめ，多くの実証実験のデータの蓄積が必要になってくる．

### 9.2.3 QFDの課題

先述のQFDの四つの原理のうち，細分化にあたっては，全ての項目を同列レベルの粒度で扱うべきものであるが，要求品質が多岐に渡る場合，情報の集約として細分化が必要になってくる．ここで統合化の前に最初にやるべきこととして，どのように細分化するかを決定しなければならない．例えば，下記のような「セキュリティ対策としての正確な指認証ができること」という品質要素展開表（図9.4）を見てみよう．この横一線に挙げている22項目については，セキュリティや指認証の専門家であっても，関連する要素を網羅的に挙げるには，相当な知識が必要である．特に認証制度などは，当該領域の専門的な知識が不可欠である．これらの知識が無いと製品開発における品質展開が不十分となり，品質保証のフロントローディングを目指したとしても，関連する専門家を抱える企業側のコスト負担がかかる．

実は，関連する要素を網羅的に挙げる能力（capability）を向上させる指南書は未開発であり，QFDの展開を進めるのを阻害している．QFDそのものが魔法の杖のように個別の設計開発テーマに対して品質機能の展開を指南してくれるわけでなく，むしろ矛盾や問題を次々と発見することにより問題解決のための試行錯誤の機動力となる効果を持っていると見るほうが現実的ではないだろうか？ 図9.2では問題解決のためのQFDとあるが，そこでは田口メソッドやTRIZが有効とされているものの，抽象表現による要求事項を測定可能な数値属性に帰着させ表現する過程は実際にはなかなか難しい．例えば，車の設計において“乗り心地のいい”という要求があったとしよう．この曖昧な要求をどのように品質特性に置き換えるべきであろうか．振動数［Hz］かもしれないし，騒音の大きさ［dB］，あるいは横や前後の加速度［G］であるかもしれない．このように視点を広げていくと，これらの変数をどこまで列挙すべきかが難題であり，さらには閾値をどのように設定すべきかをも難題となっていく．現状では，これらの選択のためには現場で試行錯誤するのが最も頻繁に用いられる方法である．

一方で，試行錯誤している過程において，想定していない品質特性の重要性に気づくことがある．例えば，振動や音以外に，シートの形状，ハンドルのグリップ，加速感などの人間工学に求められる特性などにも影響するかもしれない．このことに気づくことが，開発にとって重要なポイントである．すなわち，先述したように関連した他のさまざまな設計要素との“のり代”に気づく瞬間である．

部品単体ではその機能は発揮できず，部品同士の相互依存関係があり，部品の品質特性が機能的にも他の部品と結合されているために，換言すれば，個々の部品の設計者同士の連携が求められているところである．ここでQFDが“つなぎ役”のツールとしてその力を発揮することになる．QFDは魔法の杖ではなく，答えを示してくれるものでもなく，我々に，何を用いて何と何をつなぐかを考える契機を与えてくれる人を助ける技法なのである．

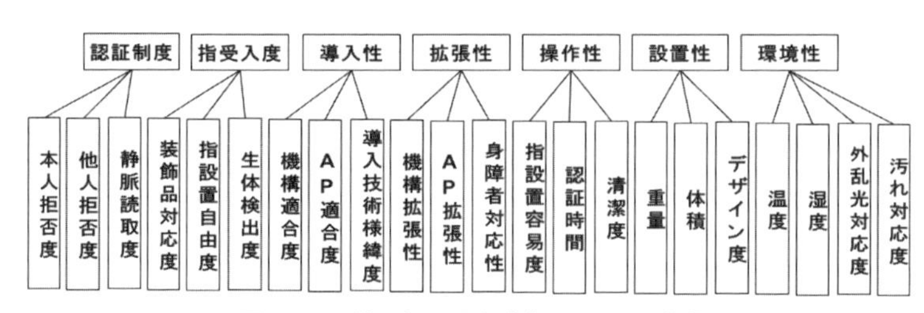


図9.4 品質要素展開表［2］p.127より抜粋

変数を網羅することの難しさは，品質展開における「細分化」に相当する作業全体に関してあてはまる．この細分化と同様の手法で参考になるのは，問題解決のピラミッド展開[3]である（図9.5）．ここでの横の論理展開は，図9.4の横展開と同じ難しさがある．縦の論理展開は「なぜならば」あるいは「そのためには」の論理展開になるが，横の論理展開に関しては「それだけなのか？」という指摘を受けやすい．このとき，図9.5のピラミッドで重要なことは，横のレベル感を統一してゆくことである．たとえば，家具を構成するピラミッドを考えたとき，家具の製品仕様の制約として，体積［cm$^3$］・重量［kg］・扉の開閉角度［$\theta$］に並んで，地震対策のための金具の材質があれば違和感を感じる．このような違和感の感知は，ピラミッドの横の論理展開における構造上の問題点を見出し，全体構成を完全にしていくうえで重要である．さらに，上位層によって下位層の変数は決定づけられてしまうため，第二層目など比較的上位での切り口は，いくつものパターンを用意しておかなければならない．違和感の感知と上位における切り口はいずれも，本質的な関連要素の列挙にとって重要であることにあるが，またいずれも相当な専門性や知識を兼ね備えたものでなければ難しいことである．

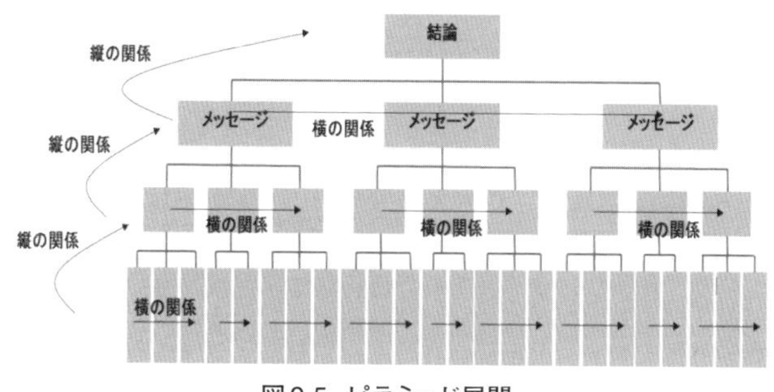


図9.5　ピラミッド展開

# 9.3 定量的QFD

## 9.3.1 定量的QFDの原理

さて，一般に語られているQFDは，要求品質から品質特性へと順を追っていくに従って，製品開発における品質を確保する方法論といえるが，それは決して魔法の杖ではなく，人間の試行錯誤を支援することによって成果を生み出すもの，ということは既に述べた．QFDはいわば6面体の各ピースをつなぐ品質の関係性の形式知化による課題や価値を発見する手法である．しかし，このことは一方で品質の裏に隠された業務や組織の関係性も明確になるので製造業で普及したとも考えられる．しかしながら，以下の二つの問題が残る．

① 前節に述べたように，必要な要素（製品特性），および要素間の不整合性（前

節における「違和感」）を網羅的に捉えて製品開発に反映させることの困難さ

② 要素展開における“定量的な”相互作用が，明示化され一般化されていない現状

特に製品設計の初期段階では，①の不整合として要求事項と製品仕様の矛盾や制約のバランスを知る必要があって，そのためには市場要求や市場条件とこれらの課題との定量的な関係を直視する必要があるので，①と②は互いに関連し合う課題である．これらの問題を解決する新たな手法の導入と，QFDを進化発展させる余地が残されている．

図9.3でBNEと書かれているボトルネックエンジアリングは，設計図面の世界から機構・部品へと具現化するにあたり，機構の障害に直面した場合に何らかの工夫や技術を導入して対策をとることである．このBNEにおいてもQFDは，設計開発の段階でなんらかの矛盾を抽出してくれる実際的な方法論となっている．QFDを用いることによって，製造工場のベルトコンベアの幅や通路の高さなどという意外な製造プロセスの特性を意識し，ひいては部品の価格レベルも考慮にいれて設計開発をすることが可能となる場合は多い．このようなQFDの効果を常に活かすことができるようにするためには，製造現場を知る，あるいはサプライヤーの技術力を知る，など，さまざまな活動も含めて事業を推進することも重要となる．

本節では，これまでのQFDに，より定量的な考え方を導入し，かつ試行錯誤の問題を連立方程式のように解くことはできないだろうか，といった問題意識をもとに，新たなQFDの枠組みを紹介する．本書では，これを定量的QFD（Quantative Quality Function Deployment：Q-QFD）と呼ぶことにする．

まず図9.2で紹介した七つのタイプのQFDのうち，定量的な取組みに類似する「③統計的方法と融合したQFD（Statistical QFD）」について簡単に触れ，本節で紹介する定量的QFDとの違いを説明する．統計的方法と融合したQFD[6]は，図9.6のように大きく二つの定量分析が紹介されている．

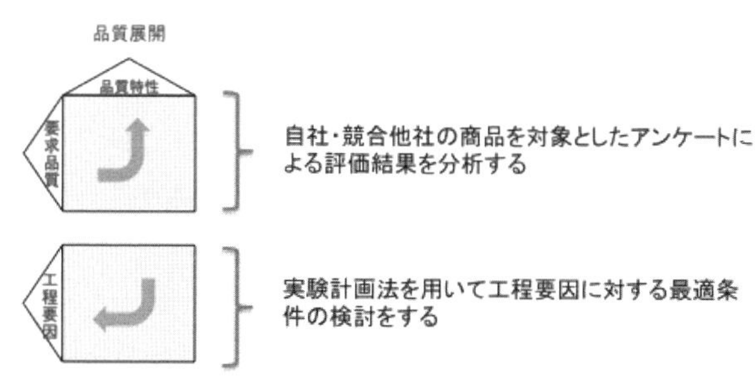


図9.6 統計的方法と融合したQFDの二つの分析タイプ

上記の方法としては，第一に，要求品質（例えば，家具の中で本棚をイメージすると，長持ちする，重い本を並べられる，取り出しやすい等）に対して，品質特性（本棚のフレーム形状，長さ，デザイン性，棚板の剛性や材質，高さ調整等）に照ら合わせると，どの程度重要な要求品質なのかを予め抽出しておくことが求められる．次に，競合他社を含め各社の製品と自社製品との充足度を尺度法などによるアンケート調査を行い，因子分析などの統計的手法でその結果を分析・解釈してゆく．その結果を踏まえて，どのような要求品質にどれだけの重みをおいて設計を考えていくべきか，また，そのための品質特性を実現する工程と工程を構成する要因の中で，各要因にどのように重みをおいて優先順位を検討するべきかを考えてゆく．このうち品質特性と工程要因との関係については，実験計画法[17]を用いることによって，品質特性に対応する設計工程の制御因子の最適水準を検討する．本棚の例にとれば，フレームを加工するうえで必要な測定指標である使用材料，金型温度，冷却時間などを指す．

以上の統計的方法と融合したQFDについては，二元表ごとにそれぞれ見合った統計的手法を用いるため，どうしても展開ステップ毎に分けて作業を行わざるを得ない．このため，二元表の展開としては各要素間の関連付けはできているものの，製品設計開発における要求品質，使用環境，品質特性，仕様の制約などを含めた全体を鳥瞰する目的には適合しない．

このような課題に対して本節では，著者らが提案してきた定量的QFDを紹介する．その目標は，全体を鳥瞰しつつも，数理モデルで表現することにある．ここで数理モデルを用いて表現するということは，要求品質，品質特性，工程要因などの相互の矛盾を明らかにするだけではなく，各パラメーターを調整するためのさまざまなシミュレーションも可能とすることを指す．また調達すべき対象の製品の構成，要素の規模によっては，多次元の同時可視化には現実的ではないかもしれないが，開発現場における個別最適を避けつつも，製品全体としてデータを介して整合性がとれた設計を如何に行うべきか，その上で，個々の機能の評価項目を抽出する優先度をどう考えるべきなのか，など複数の視点を包含しているという点にある．

これまでのQFDで二元表の展開を行っていくと，開発の初期段階から市場要求と設計制約とを比較していくうえで優先順位に迷うことがある．例えば，電気自動車の航続距離を伸ばしたい，という要求品質があったとする．それを実現する設計制約の中には，バッテリーの容量を大きくしなければならず，勢い，重量がかさみ，電費（燃費の電気自動車版での表現）が悪化し，航続距離が伸びなくなってしまう．このようなトレードオフの問題は，BNEとして解決すべき代表的な問題である．このような問題の抽出は重要であり，また画期的な新素材の出現やエネルギー効率の向上などの新技術を探索することにつながる．

いかなる特性がどのような品質や要求の実現を阻害するかについて，即ち何がどの程度のボトルネックとなっているのかが“定量的に”可視化されていれば，BNEの対策効果もコンセンサスを得やすくなる．実際，品質をコストに置き換え定量化したうえで対策を考えることも多い．このように，各特性の優先順位の評価だけではなく，BNEに代表されるように，衝突し矛盾する要因を発見し，かつ要素間の関係について定量化を行う課題に対応するために，定量的QFDを提案してゆく．

要求品質と品質特性の関連性，品質特性と機能との関連性，機能と機構との関連性，といった一連の情報を一覧表示すると図9.7のようになる．図9.7は，電気自動車の四つのゼロ（排ガスゼロ，ノイズゼロ，$CO_2$ゼロ，輸送ロスゼロ）を目指す要求品質に対して，品質特性（Quality Characteristics）と，機構や部品の制約である設計仕様（System）とを対比させたものである[14]．品質特性と設計仕様とをつなげて，各々の関連がある場合を”1”，ない場合を”0”と表現した．従来のQFDにおける二元表では，この”1”または”0”で表される範囲の情報であったといえる．

QFD

Market condition
Collected by fleet test

there is relation;1
no relation; none

| ID | Customer requirement | Quality Characteristic | | | Priority | System | | |
|---|---|---|---|---|---|---|---|---|
| | Performance | ,,,, | $QH_j$ *2 | ,,,, | L<M<H | ,,,, | $SS_k$ *3 | ,,,, |
| $P_1$ | Zero emission [g/km] | ,,,, | ,,,, | ,,,, | L | ,,,, | ,,,, | ,,,, |
| $P_2$ | Zero noise [dB] | ,,,, | ,,,, | 1 | H | ,,,, | ,,,, | 1 |
| $P_3$ | Zero oil [CO2/charge] | 1 | 1 | 0 | H | 0 | 0 | 1 |
| $P_4$ | Zero transportation loss *1 [actual ton*km ratio to capacity] | ,,,, | ,,,, | ,,,, | M | ,,,, | ,,,, | ,,,, |

*1,capacity loss of truck transportation such as less cargo freight etc,
*2,element of quality characteristics represent market conditions with suffix j such as criteria, usage, etc
*3,element which makes up the system with suffix k such as sub system battery ,motor etc

図9.7 四つのゼロを電気自動車の要求品質とするQFDを示す図 [14]

本節で提案するのは，それぞれの関連性を0か1かで表現するのではなく，実数で表される量を対象とする数理モデルで表現するものであり，これは次の図9.8のとおりとなる．すなわち，要求品質（ここでは四つのゼロ）を目的関数 $Y_i$ とし，設計仕様 $m_k$ の制約のもとで，いかなる品質特性 $X_j$ によって $Y_i$ を最大化するのか，といった数理モデルで表現するものである．

ここでの優先順位（Priority）は，設計仕様の制約の強さや，機構の見直しの余地などを検討して，品質特性にどれだけ妥協せざるを得ないものなのかについての議論がされることを想定している．

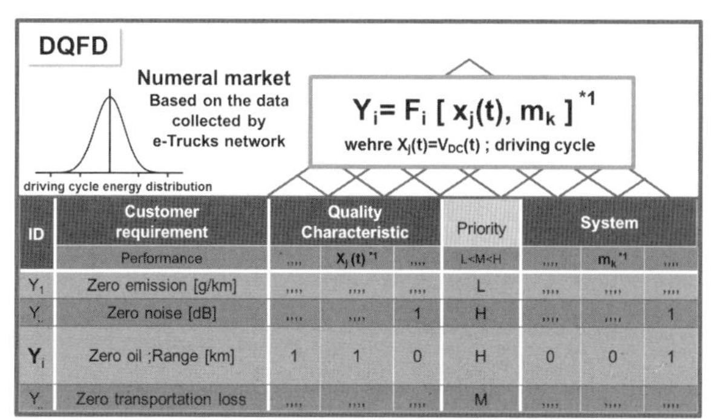


| ID | Customer requirement | Quality Characteristic | | | Priority | System | | |
|---|---|---|---|---|---|---|---|---|
| | Performance | ,,,, | $X_j(t)$ *1 | ,,,, | L<M<H | ,,,, | $m_k$ *1 | ,,,, |
| $Y_1$ | Zero emission [g/km] | ,,,, | ,,,, | ,,,, | L | ,,,, | ,,,, | ,,,, |
| Y. | Zero noise [dB] | ,,,, | ,,,, | 1 | H | ,,,, | ,,,, | 1 |
| $Y_i$ | Zero oil ;Range [km] | 1 | 1 | 0 | H | 0 | 0 | 1 |
| Y.. | Zero transportation loss | ,,,, | ,,,, | ,,,, | M | ,,,, | ,,,, | ,,,, |

*1,$Y_i$ is a representative performance with suffix i from market requirement
$X_j(t)$ is a representative variable with suffix j of market conditions such as driving cycle etc
$m_k$ is a representative design specs with suffix k from design requirement such as battery max energy Eb

図9.8 四つのゼロを電気自動車の要求品質とする拡張QFDを示す図 [14]

数理モデルを描くには，要求品質，品質特性，設計仕様を測定可能な変数に変換するスキルやセンスに加えて，それぞれの“関係性”をモデルとして表現できなければならない．関係性を表現した上で要求品質を従属変数とし，他の品質特性や設計仕様を独立変数とするならば，新たなシミュレーションモデルが可能となる．これが定量的QFDの狙いである．すなわち，定量的QFDとは，常に図9.3の列（X）と行（Y）の間に成り立つ定量的関係を表す数理モデルが何であるかについての知識を参加者が提供し合い，補完することによって量的変数を扱うことのできるQFDのプロセスを進めるというものである．これだけの修正であるので，定量的QFDのプロセスをフローチャートなど示すことはしない．

### 9.3.2 定量的QFDの適用例（1）・電気自動車に対する適用

電気自動車のケース[13]で拡張されたQFDの適用方法を述べる．今，1回の充電でできるだけ遠くへ行きたいとする要求品質があったとする（現実の要求も，実際の事業に関わるため本章では想定上の要求であるような表現をとる）．ここでまず，その“遠く”というのは一体何kmなのかを検討する．例えば，東京から大阪までの片道500kmを一回の充電で走行できれば自動車ユーザーは満足するのかどうかを検討することになる※2．次に，航続距離を従属（被説明）変数とすると，何が独立（説明）変数であるかを考える展開で，専門的な知識が求められる．自動車メーカーのような組織で働く者とすれば，一人ではなく構成メンバーがグループで検討するために定量的QFDを使うため，専門知識がある人と，全体の商品企画や開発工程を推進する人との連携は必須となる※3．

さて，電気自動車については，車両に搭載する電池（容量）がまず必要であろう．また，車を前に駆動させるにはその力（ニュートン）も必要である．この電池容量が多ければ多いほど，航続距離は伸びる一方で，電池を大きくすればするほど重量は増加し，駆動力の足枷となる．つまり，駆動力が大きければ大きいほど電池を消費するために，もともとの要求品質であった航続距離が伸びなくなってしまうジレンマとなる．これを数理モデルで表現すると，次の（9-1）式のとおりである．

※2 ダイムラーが500kmを実現したニュースが発表された（2016年6月）
※3 どのような役割の人同士であれば，効果があがるのか，といった命題は，別の機会で論じることとする．

$$Y = \bar{\varepsilon}\frac{Eb}{N}(\mathrm{km}) \tag{9-1}$$

$Eb$は電池の容量［kWh］であり，$Eb$の技術的な向上なくしては航続距離$Y$の延長にはつながらない．そのためには，電池のエネルギー密度の向上が必要となる．

一方，さまざまな環境における駆動力$N$と，その$Y$への影響を測るのにもまた，専門性と関連する知識が必要となる．まずは，駆動力は車に対する空気抵抗が速度の2乗に比例して増える．その関係性は，駆動力を$N$として速度を$V$とすると次の二次式で近似できる．

$$N = \bar{\eta}V^2 \tag{9-2}$$

即ち，車の速度をあげればあげるほど，要求駆動力が益々必要となってしまう．そこで速度と駆動力の関連（実際には加速力も必要だが，ここでは省略する）を，実験を繰り返して収集したデータに基づいて※4，統計的に分析する．こうして得られた，各環境での各速度における駆動力を（9-1）式に代入し，どのくらいの航続距離となるのかの実験を行っていく．

このプロセスの狙いは，多くの実験データから（9-1）や（9-2）の係数$\bar{\varepsilon}$，$\bar{\eta}$を得ることにある．高速道路の場合と市街地とでは速度が違うために，さまざまなドライビンクサイクルに応じた$\bar{\varepsilon}$，$\bar{\eta}$が得られることになる．このように，車に乗ってユーザーがどこを走るかという場面の想定にもとづき，どのような品質特性と設計仕様，そしてどの程度の平均速度であれば航続距離が伸びるのかについての検討をすることができる．最終的にこの$\varepsilon$，$\eta$は製品仕様と使用環境に応じて定まるものであるから，製品と環境に関連するさまざまな変数に着目して検討を進化させて要素展開につなげてゆく．この様に，定量的QFDはQFDのシンプルな改訂であるが，変数（＝特性）という測定指標に影響をあたえるさまざまな要素を考えさせる契機となっている．さらに，数理モデルの提案を通じて必要な変数を二元表に追加したり，影響度の高い要素に注目するのを助けたりする効果を持つため，9.2に示したQFDの問題点に対応する有力な手段となる．

ここで図9.8の概念図に対して，一般的な電気自動車の要求品質として，航

※4 実際に実験をするには試作車が必要で，そのためには億単位でのコストがかかる．このために，モデルベースのシミュレーションが主流となっている．本節では車のケースをあくまで例として挙げたものであり，拡張QFDの用い方に主眼をおいている．

続距離の他に生涯利得というユーザーにとっては関心の高そうな項目を挙げて定量的QFDを用意した（図9.9）．また，安全という観点から，電気自動車のバッテリーの発火の危険を回避する要求品質や，法規制の要求品質もあり，これらをYとすると，図9.9の様に拡張QFDを図示することができる．そこでは，合計で五つの目的関数があり，結局はこの連立方程式を解いていくことになる．残念ながら，変数の数が目的関数の式の数よりもはるかに多くなるために，簡単には解くことはできない．このため，第2章で述べた「状況」に相当する使用条件，環境条件，設計仕様などの変数を変えていきながら，最適解を求めていくことになる．拡張QFDは一種の実験計画法とみなすこともできる．

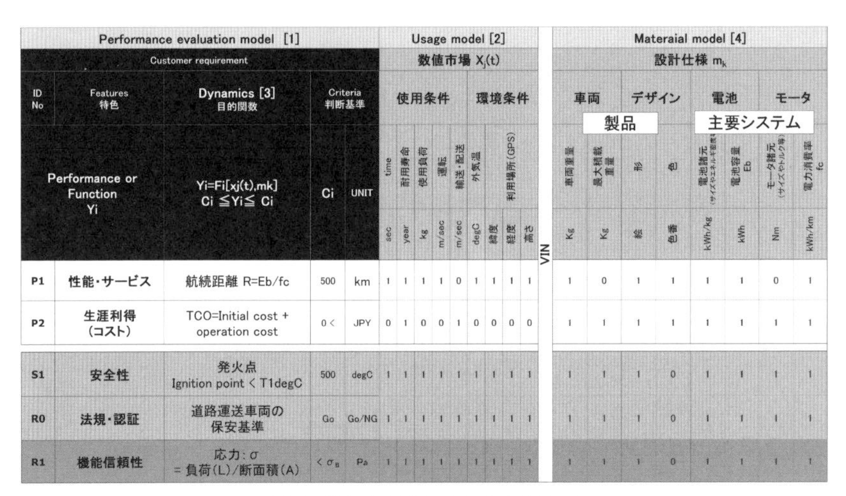

| Performance evaluation model [1] | | | | | Usage model [2] | | | | | | | | | | Materaial model [4] | | | | | | | |
|---|---|---|---|---|---|---|---|---|---|---|---|---|---|---|---|---|---|---|---|---|---|---|
| Customer requirement | | | | | 数値市場 $X_j(t)$ | | | | | | | | | | 設計仕様 $m_k$ | | | | | | | |
| ID No | Features 特色 | Dynamics [3] 目的関数 | Criteria 判断基準 | | 使用条件 | | | | | 環境条件 | | | | | 車両 | | デザイン | | 電池 | | モータ | |
| | | | | | | | | | | | | | | | 製品 | | | | 主要システム | | | |
| | Performance or Function Yi | Yi=Fi[xj(t),mk] Ci ≦Yi≦ Ci | Ci | UNIT | time | 耐用寿命 | 使用負荷 | 運転 | 輸送・配送 | 外気温 | 利用場所(GPS) | | | | 車両重量 | 最大積載重量 | 形 | 色 | 電池諸元（サイズやエネルギ密度等） | 電池容量 Eb | モータ諸元（サイズやトルク等） | 電力消費率 fc |
| | | | | | sec | year | kg | m/sec | m/sec | degC | 緯度 | 経度 | 高さ | VIN | Kg | Kg | 絵 | 色番 | kWh/kg | kWh | Nm | kWh/km |
| P1 | 性能・サービス | 航続距離 R=Eb/fc | 500 | km | 1 | 1 | 1 | 1 | 0 | 1 | 1 | 1 | 1 | | 1 | 0 | 1 | 1 | 1 | 1 | 0 | 1 |
| P2 | 生涯利得（コスト） | TCO=Initial cost + operation cost | 0＜ | JPY | 0 | 1 | 0 | 0 | 1 | 0 | 0 | 0 | 0 | | 1 | 1 | 1 | 1 | 1 | 1 | 1 | 1 |
| S1 | 安全性 | 発火点 Ignition point ＜ T1degC | 500 | degC | 1 | 1 | 1 | 1 | 1 | 1 | 1 | 1 | 1 | | 1 | 1 | 1 | 0 | 1 | 1 | 1 | 1 |
| R0 | 法規・認証 | 道路運送車両の保安基準 | Go | Go/NG | 1 | 1 | 1 | 1 | 1 | 1 | 1 | 1 | 1 | | 1 | 1 | 1 | 0 | 1 | 1 | 1 | 1 |
| R1 | 機能信頼性 | 応力：σ ＝負荷（L）/断面積（A） | ＜$\sigma_B$ | Pa | 1 | 1 | 1 | 1 | 1 | 1 | 1 | 1 | 1 | | 1 | 1 | 1 | 0 | 1 | 1 | 1 | 1 |

図9.9 電気自動車における拡張QFD

## 9.3.3 拡張QFDの適用例（2）・家具に対する適用

自動車の場合には，あまりにも影響の受ける変数が多くなるために，実際に定量的QFDを用いるには困難を伴うと感じられてしまうため，もう少し構造がシンプルな家具について定量的QFDを考えてみたい．図9.10に家具における定量的QFDの二元表を示す[7]．この二元表自体，ゼロからすらすらとは書けるものではなく，定量的QFDにおける思考プロセスが大切である．そこで，この思考プロセスをQ&A形式で再現してみよう．

Q「家具を設計するにあたっては，何が必要か」

A「服を収納する，とまずは考えるべき」

Q「なるほど，そしてどうするのか」

A「服は，どういうサイズの服を置く収納かを考え，収納は，何年間収納するのかを考える」

Q「家具の形ではなく，利用場面を考えることか」

A「そうだ．箱という仕組み（構造）を利用して，○○のサイズを，□□内に収める，と発想する」

Q「それだけで，設計は無理でしょう」

A「次に，制約に飛ぶ」

Q「え？」

A「制約とは，安全性，ルール，耐久条件，信頼性，などがある．その結果としての，コスト，時間，大きさ，などにも表現が置き換わる」

Q「その発想ができない．知識がないと不可能な面もあるはずだ」

A「ある程度はそのとおり．例えば，ルールとはJIS規格・法規・消費者保護の観点などである．」

Q「箱としての家具に着目するとどうなるか」

A「家にはいるようなサイズの家具としての制約がある．何着入れられるかの前に，家は人の一生に関わるものであり，世代を越えた服の収納もしたいという要求もあるだろう．そうすると，服の数は，0から∞をまず想定すべきで，次に制約と期待効果のトレードオフを最適化する」

上記の会話は，図9.4のように多くの視点が既に頭の中に知識としてあるために，どんどんアイデアが発散していく場面である．ここで問題は二つある．すなわち，視点の発想（特定）と，それを如何にして測るのか，という数値化のための変数の抽出である．

| Performance evaluation model [1] | | | | | Usage model [2] | | | | | | | | |
|---|---|---|---|---|---|---|---|---|---|---|---|---|---|
| Customer requirement | | | | | 品質特性 $X_j(t)$ | | | | | | | | |
| ID No | Features 特色 | Dynamics [3] 目的関数 | Criteria 判断基準 | | 使用条件 | | | | | 環境条件 | | | |
| | Performance or Function Yi | Yi=Fi[xj(t),mk] Ci ≦Yi≦ Ci | Ci | UNIT | time | 耐用寿命 | 使用負荷 | 使用頻度 | 輸送・配送 | 外気温 | 湿度 | 利用場所（屋内） | |
| | | | | | sec | year | kg | 回/日 | m/sec | degC | RH% | 凝縮回避 | 高さ |
| P1 | 性能・サービス | 収納量 | 500 | L | 1 | 1 | 1 | 1 | 0 | 1 | 1 | 1 | 1 |
| P2 | 生涯利得（コスト） | TCO=Initial cost + operation cost | 0< | JPY | 0 | 1 | 0 | 0 | 1 | 1 | 1 | 0 | 0 |
| S1 | 安全性 | 転倒防止<br>固定部が外れようとする力（T）、固定可能な力（R）⇒T>R | 0< | Go/NG | 1 | 1 | 1 | 1 | 1 | 1 | 1 | 1 | 1 |
| R0 | 法規・認証 | 業界安全基準等（防耐火構造認定基準など） | Go | Go/NG | 1 | 1 | 1 | 1 | 1 | 1 | 1 | 1 | 1 |
| R1 | 機能信頼性 | 応力：σ<br>＝負荷（L）/断面積（A） | <$\sigma_B$ | Pa | 1 | 1 | 1 | 1 | 1 | 1 | 1 | 1 | 1 |

VIN

| ID No | Materaial model [4] | | | | | | | | | |
|---|---|---|---|---|---|---|---|---|---|---|
| | 設計仕様 $m_k$ | | | | | | | | | |
| | 家具 | | デザイン | | 枠 | | 扉 ヒンジ | | 板 | |
| | 製品 | | | | 主要システム | | | | | |
| | 総重量 | 筐体内側容積 | 形 | 色 | 枠諸元（サイズや強度等） | 材質 | 扉諸元（サイズや強度等） | 材質 | 板諸元（サイズや強度等） | 材質 |
| | Kg | L | 絵 | 色番 | mm | 金属木材等 | mm | 金属木材等 | mm | 金属木材等 |
| P1 | 1 | 1 | 1 | 1 | 1 | 1 | 1 | 1 | 1 | 1 |
| P2 | 1 | 1 | 1 | 1 | 1 | 1 | 1 | 1 | 1 | 1 |
| S1 | 1 | 1 | 1 | 1 | 1 | 1 | 1 | 1 | 1 | 1 |
| R0 | 1 | 1 | 1 | 1 | 1 | 1 | 1 | 1 | 1 | 1 |
| R1 | 1 | 1 | 1 | 1 | 1 | 1 | 1 | 1 | 1 | 1 |

図9.10 家具における拡張QFD

視点の発想のうち，知識については発想を想起する支援ツールの用意が必要であろう．このため，拡張QFDは発想や気づきを促すための“枠組み”として活用することが提唱されている[13]．前述のQ&Aのように発想の源泉はあくまで，要求品質であり，その利用場面を考えることが，大切であることがわかる．開発の現場で利害関係者が集まると，統一見解を取ることが難しい状況に直面することが多い．しかしながら，まずは利用場面の共有がその後の効率的な設計開発プロセスに役立つであろう．また，制約についてもその発想としては重要で，便利な機能ということだけではなく，安全性，法規制対応や認証の観点，またそれらの機能信頼性も常に要求品質としてとらえておくべきである．技術から品質を発想するものではなく，市場からの声に十分に耳を傾けることも拡張QFDにおいて望ましい手順である．

造形など人の感性に訴える要求品質の発想も，重要ではある．そこには，品質特性や機構・部品にまで深く展開に関わるものであれば，定量的QFDに織り込むべき要素もある．逆に品質特性から造形の発想に与えるケースも考えられる．例えば，図9.11では日産の電気自動車リーフが走行した場合の空気のフローを描いたものである（日産HPより）．この場合の要求品質は，やはり航続距離である．設計仕様としての制約条件は抵抗であり，ころがり抵抗と空気抵抗の2種類あるうち，空気抵抗を如何に減らすかを検討し，ヘッドランプのデザインを凸状にさせてサイドミラーに直撃する空気の流量を和らげる効果を狙ったものである．最近では法規制の緩和により，サイドミラーをもなくし，その代替としてカメラを設置し，車内モニターがサイドミラー替わりになる方向にある．この点においては拡張QFDにおいて関連する技術的知識を持つ参加者を得れば，式 (9-2) の係数値がどの程度変化するのかを観測し，その結果，航続距離にどの程度影響するのか算定することができる．

次に，如何にして測るのかについては，まずは何を目的として検討しているのかを振り返る必要がある．そして，その目的に対して「そのためには?」と問いながら細分化していくことによって評価尺度が抽出されてくる．

図9.11 日産リーフにおける空気の流れ（日産HPより）

このほかには，一般ユーザーによる要求品質としての表現から，設計に必要な仕様に落とし込むための測定可能な表現への変換に向けて，図9.12（時計のケース）ように，形容詞や副詞に着目することも効果的となる[11]．例えば，「エンジンパフォーマンスを維持しながら車両重量をなるべく軽くする為，エンジンのダウンサイジングが･･･」といった議論を聞いた瞬間に，なるべくとは?と疑問を投げかけると，車両重量をどれだけ減量することが可能であるかという制約を検討することが可能となる．ものを測定するということを意識した定量化QFDは，深化型要素展開としての効果も生まれてくる．

定量的QFDの特徴を，これまでの説明からまとめてみると以下の4点に絞られる．

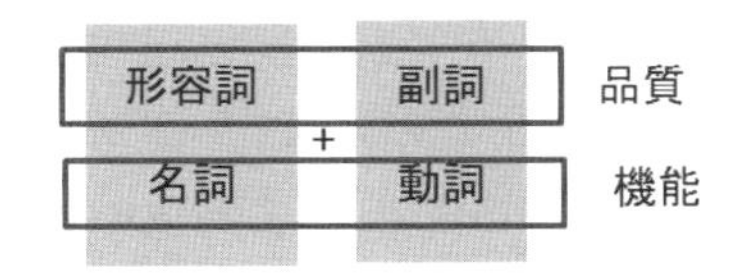


図9.12 QFDにおける機能と品質の関係（出典：[11] p.100 図4.10から抜粋）

1. QFDと同様に定量的QFDは方法論であり，どちらも知識や専門性のある人と，全体最適を考えていく人との連携や開発・製造・販売などの各部門との連携は不可欠であり，そのつなぎ役としての枠組みである
2. 測定可能な変数を如何に抽出するかが鍵である．それは要求品質であっても，設計仕様であっても同様である．
3. 要求品質をYとする目的関数を考える．この数理モデルの構成要素としての独立変数の選択と実証実験を繰り返しながら，その最適化を目指すのが定量的QFDである．
4. 各変数に影響する要因を想定し，要素間の関係性を定量的に明らかにすることで，担当部署を跨って問題解決に向かうと期待される．

## 9.4 データ市場への定量的QFDの適用

### 9.4.1 データ市場への技術データの導入

上記§9.3末尾にまとめた4点の特徴を踏まえながら，定量的QFDをデータ市場に適用する方法を示してゆこう．そのためには，そもそもデータ市場に技術データを導入する場合に考慮しておくべき論点を指摘する必要がある．まず第一に，データ市場では，秘匿情報となりかねない技術データの情報を円滑に流通する仕組みが必要である[1, 10]．設計業界においては，個別部品設計にあたってのインプットとアウトプットのデータなどの売買が取引の対象となりうる．例えば，パソコンなどの熱交換機を通る空気の流量データとハード基板に与える熱の変化推移データなどである．このように，現在は個別企業同士のクローズした取引慣行においてなんらかの形でデータ交換がされているが，データの取引市場（本書ではIMDJにより実現している）の提供によるデータ交換のさらなる活性化が望まれている．

第二に，データ市場としてカバーする技術データの範囲についての論点である．技術データは，ある意味，データの宝庫である．昨今では，さまざまな用途でセンサーが取り入れられ，データ化が進んでおり，車のCANデータなどは多種多様なデータが数多く存在しているといえる．但し，実際にはこれほどの多量のデータを，ビジネスにうまく生かし切れていないというのも現実である．サプライヤーの立場からは，入札などの状況に応じて，個々のメーカーの取り扱う商

品を取引先に向けて発信しうる仕様としてのデータ（カタログを超えた，アッセンブリーに必要な設計仕様に関わるデータ）を取引することが，現実には行われていると見るべきであろう．そして，サプライヤーA社の部品Xとサプライヤー B社の部品Yとを組合せた図面を描くシミュレーションを行うにあたっては，関連する多くのパラメーター間の連結を支援する，モデリカ（Modelica）言語のようなオープンソースのプログラム言語を用いたモデルベースによるシミュレーションの時代を迎えている．この流れは開発コスト的にも大きな効果があるということが自動車メーカーの間で実感として広がりつつあることから，海外では自動車以外でもプラントや空調機器など徐々にその対象に広がりを見せている．今後は，さまざまな部品の詳細な実験データが，世界的なデータ市場でオープンに取引され多くのイノベーションを生む時代が来る可能性がある．

第三に，データ市場の利用目的とそれに応じた参加者に関する論点である．データ取引にあたっては，設計開発における「問題解決」に期待して参入していくのか，新規の商品企画としての「アイデア発想」に期待して参入していくのかによって，要求するデータあるいは提供しうるデータが異なってくるであろう．

前述した七つのQFDでみた場合，技術データとしては開発におけるBNEの解決策を考える点で，データ市場に参加する動機があると考えられる．それは，さまざまなサプライヤーの実験データが必要だからである．しかしながら一方で，家電業界のカメラや映像技術などを，サイドミラーレスの動きのある自動車のヘッドアップディスプレイに転用するといった，技術データの新たな業界への展開も，もう一つのデータ市場の活用方法としては大いに期待される．この場合のデータ市場の参加者は，同一業界の同一業種ではなく，さまざまな業界の多様な業種であればあるほど，新商品のアイデアが生まれる可能性が高まる．

技術データの市場流通性に関しては，データ市場の範囲を如何に定義するか，にヒントがある．全ての業界，全てのデータをひとくくりにすればするほど，データリッチになる一方で，市場参加者への“分かり易さ”が求められることになる．少なくとも，自動車，なかんずく商用車にまつわる業界だけでも，トラックの走行関連のデータ，運送業者の配送管理データ，荷主のデータなど，さまざまな技術データの市場取引の可能性がある．例えば，青森リンゴの荷主のデータと，配送業者のトラックの積載データ，卸売・小売りなどの在庫データが市場取引可能となれば，50%を下回る日本のトラック輸送の積載効率の向上に寄与する，と著者らは予想している[9]．開発・製造・販売の機能が揃ったメーカーあってもそれぞれの組織がサイロ状態になって別世界で動いているという実感があるのであれば技術データを流通させることによる効果は大きい．また，車の健康状態を把握できるテレマティクスデータと，アフターサービスにおける修理データとを関連づけ，修理が必要となってくる予知データのアルゴリズムを考案できれば，自動車メーカーにとってのワランティーコストの負担軽減につながるし，実際，こうした取組みを行っている自動車メーカーもある．

技術データそれ自体は，モノを構成する一部にすぎない．そこで，モノであれば，製品→部品→機能→技術，サービスであればソリューション→プロセス→機能→技術，など細分化する構図がまずあって，技術データはどこに位置づけられるのかを意識してみよう．すると，家電業界にとって映像処理のような既存技術が，自動車業界にとっては，昨今ではミラーレスが開発されてきているように新鮮な技術として有効に転化されることが期待できる．データ市場を通じて技術データの新たな転用先を発見し取引を実現させることがイノベーションの観点から望ましいのである．図9.13は，その概念図を示すものである．左側の商品の構造を，商品＞部品＞機能＞技術に細分化しており，右側のソリューションの構造は，ソリューション＞プロセス＞機能＞技術に細分化していることがわかる．ここで，データ市場が，その変数名だけを示すことによって，技術データの転用に気づきをもたらす．ここでの部品や機能は，定量的QFDにおける，主に設計仕様のカテゴリーに位置づけられる．

一定のルールに基づき細分化された構成要素同士を比較しながら，データの取引に臨むことは，確率的には新たな組合せによる創造的なアイデアの具現化につながると考えられる．この取組みの一つに，EA（Enterprise Architecture）の考え方にもとづき，画面上で「用途」「機能」「データ」「素材」などに分解した全く異なる二つの業界の商品の組合せにより，どのような機能やデータの転化がされるのかの研究がされており[8]，そこでは創造的なアイデアが具現化していることが示されている．データ市場は，従来からの業界慣行による系列取引から，系列や業界をまたいでデータ取引を実現させることにより，イノベーションを起こすインフラとしてデザインされるべきであり，定量的QFDはこの意図をもって提案してきた．

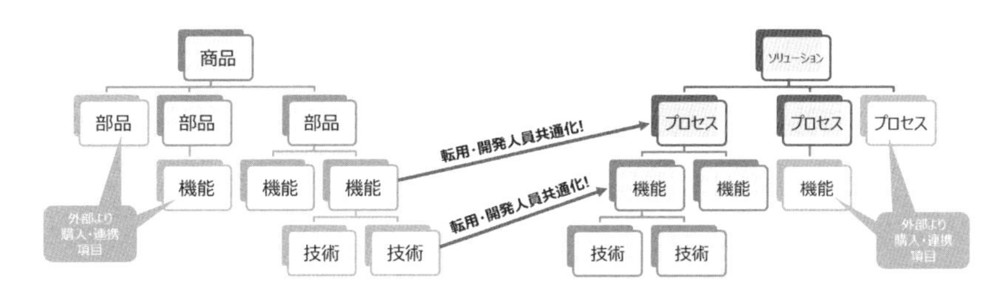


図9.13 ハード（左側）やソフト（右側）の製品を機能や技術データが得られるレベルまで分解し，他の商品へ転用するイメージ：両者をつなぐ役目に，データジャケットが有効である

## 9.4.2 定量的QFDを導入したIMDJによるデータ駆動型設計

ここで電気自動車における定量的QFD（図9.9）をもとに，データ市場の利活用を概観してみよう．自動車の商品開発は，「先行開発」，「量産設計」，「生産準備」の流れがあり，それぞれ年単位を要する非常に長いプロセスであり，数万点にも及ぶ部品で構成され，メカ・エレキ・ソフト・通信といった技術要素は多岐に渡る．最近では前述のようにModelica言語によるオープンソースのモデルベース開発の仕組みによる開発期間短縮と試作費の大幅な削減の取組みを自動車メーカーでは始めている．この長い商品開発プロセスは，企画・設計・品質・生産技術・生産・購買などに携わる多くの組織が結びついて構成される．以下では，開発の関係機関，サプライヤーなど外部の組織とも関係しつつ，「量産設計」に照準をあて，特に概念設計（「構想設計」：図9.14では略して「構想」と表現している．量産設計の前に行われる未知の課題や未解決問題の解決手段の設計）に着目して，定量的QFDとデータ市場との関係を論じ，定量的QFDを導入したIMDJの手順を示す．

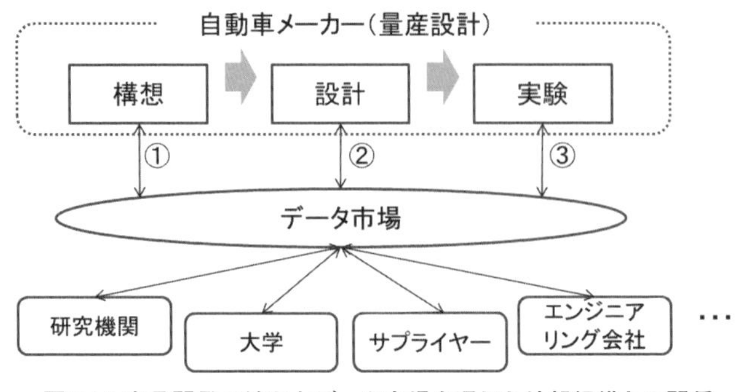


図9.14 商品開発の流れとデータ市場を通じた外部組織との関係

商品開発における「構想」段階(図9.14の①)に於いては，マーケットにおけるデータが自動車メーカーにとって必要不可欠である．例えばベンチマークとして，$CO_2$の排出量や燃費(電気自動車の場合には電費という)，騒音の発生状態などのデータと，そのときの実際の走行状態，すなわち加速，減速，定速，アイドリングなどの状態や，実際にどこを走った履歴なのか，登り，下り，標高などの道路環境は如何なる状態であったのかなど，複雑な組みあわせが必要となる．これらのデータを走行モードと呼ぶ．走行モードを中心とするデータについては，IMDJにおいて商品開発で活用される場面(シナリオ)，即ち使用条件および環境条件が明らかにされるので，調達することができるようになる．実際，これらのデータの入手を全て自社でかまなうことは不可能であり，公的な研究機関(JARI※5など)や大学などの機関がIMDJに参加することにより，データの需給のマッチングが可能となる．その時のデータジャケットは，以下の項目が含まれている．

- 車のデータ(車種，車型，年式，タイヤの種類)
- 走行場所と日時
- 走行モードのデータ(時間軸)：速度[km/h]，回転数[rpm]，燃費[L/km]，電費[Wh/km]，駆動用電池電圧[V]と電流[A]：ハイブリッドやEVの場合，騒音[dB]

上記のデータは前述したように，定量的QFDで扱う場面として，IMDJを通

※5 JARI：Japan Automotive Research Institute 一般財団法人 日本自動車研究所

じて自動車メーカーがベンチマークとして調査することになる. また, 自動車メーカーは, 「構想」段階のデータとして, 空気抵抗や車両重量などもベンチマークとして必要である. 空気抵抗Fは, 空気密度P, 空気抵抗係数C, 車両の正面面積Sに比例し, 速度の2乗に比例する. IMDJから車のデータがわかれば正面面積や車両重量も判明し, 走行場所と日時がわかれば, おおよその空気密度も推定できる. 走行モードのデータからこれらのことがわかれば, あとは空気抵抗が残る. 電気自動車の開発にとっては, 空気抵抗は重要なデータであり, 世界で走行されている車のCの値の平均が0.3で, 競合となりうる車種が0.2だとしたら, あとどの程度のCに抑えられるか. このような仕事のスタイルに, IMDJが貢献することになる. すなわち, 空気抵抗は定量的QFD (図9.9のP1) に示されている航続距離に大いにインパクトを与えるため, IMDJからベンチマークデータを調達することで問題を解決するのである.

このように, 定量的QFDは, 目的関数である性能・サービスの一つとして航続距離を考えた時それに対する独立変数として, 使用条件と環境条件のほか, 航続距離にインパクトを与える車両重量など設計仕様にもまたがるようにして表現されており, それぞれのベンチマークのデータがIMDJを介して調達可能となる.

ここでもう少し, 詳細にはいることにしよう. 式 (9-1) の限りにおいては, 航続距離を伸ばすには, 分母のN(要求駆動力) を減らすか, 分子のEb(電池容量) を増やすかしかなかった. 電池容量については, メーカー依存であり, バッテリーによって航続距離を伸ばすためには, 技術革新を待つしかないために, いったん, 固定されていると仮定しよう. すると, 分母のN (要求駆動力) を如何に減らすかを考えざるを得ない.

さて, ここで要求駆動力を減らすには, どのようにしたらよいであろうか. 一般には, 式 (9-2) の通り, 車両速度Vに依存するが, 車はスターターモータを動かしてから, 止まるまでのサイクルでみれば, 速度は一定ではないし, 走り始めには加速度がつく (つまり, 要求駆動力が多く求められる). 一方で, 速度がでてくればでてくるほど, 風あたりが強くなり (つまり, 空気抵抗が強まることになり), やはり要求駆動力が求められる結果となる. IMDJを通して, この自動車の走行過程におけるさまざまな走行モードのデータを入手することで, 商品開発の構想段階において最も重要な性能の一つである実用航続距離を求めるためのベンチマークデータの収集工数が大幅に削減されることになる. IMDJ

を通してさまざまなベンチマークデータを入手し，同時に自社での過去のデータを参照することにより，実際の交通の流れの中での要求駆動力は経験的に示せば図9.15のようなカーブを描くことになるので実用航続距離を見積もることが可能になる．

図9.15について，IMDJを通じて入手すべきデータは下記である．

- 抵抗値（ころがり抵抗，空気抵抗）の係数
- 要求駆動力（$N(\bar{v})$交通流速度$\bar{V}$に対する要求駆動力）
- 交通流速度$\bar{v}$想定する市場における交通流の中の車両群の平均速度）

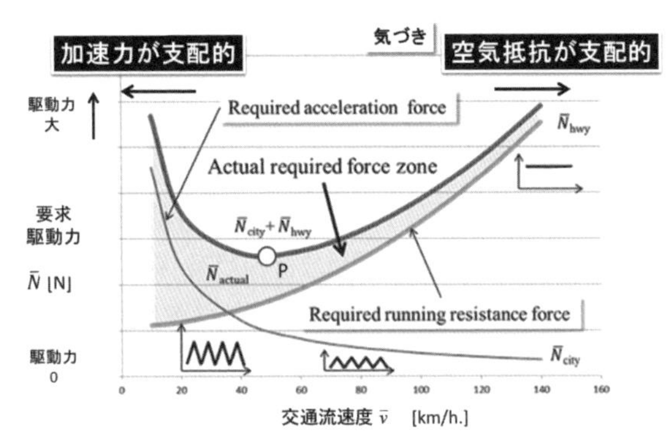


図9.15 交通流速度と要求駆動力［13］

これらのデータは，設計判断ができるレベルほど正確な値をつかむ為には，交通流の観測や社内での走行実験を繰り返す必要がある．また特に，交通流のデータは，実際の市場での統計的な観測を行うことでしか得ることができないため，IMDJの役目はきわめて重要である．さまざまな観測データと実験データを広くかき集めるために，潜在的な関係機関やサプライなどの協力企業とのデータ取引を可能とするIMDJの効果は非常に大きい．このとき，走行モードのモニタリングにおける守秘義務契約等のルールは別途企業間で取り決めることにはなるが，IMDJではデータIndexレベルの開示にあえて留めておくことにより，企業のIMDJへの参入障壁を下げている．そして，たとえIndexであってもこの開示レベルは，各企業の戦略に依存することになる．

上記にあげた抵抗値の係数，要求駆動力，車両速度以外にも，「形状」を考えれば空気抵抗に大きく影響をあたえるのは自動車の正面面積である．また，

「走り方」を考えれば駆動力にインパクトのある場面で，つまり時間軸でどのような加速度が出ているのかも必要である．これらのデータの一覧とその入手可能性を図9.16のようにまとめてみた．

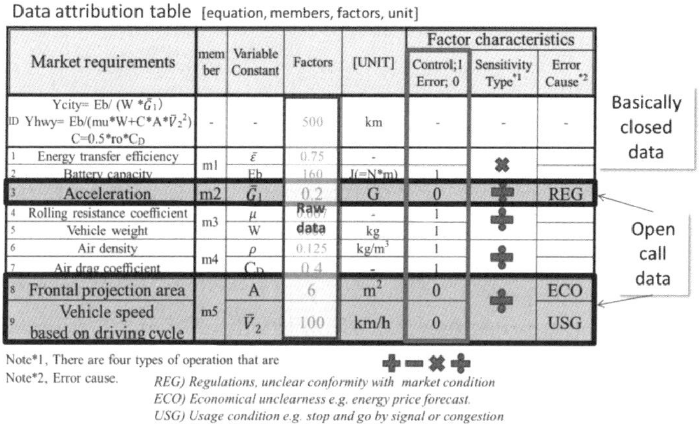

Data attribution table [equation, members, factors, unit]

| Market requirements | member | Variable Constant | Factors | [UNIT] | Factor characteristics: Control;1 Error; 0 | Sensitivity Type*1 | Error Cause*2 |
|---|---|---|---|---|---|---|---|
| ID Ycity= Eb/ (W * $\bar{G}_1$)<br>Yhwy= Eb/(mu*W+C*A*$\bar{V}_2^2$)<br>C=0.5*ro*$C_D$ | - | - | 500 | km | - | - | - |
| 1 Energy transfer efficiency | m1 | $\bar{\varepsilon}$ | 0.75 | - | | ✖ | |
| 2 Battery capacity | | Eb | 160 | J(=N*m) | 1 | | |
| 3 Acceleration | m2 | $\bar{G}_1$ | 0.2 | G | 0 | ÷ | REG |
| 4 Rolling resistance coefficient | m3 | $\mu$ | Raw | - | 1 | ÷ | |
| 5 Vehicle weight | | W | data | kg | 1 | | |
| 6 Air density | m4 | $\rho$ | 0.125 | kg/m³ | 1 | ÷ | |
| 7 Air drag coefficient | | $C_D$ | 0.4 | - | 1 | | |
| 8 Frontal projection area | m5 | A | 6 | m² | 0 | ÷ | ECO |
| 9 Vehicle speed based on driving cycle | | $\bar{V}_2$ | 100 | km/h | 0 | | USG |

Basically closed data

Open call data

Note*1, There are four types of operation that are + − × ÷

Note*2, Error cause.

*REG) Regulations, unclear conformity with market condition*

*ECO) Economical unclearness e.g. energy price forecast.*

*USG) Usage condition e.g. stop and go by signal or congestion*

図9.16 設計条件をきめるデータセット属性表 [13]

太枠で囲んである部分は，商品企画や設計開発において，社内では取得できない因子（誤差因子と呼ぶ）が含まれているか (0) いないか (1) という観点で表記される．すなわち，実際の市場での観測・実験・調達など関連するが外部に所在するデータ (0) と，設計者自身が生み出す設計データや自社内で入手できる実験結果等の技術データ (1) が区分される．

企業の技術データについては秘匿性ということもあることから，製品の核となる性能を決定づける図9.16における白抜きの部分は公開できない※6．このような，どこを公開し，どこを秘匿とするべきか，に関しての考え方を整理することは非常に重要なことであり，データ市場の利活用には必需である．業界によってその慣習や競争環境に応じ，データ種類の仕訳方法に関しては，おおよそ認識は共有可能である．図9.16は，その属性を明確にするために定量的QFDの概念設計を行う時点で必要となる物理モデルの変数を誤差因子かどうか識別して，設計条件を決めるデータセット属性表としてまとめたものであり[15]，ここか

※6 図8.14の白抜き部分のデータは，各種ハンドブックに掲載されている一般的なデータである．

らIMDJにおけるデータジャケットの主要な構成要素を抽出しよう（図9.17）.

| | Variable & Constant | | [unit] | Attribute of actual transport<br>Control factor1, Error factor; 0 | |
|---|---|---|---|---|---|
| 6 | Air drag coefficient | $C_D$ | - | 1 |  |
| 7 | Frontal projection area*1 | A | $m^2$ | 0 |  A: [m²] / Seat arrangement |
| 8 | Vehicle speed<br>Based on driving cycle | $\bar{V}_2$ | km/h | 0 |  SPEED LIMIT 65 / Staines A 30 / 60 60 60 |

*1. Frontal projection area come from economic requirement

図9.17 電気トラックの概念設計のためのニーズデータの一例［13］

所属企業や団体が外部に求めるデータと内部に求めるデータという区分があることは，既に述べた．データジャケットは，いわゆる外部に求めるデータを市場で取引するにあたっての重要な架け橋であり，図9.17でいえば，空気抵抗値は，車両から推定できるためにベンチマークとしてそのデータをあえて外部に求めていない．一方で，正面面積は，乗用車であればほぼ定まっているものの，バスや列車などは実は乗員の座席配列をどうするのかによって，市場から要求される輸送旅客数によって定まるものである．このため商品企画や概念設計においては，正面面積，ひいては輸送旅客数などをIMDJから調達するデータとしてあげられる．また，観測された車両速度に関しても，同様にIMDJから調達することが，実際の市場をベンチマークするのに必要なデータである．

これらの欲しいデータは，図9.17のように表現し，IMDJに投げかけて，専門知識の下で情報やデータを取得し保管する交通管制部門の外部専門家や，観測や実験解析を専門とする研究機関やエンジニアリング企業などに求めることが考えられる．すなわち，“ニーズを示す”データジャケットを公開することによって，一種の入札形式を定めることが可能となり，データ市場においてはできるだけ多くのメンバーが参入できる条件が設定でき，さらには直接交渉，契約の運びとなる．

次に，図9.14における「設計」段階でのIMDJを通じたデータ利活用について述べたい．設計段階においては，部品の集合体から自動車に仕立て上げる条件に関するデータが要望される．すなわち，個別パーツを組み合わせる際に必要となる大量のデータが求められる．例えば，自動車用ラジエターに関する下記のデータを挙げれば，当然のことながら，実験や観測を繰り返さないと，正確な値などつかむことができない．ここにIMDJはデータ利活用に貢献するものとなり，「構想」段階と同様に，外部組織（ラジエターであれば，そのメーカーなど）とつなぐ役目を発揮する．

・ラジエターを通る空気流量に関するデータ
・ラジエターの熱交換効率のデータ

付加条件として，ある部品がいかなる振動と気温の下で耐久時間や信頼性が担保されるかという使用環境条件のデータは不可欠であり，これらも定量的QFDの数値データを扱うデータ市場で扱われることになる．

なお，このとき自動車メーカーから発せられるニーズを示すデータジャケット（設計仕様提示書と言い換えてもよい）は，IMDJに参加する部品メーカーにとって，取引相手となりうる自動車メーカーの商品戦略を垣間見ることができよう．例えば，必要な部品の情報開示をする際に，「空気抵抗を0.1下げたいので，この位置で薄い形状とするものを求めるが，もっと空気抵抗を下げられるようないい形状と素材のアイデアを求む」という意味合いのものである．自動車メーカーの系列部品メーカーと常に同じ経済慣行でデータ取引するよりも，IMDJを通すことは，広く潜在的な部品メーカーとのデータ取引を触発して，イノベーティブと評価されるアイデアをもたらす効果が期待できる．データ市場がイノベーションを起こすためには，このようにアイデアの中身に踏み込んだ評価ステップが鍵となる．

最後に，図9.14における「実験」段階において述べる．目標とした市場の条件（例えば，走行モード）で走らせたときの，実際のさまざまな計測結果のデータとそれらの評価基準となるデータがデータ市場で扱われる．実験を専門とするエンジニアリング会社にとっては，データ市場を通してさまざまな自動車メーカーとのデータ取引が実現すれば，実験データの蓄積量も増えることになり，評価するレベルも向上するであろう．その結果，受益者でもある自動車メーカーの設計精度向上にも寄与することとなる．ただし，多種多様であり玉石混交となったデータから取捨選択して自社の製品開発に活かすためには最終的な生産物に対する利用者の視点まで取り込んだ上でのデータの有用性を評価する必要がある．ここにも，IMDJの適用対象がある．

## 9.5 本章のまとめ

品質機能展開（QFD）の方法論をベースとして，データ市場の基礎となるデータ利活用の発想と計画（製品の設計を含めて）を得るための技法を示した．この方法は第7章に示したToulminの論理思考プロセスやEGGと同様に，IMDJとも両立し接続もしやすい．データ市場は，技術的な面から一層の進化段階に入ろうとしており，我が国でも世界から遅れながらも，多種の業界に定着する道筋が立ってきたといえよう．

さらに昨今では，データのフォーマットなどの共有化・標準化は，業界内では不可欠な時代になってきた．例えば，欧州では商用車メーカー4社（ダイムラー，スカニア，マン，ボルボ）が2001年に車両データの公開・共有に関して共通プロトコルに合意し（その後，2002年にはダフ，イベコの2社が加わった），フリートマネジメントシステム（FMS：Fleet Management System）という車両情報の公開すべき基準を設けている．車両管理に必要なFMSのデータは，標準化されたプロトコルに従ったインターフェースを介して，車載ネットワークから取得できる．ただ，車両内で得られる燃費や煤（すす）の蓄積度合などの車両の性能に影響を与えるデータに関しては，ビジネス上の競争環境を考慮し，FMSコントロールユニットを設けて車両から発信されるCAN信号を限定するようにしている．

このようなデータの標準化の動きは，データ市場にとって追い風となる．日本の商用車市場においても，欧州でいうFMSコントロールユニットの基準を業界内でコンセンサスを得るなど，産業基盤として欧州と同様の動きが求められよう．このような必要性を受け，商用車メーカーとサプライヤーだけではなく，運送業や荷主もIMDJに参加し，その結果として積載効率の向上など産業基盤の強化とイノベーティブな新事業創造に向けて経済産業省などが動き出している．

## 参考文献


[1] 大澤幸生, データジャケット —創造的コミュニケーションのあるデータ市場のために— 人工知能 Vol. 29 No. 6, pp.622-627, 2014

[2] 赤尾洋二編,『商品開発のための品質機能展開－知識変換のSECIモデルとQFD』, 日本規格協会, 2010

[3] バーバラミント, 山崎康司訳『考える技術・書く技術－問題解決を伸ばすピラミッド展開』, ダイヤモンド社, 1999

[4] 藤本隆弘,『生産マネジメント入門II 生産資源・技術管理編』, 日本経済新聞社, 2001

[5] 久米均,『設計開発の品質マネジメント』, 日科技連, 1999

[6] 永井一志, 大藤正,『第三世代のQFD 開発プロセスマネジメントの品質機能展開』, 日科技連, 2008

[7] 中村潤, 寺本正彦, フレームワークによる思考プロセス—QFDの定量化と求められるスキルの探究, 電子情報通信学会技術研究報告（信学技報）, Vol.115, No.337, pp.19-22, 2015

[8] Nakamura.J., and Teramoto.M. 2015, "Concept design for Creating Essential Hypothesis, Rules and Goals: Toward a Data Marketplace", OJIS, *Open Journal of Information Systems*, Vol.2, No.2, pp.15-25

[9] Nakamura.J., Ogawa.H., Sakurai.Y. 2015, "Data Marketplace toward an efficiency of distribution in commercial industry", *in Proceedings of the 11th International Conference on Knowledge Management*, pp.417-421

[10] 中村潤, 櫻井陽一, 小川博, 寺本正彦 情報戦略とデータ市場：データを提供する意味についての一考察, 電子情報通信学会技術研究報告（信学技報）, Vol.114, No.343, pp.51-56, 2014

[11] 大藤正,『QFD：企画段階から品質保証を実現する具体的方法』, 日本規格協会, 2010

[12] 寺倉修,『「設計力」こそが品質を決める：デンソー品質を支えるもう一つの力』, 日刊工業新聞社, 2009

[13] 寺本正彦, 中村潤, 知識・技術の新たな価値を生み出す可視化技法—数値市場と概念設計を内包する動的品質機能展開（DQFD）, ヒューマンインターフェース学会, Vol.17, No.2, pp.123-129, 2015

[14] Teramoto.M., and Nakamura.J., 2013, "e-Trucks realize four Zeros expectations: The challenge by Market of Data", *in Proceedings of International Conference on Data Mining Workshop*, pp.726-732

[15] Teramoto.M., and Nakamura.J., 2014, "Adaptability of dynamic quality function deploykment to the concept design of electric trucks", *in Proceedings of International Conference on Data Mining Workshop*, pp.496-502

[16] Thomle.S., and Fujimoto.T., 2000, "The Effect of "Front-loading" problem-solving on product development performance", *Journal of Product Innovation Management*, Vol.17, No.2, pp.128-142

[17] 山田秀, 実験計画法－方法論－基礎的方法から応答曲面法, 田口メソッド, 最適計画まで』, 日科技連, 2004

# むすび

本書では，データを用いたイノベーションを実現するために必須でありながら，いまだ日本において十分に稼働していないデータ市場について導入し，その実現において不可欠な創造的思考とコミュニケーションの技法としてIMDJのプロセスおよび関連手法の基礎を示した．本書全体を振り返り，あらためて読者の視点で言い直せばデータ市場とは，データ利活用に関わる人々や組織（ステークホルダー）がデータを互いに必要に応じて取引条件を決めながら出し合い，必要に応じて結合したり加工したりして使い，新たな事業や日々の意思決定の材料として取り入れてゆくためのコミュニケーションの場である．

この市場は「データは世界の資源，みんなで使おう」とデータ公開を主張する人も，「データをオープンにしろといわれても，現場の事情からすれば出せない」という非公開を主張する人も，あるいは中間的な立場をとる人々も参加することができるべきものである．データに関する考え方の違う人々が集まって交渉を行い，安心できる取引条件を生み出し，その条件に従ってデータを含む材の取引を達成することがデータ市場には求められる．第1~6章を占めたIMDJだけではなく，ツールミンモデルおよび拡張ゴールグラフ（第7~8章）や品質機能展開（QFD：第9章）など，従来から用いられてきた技法もデータ市場における創造的コミュニケーションを支えることができ，しかもIMDJと連結することができることを本書で示した．

さらに，すでにIMDJと切っても切れない関係にある論理思考技法としてさまざまな産官の場でIMDJと併用されているアクションプランニング（第5章）は，副産物としてDJストアや変数クエスト等のデータ検索支援技術の創出に派生したが，このような支援技術は上記の拡張ゴールグラフにおいてはゴール到達の手段を評価あるいは最適化するための基礎的な評価指標（メトリクス）を案出するために利用することができる．またこれらの支援技術は，QFDにおいて要求品質を実現するための品質特性として考慮すべき変数を選択する方法としても利用することができる．このように，本書の第1～5章の方法は本書が発刊された現在も進化し続けており，第7～9章とも連結させてデータ市場を構成するために利用することができる．このような進化に応じて，第6章のような実装的あるいは実際的なデータ市場の運用方法は書き換えられてゆくべきものである．

通常，本書に示したような技法を，数百社の集まる官庁主催のワークショップとして実施しても，企業の研修や大学の授業として取り入れても，「面白い」「楽しい」という評価を受けることが多い．特にアクション・プランニングやツールミンの手法は一見すると地味な作業であるが，経験した参加者からは，狙い通りのアイデアやデータ利活用シナリオが得られるだけではなく，コミュニケーションの活性化すること自体の喜びを表すメッセージをいただくことが多い．

このような喜びの根の一本は，データジャケット（DJ）に代表されるように自分の知るデータについての対人的な概要説明を用いていることであると筆者らは考えている．ビジネスに直結するデータは，学術データ等のように容易に世間で流布されない．この状況では，データの中身を見ずにその価値を評価しあったり，またその評価を行うためにデータの概要だけからデータの利活用シナリオを想定し話しあったりすることが求められ，DJはこのようなコミュニケーションに素材となる情報を提供する役割を果たしている．この結果，データを結合して何ができるかという議論では，参加者がおおいに発言して盛り上がるにも関わらずその内容も濃く，論理的な思考を経て実行可能なソリューションに達するのである．

このように創造的かつ論理的なコミュニケーションは，データ市場だけではなく一般にあらゆる市場で存在すべきものである．例えば株式市場においては，多くの投資家は自分の投資した株の価格さえ上昇すれば利益となるので，投資先企業がどのようなイノベーションを起こすかという内容まで興味を持たないように見えることがある．しかし，本来は株価が大きく増すのは企業の価値が飛躍的に上昇することを意味しており，その背景には業務内容の進歩，組織的学習の成果という前提があってしかるべきである．価格は需要と供給によって決まるため，作為的に機関投資家が大量の売買を行う介入行為に影響を受けるというような側面はあるが，事業内容を評価しないままで価格の操作をする介入行為では価格の上昇は一過性となり，やがて急落する．全ての投資家が投資対象企業の事業内容を論理的に検討し，今後の発展に期待して要求を投げかけ，企業側もこれに応える提案を出すコミュニケーションが起これば，株式市場もイノベーションを推進する場となるであろう．このように投資家が投資先企業の事業シナリオを論理的に検討し，今後の発展への期待を表明するような社会は仮想的であるが，その実現には投資家と企業の間でコミュニケーションが必要となる．

データの話に戻ると，相当に訓練を積みデータサイエンティストを自称するエキスパートでも，データを用いていかなる社会的要求に新しい解を提供できるかについて発想しようとする姿勢は十分に普及しているとはいえない．この姿勢のままでは，せっかく技能を磨いたデータサイエンティストらがデータ市場から淘汰されるという皮肉な事態に至る可能性も否定できない．とはいえ，データ市場に入ってゆく難しさは特定のデータを扱う専門家に特有であるかというと，そうではない．近年，天候や地震の履歴，SNSでの身近な会話のログや自分の自転車の走行データなど，データ市場に出かけてゆかなくても簡単に入手できるデータが増加している．もしデータの中身を見たいと思うならば，まずこれらのデータをダウンロードし，さまざまなデータ利活用の方法を思い描くところからスタートするのが自然な入り口であるかに見える．しかし，普通の人はデータの中身に並ぶ文字や数字の羅列に拒否感を覚え，入り口から先に進めなくなる．すなわち，ある程度の専門知識がない人の場合，データ市場で要求される論理的思考を始動するのが困難となるのである．

著者らが，まずはDJをWebから入力することを推奨しているひとつの理由はこのためである（2016年時点ではhttps://sites.google.com/site/datajackets/から入力，今後変更の場合はhttp://www.panda.sys.t.u-tokyo.ac.jp/からリンクする予定）．第4章に述べたようにDJは一般の人もデータ保有者も入力でき，データのエキスパートも自分の専門知を発信できる情報のフレームである．例えば「SNSのログ」や「GPSログ」というタイトルのDJを入力し，変数ラベルとして「氏名」「友達リスト」「記入時刻」や「時刻」「緯度」「経度」…などと記入してゆくと，ふと「GPSログとSNSのデータを併せると，友人の住所まで追跡されてしまうかもしれない」と気づき始める．こうした気づきは，「どうやって追跡するのか」「本当にそのデータだけで追跡可能か」などという問いをその人の中に生み出し，独り言や同僚との会話の中で「住所が追跡されないようにするソフトウェアを作りたい」という要求となって市場に参加する動機となってゆく．この要求はデータ市場に出されると，データ利活用シナリオの検討，価格交渉によって具体的な分析シナリオへと成長してゆく．その結果，スマートフォンでSNSにログインしたままGPSセンサーをONにしておくと友人リストのうち長時間近くにいる人を恋人の候補とみなし，その後の行き先から他の異性との接近を調査するエージェントまで編み出してしまうこともありうる．このようなリスクを孕むのもデータ市場であれば，またこのようなエージェントの登場を予見してその駆逐方法を生み出すという，当初の要求を超える結果を生み出すができるのもデータ市場である．この卑近な例だけでも，多様な関心を持つ人との意見交換によって複雑なデータ利活用シナリオが検討できることが分かる．

このような視点から著者らは本書に示したIMDJ等を用いて，さまざまな企業や異分野の専門家が集い集中的に意見を戦わせるデータ市場型ワークショップを展開してきた．

ワークショップの参加企業は増え，既に著者らの知らぬところでも実施されるようになった．現在までに，原子力規制庁における「高経年化技術評価高度化事業」，経済産業省における「データ駆動イノベーション創出戦略協議会」，国土交通省における「国土交通分野におけるビッグデータの利活用に関する調査研究」をなどの公官庁事業やデータエクスチェンジ・コンソーシアム（DXC）等においてIMDJはデータの結合・活用・分析の方針作成やそれを用いたビジネスモデルの構想技術として採用され，さまざまな企業内で同様の目的のほか研修手法として利用されている．また国際データマイニング会議（ICDM2013～2016）ではデータ市場デザインワークショップ（MoDAT）を実施し，データ間の関連の可視化，コミュニケーション，データ共有に至る人々の動機づけなど，多視点から議論を展開させている．データ市場は単なるデータの取引場ではなく，いずれにせよ膨大なデータに囲まれてゆく社会をこれからどうデザインし，そこで人がそれぞれどう生きてゆくかを構想するために，あらゆる人が参加できる「場」に進化しようとしている．

今後，本書に示した一連の方法以外にもデータ市場における創造的コミュニケーションを活性化させる場は分散的に興るであろう．編著者や第4～5章を担当した早矢仕らの研究範囲だけでもIMDJの元となったイノベーションゲームをインターネット上で実施する手法について卒業論文，修士論文，博士論文のいずれでも卒業者を輩出している．第7~8章を担当した久代はツールミンの手法や拡張ゴールグラフ，ワークショップ支援技術等を総合的に生かしつつ製造業および販売業に展開し，第9章を担当した中村や寺本はQFD以外にもさまざまな創造的コミュニケーションの手法を編み出して現実のビジネスの舞台で世界を闊歩して活躍している．

本書に示した一連の手法はいずれも，データそのものを出さずに進められるという共通点を持っているおかげで，守秘性の高いデータについても利活用シナリオや取引条件を検討し合い，データ提供に際しての契約に向けて進むことができる．さらに，手持ちのデータについては入手した過去時点の契約で決められた利用方法以外の新しい利活用ができない場合も，以降に入手するデータからはデータ市場で獲得した新しい活用法を盛り込んだ契約の下に入手することが可能となる．この，いわば契約前の準備的会話の軽やかさのおかげで，参加者は一つの「場」すなわち一か所で実施されているワークショップで契約を決めるのではなく，他の場にも移動しながら，本当に自分にとって必要なデータや技術や人を探索することができる．こうして，実装された複数の場（データ市場型ワークショップ）が全体としてデータ市場を構成してゆくことになるだろう．このようにデータ市場の全体は，政府や官庁が統括するのではなく，分散的にそれぞれの民の力で場を生み，動かしていくべきものである．

以上のようなわけであるからまず読者には，前述したの登録サイトから身近なデータについてDJを入れてみていただききたい．そのわずか30分間（タイトル，概要，変数名だけなら10分程度でも可）が，その後のイノベーションに満ちた年月を支えることになるからである．

# 索 引

## 著者略歴

### 大澤 幸生（おおさわ ゆきお）

東京大学工学部卒，1995年同工学系研究科博士（工学）取得．
2000年に「チャンス発見学」を提唱，関連してイノベーションゲームの開発等を行い，現在はこれを発展させてデータの詳しい中身を明かさずに利活用シナリオを議論するための「データジャケット」の開発と普及に取り組む．
大阪大学基礎工学部助手，筑波大学ビジネス科学研究科助教授などを経て東京大学院工学系研究科システム創成学専攻教授（現職）．
専門は人工知能，意思決定支援，システムデザイン．著書に『イノベーションの発想技術』（日本経済新聞出版社），『未来の売れ筋発掘学』（編著，ダイヤモンド社），『チャンス発見のデータ分析』（東京電機大学出版局），『ビジネスチャンス発見の技術』（岩波アクティブ新書）などがある．

### 早矢仕 晃章（はやし てるあき）

2012年3月東京大学工学部システム創成学科卒業．2014年3月東京大学大学院工学系研究科システム創成学専攻修士課程卒業．
現在，同大学院博士課程に在籍．データ利活用知識の構造化と検索システム，データによる人間の意思決定，シナリオ創出支援に興味がある．
日本学術振興会特別研究員（DC2），東京大学リーディング大学院プログラムGSDM（Global Leader Program for Social Design and Management）プログラム生．人工知能学会，情報処理学会，日本認知科学会学生会員．

### 秋元 正博（あきもと まさひろ）

株式会社構造計画研究所執行役員．
同社営業本部／マーケティング本部企画室長．1990年武蔵工業大学（現・東京都市大学）工学部建築学科卒業．1990年構造計画研究所勤務，土木建築分野の数値解析業務に従事．2000年より人事・経営企画・新規事業開発・営業企画等の事業に従事．
2007年より大澤幸生教授との共同研究に参画，IMDJワークショップのオーガナイザーを多数務める．

## 久代 紀之（くしろ のりゆき）

三菱電機(株)住環境研究開発センター勤務を経て，現在，九州工業大学大学院情報工学研究院情報創成工学研究系教授.
東京大学大学院工学系研究科修了. 博士（工学）.
住宅，ビル，工場などの環境制御システムを構築するための要素技術（システムアーキテクチャ，組込みリアルタイムコントローラ，センサネットワーク等）を専門とする. 最近は，主に，上記のドメインのアプリケーションシステム開発を対象として，データを利活用したロジカルなシステム分析，設計，評価手法の開発に，東京大学大澤研究室とともに注力している.

## 中村 潤（なかむら じゅん）

総合商社，外資系コンサルティングファーム，商用車メーカーを経て，現在，芝浦工業大学工学マネジメント研究科教授.
また，パナソニックの映像・音響製品等の技術開発を主たる業務とする企業経営に参画. 東京大学大学院工学系研究科修了. 博士（工学）.
自動車業界と技術経営を専門とし，技術の商用化に向けたB2Bマーケティングやイノベーションマネジメントの研究に取り組んでいる. 認知科学の視点による気づきのメカニズムの解明にも関心がある.

## 寺本 正彦（てらもと まさひこ）

（株）日産自動車，（株）ボルボテクノロジー・ジャパンを経て現在，中国保定市にある長城自動車新エネルギ開発部門チーフエンジニア.
京都大学工学部航空工学科卒業.
1990年代初頭の米国カリフォルニア州電気自動車強制導入規制を契機に20年を超えて一貫して電気自動車，電気トラックの開発・評価・研究に従事. 主なプロジェクトに世界初のリチウムイオン電池搭載のALTRA/プレーリジョイEVや経済産業省による超小型電気自動車共同利用社会実験，そして量産型EVの日産LEAFがある. 前線ではいつもデータ工学に助けられる.

# データ市場
## データを活かすイノベーションゲーム



2017年2月28日　初版第1刷発行

編著者　大澤幸生
著　者　早矢仕晃章・秋元正博・久代紀之・中村 潤・寺本正彦
発行者　小山　透
発行所　株式会社近代科学社
〒162-0843　東京都新宿区市谷田町2-7-15
電話　03-3260-6161　振替 00160-5-7625
http://www.kindaikagaku.co.jp

三美印刷　ISBN978-4-7649-0524-5
定価はカバーに表示してあります.